A2解説 **時期A：感覚運動的知能の準備**

　感覚運動的知能というのは，狭義には（中略）応（下表の発達段階でいえば，手段と目的との協応（中略），広義には知覚そのもの（場の効果），知覚活動，習慣，感覚運動的学習などもふくんでいる（下表の全体）。感覚運動的知能は記号論的機能（象徴的機能）をまだもたないものの，本能のように紋切り型の適応ではなく，下表のような，柔軟でめざましい組織化を達成し，その後の表象的知能の下部構造として統合されていく。この知能は動物にもみられるので動物的知能とか，あるいは，ビンのふたを開けたり，高い所のものを踏み台を使ってとったりといった実用上の問題解決場面で発揮されるので実用的知能ともよばれる。

　ピアジェ（1936）にしたがって，感覚運動的知能の発達過程を下表に示す。下表の発達過程は，同化に必要な行為シェムの獲得・分化と協応の水準によって段階分けしたものである。2つのシェムを予め立てられた目的を達するために目的・手段関係に協応させることができるようになる段階Ⅳ以降が狭義の感覚運動的知能の段階であり，それ以前が感覚運動的前知能の段階である（表10-1（p.59）の段階1が下表のⅠからⅢまで，表10-1の段階2が下表のⅣからⅥまでに対応している）。1980年代以降，乳児研究が進み，現在では，乳児の初期の感覚運動的組織化がピアジェの観察よりも進んでいることが知られているが，重要なのは発達の順序性である。

■表A2　時期A：感覚運動的知能の発達

発達段階	時期	同化シェムの発達	事例
Ⅰ　反射の練習	誕生したときから	将来的に有用となる生得的シェムの，練習による安定化	吸啜反射　乳首のまさぐり行動
Ⅱ　最初の習慣	1か月頃から	獲得性の適応の始まり：安定した条件づけ，第1次循環反応など	授乳するいつもの抱き方で抱くと吸啜行動が起こる，追視，指しゃぶり，自分の手の運動を興味深く見る
Ⅲ　見ることと把握との協応	4か月半頃から	意図的適応の始まり：第2次循環反応，興味ある光景を持続させるための諸手続き	興味ある現象を偶然見出すとその現象を繰り返し再現させようとする行動，魔術的因果性に基づく行動
Ⅳ　2次的シェムの協応	8-9か月頃から	本来の知能的適応の始まり（目的と手段の協応）：新しい事態への既知シェムの適用，新奇な対象・現象に対する探索行動	障害物を取り除いて，ほしい物を手に入れる，新奇なものに対していろいろな既知シェムを適用して物の特性を調べる行動
Ⅴ　第3次循環反応と新しい手段の発見	11-12か月頃から	（表象を前提としない）感覚運動的知能の絶頂期：第3次循環反応によるシェムの分化，能動的実験による新しい手段の発見	新奇な現象を偶然見出すと現象生起の条件を変えてみて現象を探る行動，手の届かないところにある物を手に入れる手段（棒や台）を試行錯誤で発見する
Ⅵ　心的結合による新しい手段の発明	18か月頃から24か月頃まで	表象的知能への移行期：シェムの内化（行為の停止と洞察による問題解決）と表象的シェムの始まり	手の届かないところにある物を手に入れるために新しい手段（棒や台）を洞察で発明する

ピアジェに学ぶ 認知発達の科学

Piaget's Theory

J. ピアジェ【著】
Jean Piaget

中垣 啓【訳】
Nakagaki Akira

北大路書房

Piaget, J. (1970). Piaget's theory. P. H. Mussen (Ed.). *Carmichael's manual of child psychology* (*3rd ed.*) *: Vol. 1.* New York: John Wiley & Sons.

訳者まえがき

　本書は，Piaget's theoryの翻訳とその解説に，認知発達研究を志す人に対してピアジェ理論を学ぶことの今日的意義を説いた，訳者の小論「認知発達の科学のために」を添えたものである。

　翻訳の出典は，Mussen, P. H. (Ed.). (1970). *Carmichael's manual of child psychology (3rd ed.): Vol.1.* New York: John Wiley & Sons. の第9章（pp.703-732）Piaget's theoryである。*Carmichael's manual of child psychology*は十数年おきに改編されている*Handbook of child psychology*の第3版にあたる，アメリカの発達心理学界を代表する児童心理学のハンドブックである（2006年に第6版が刊行されている）。Piaget's theoryは，この第3版の編者であるMussen, P. H.の求めに応じて，ピアジェが寄稿したもので，ピアジェ自身によるピアジェ理論の最もまとまった論文となっている。ピアジェ（1896-1980）は約60冊におよぶ著作と数百本におよぶ論文を世に送り出した，20世紀最大の発達心理学者である。しかし，その業績の多くは，研究し終わったばかりのテーマについて，その時々にピアジェがまとめたモノグラフが中心であり，ピアジェ自身は自らの理論の全体像をまとまった形で提示するということをほとんどしていない。したがって，Piaget's theoryは，ピアジェ理論の全体をピアジェ自身が要約した貴重な文献であるということができる。しかも，1970年といえば，ピアジェは晩年の74歳である。もちろん，これ以降もピアジェは重要な研究をいくつもしており，認知機能の作動の仕方に関する実証的かつ理論的発展もあったものの，弁証法的構築説という認知発達のパラダイムそのものはほぼ完成の域にあったと考えられる。したがって，Piaget's theoryを読むことによって，認知発達に関するピアジェの理論的到達点を知ることができるであろう。

　訳者は，当初Piaget's theoryの英語版（仏語版の方は出版されていないため，以下，英語版の方を「原文」とよぶ）から全訳を試みた。しかし，原文のPiaget's theoryそのものがピアジェのフランス語原典（以下，「原典」とよぶ）からの英訳であるため，訳出上の問題点が英語版原文にあるのか，フランス語版原典そのものにあるのか，あるいは訳者の理解そのものが至らないためなの

かがわからずに，不満を募らせたまま訳出原稿を眠らせていた。何しろ，ピアジェの文体は，フランス語を母国語とする研究者でさえ難渋するほどのものであるから，その英訳がどれだけ信頼できるものであるのかがわからなかったのである。このようにして手をこまねいていたところ，運よくフランス語版原典を入手することができたので，それに基づいて英語版からの訳では満足のいかないところを部分的に手直ししていった。最初はほんの部分的な手直しのつもりであったが，最終的に，原文では硬すぎるところ，そのまま訳出するとかえって理解しにくくなるところを中心に，ほぼ全体にわたって訳文を再検討することとなった。このため，出来上がった訳文は，英語版原文からみても，フランス語版原典からみても，いわゆる「忠実な訳」とはなっていないことをあらかじめお断りしておきたい。ピアジェ理論の精神に忠実であろうと努めたことが訳者の唯一の訳出原則である。

「訳す」ことそのものに動機づけが低い訳者がPiaget's theoryをあえて訳出した理由には，2つある。第1の理由は，なによりも日本の読者にピアジェ理論をできる限り正確に伝えたいと思ったからである。ピアジェ理論を正確に理解することは，非常に困難である。そもそもピアジェの文章が晦渋であるうえ，Piaget's theoryが科学論文の標準的スタイルに忠実でない，というピアジェ自身が負うべき問題点がある。さらに，この点を除いても，ピアジェ自身は英語で論文を書いたことがなく，原典はすべてフランス語で書かれているため，第二外国語の習得を要求されない日本の心理学教育を受けた研究者には，これだけでもピアジェ理解の大きな障害となりうる。語学的障害をクリアしたとしても，生物学出身のピアジェの著作は通常の心理学とは異質な言語で語られているため，日本の心理学教育を受けた研究者にはきわめてとっつきがたいものであろう。そのうえ，ピアジェの議論は，論理学，数学から，自然科学，人文・社会科学に至るまで，広範でかつ学際的であり，通常の心理学コースを学んだだけでは理解が及ばないという事情もある。さらに，心理学的問題を扱っているときでもその問題が孕む認識論的問題と切り離すことなくそれが議論されているので，認識論に関心のない心理学者には興味を持続しがたいという事情もあるだろう。このような事情によって，ピアジェ理論の正確な理解が長い間，本当に長い間，不当に妨げられてきた。

日本の多くの認知発達研究者が英米の心理学者に理解された「ピアジェ理論」を通してピアジェを知るようになったのは，このような背景によるものである。日本ではピアジェ理論といえば，おおむね英米の心理学者に理解された英米版「ピアジェ理論」のことであろう。しかも，日本の認知発達研究者は大学で認知発達を教える立場にあるから，認知発達を学ぼうとする学生はピアジェ版ピアジェ理論にふれることなく，英米版「ピアジェ理論」は次の世代にも忠実に伝えられることとなる。訳者としてはこの連鎖を何とか断ち切り，少なくとも日本においては，英米心理学を経由して「ピアジェ理論」を知るのではなく，ピアジェの著作から直接学べる環境をつくり，ピアジェ版ピアジェ理論が日本に定着するようにしたい。そのような学問的土壌の上にこそ日本の認知発達研究が築かれるのであり，まだまだ先の話かもしれないが，いずれは世界の研究をリードできるようにしたいというのが訳者の願いである。

　Piaget's theory を訳出した第2の理由は，これから認知発達を学ぼうとする日本の学生に対して，ピアジェ理論の教科書としても使えるものがほしいと思ったことである。日本の大学の心理学コースで学んでも，発達心理学の教科書や参考書を読んでも，学生がピアジェ理論として知るのは英米の心理学者に理解された英米版「ピアジェ理論」であろう。もちろん，ピアジェの訳書は数多く出版されているので，それを読めばピアジェ版ピアジェ理論がわかるではないかと思われるかもしれない。しかし，ピアジェの著作は研究者でも頭を抱えるほど難解なものであるから，予備知識のない学生にはピアジェの著作を読みさえすればわかるということにはならない。たいていは投げ出してしまうか，"わかりやすい"英米版「ピアジェ理論」で満足してしまうことになる。こういう特異な状況のゆえに，訳者はピアジェ理論の教科書として使えるものがどうしても必要だと考えた。ピアジェ自身によるピアジェ理論の最もまとまった論文である Piaget's theory はこの目的のために最適であった。とはいえ，1人で訳文だけを頼りに取り組んでいても多くの学生には歯が立たないであろう。そこで，学生でも読めるように，ピアジェ理論の鍵概念となるタームや，本文で出てくる重要語彙にはできる限り解説や訳注をつけるようにした。また，本文に直接述べられていないことであっても，ピアジェ理論の理解に必要不可欠と思われる考え方には解説を加えた。さらに，Piaget's theory は理論的著作で

あるから，どうしても理論を裏づける実験課題は最少限の言及しかなされていない。したがって，実験課題の手続きとその結果もできる限り紹介するように努めた。

　このような状況であったため，解説のほうが訳文より分量が多くなってしまい，訳稿を理解するために解説をつけたのか，訳説したいがために訳稿を利用しているのかがわからないような，前例のない翻訳となってしまった。訳者としてはどちらに受け取ってもらっても構わないと考えている。翻訳といっても所詮は訳者の理解した限りでのピアジェ理論であるから，「これが真のピアジェ理論である」と僭称するつもりは毛頭ない。訳者としては，ピアジェという巨人を利用して，自らが認知発達のパラダイムと考えるものを，できる限りわかりやすい形で読者に伝えたかったというのが本音である。ニュートン力学がパラダイムとなって"古典力学"とよばれるようになったのと同様に，ピアジェ理論がパラダイムとなって定着すれば，ピアジェ理論は"認知発達の科学"とよばれるようになるであろう。

　Piaget's theoryは実証的研究への言及が最小限に抑えられた理論的著作であり，学際的著作でもあるため，特に難解である。訳者の不十分な理解により，訳文や解説・訳注が誤っている可能性も大いにある。もしもそれを見つけられたならば，ぜひ訳者までご連絡いただきたい。とはいっても，訳文はピアジェの精神に忠実であることを旨とし，原文に忠実に訳すことを旨とはしていないので，原文に照らし合わせて訳が正しくないといったご意見をいただきたいわけではない。ピアジェの精神に照らし合わせて，訳文や解説がそれにふさわしくないところがあればご指摘いただき，本書が運よく再版されることがあれば，訂正させていただきたいと思っている。また，認知発達の教科書としても使えるようにしたいので，実際に教科書として使ってみて，何か使いやすくするための提言があれば訳者までご連絡いただきたい。機会が与えられれば，訳稿や解説を改良しながら，教科書として使いやすいよう今後も改良していきたいと考えている。

　Piaget's theoryを訳すにあたって，多くの人のお世話になった。特に，早稲田大学大学院教育学研究科発達心理学研究室院生である博士課程3年生阪脇孝子さん，同2年生永盛善博さん，修士課程2年生伊藤朋子さん，それから昨年

3月修士課程を卒業した内舘愛さん（現小田原市役所職員）には，元の原稿から初校，二校に至るまで原稿を何度も読んでもらった。単なる誤字脱字や語句の修正にとどまらず，どういうところが理解しにくいのか，どういうところに解説が必要なのかといった点に関して多くの示唆と提言をしてもらった。訳稿が従来のピアジェの訳書より，少しでも読みやすいものになっているとすれば，4人の院生の皆さんのおかげである。また，間接的だが，訳者らが主催している発達心理学会認知発達理論分科会における研究例会での議論を通じて，ピアジェ理論のどこを評価し，どこに問題を感じるのかに関して，教えられることが多々あったことを記し，認知発達理論分科会幹事の皆さんにもお礼申しあげたい。最後になったが，北大路書房代表取締役の関一明氏には，訳者を叱咤激励しながらも原稿ができあがるのを辛抱強く待っていただいたうえ，本書のタイトルや装丁に関して訳者の注文を全面的に受け入れていただいた。そして何よりも教科書として使えるようなピアジェの訳書という，これまでなかった企画に賛同していただいたことに心から御礼申しあげる。

2007年1月　　中垣　啓

認知発達の科学のために

中垣　啓

　本書はもともと"Piaget's Theory"の翻訳である。したがって，本書のタイトルとしては『ピアジェの理論』，あるいは『ピアジェの認知発達理論』とすべきところである。しかし，そうはせずに『ピアジェに学ぶ認知発達の科学』としたのは，筆者がピアジェの理論をすでに認知発達に関する科学のパラダイムとして認めることができると信じているからである。とはいえ，パラダイムが科学として認められるには，そこに多くの研究者が参入し，通常科学（normal science）として軌道に乗ることが必要である。しかし，この条件は現在どうひいきめに見ても満たされていない。本書のタイトルを『ピアジェに学ぶ認知発達の科学』としたのは，ピアジェの認知発達理論を通常科学として軌道に乗せたいという筆者の希望の現われとしてお許しいただきたい。

　しかし，希望を表明するだけでは通常科学として軌道に乗ることはありえない。そこで，これから認知発達を勉強したいと思っている学生に対し，あるいは，すでに認知発達を研究している者に対し，ピアジェ理論を学ぶことの意義は何かについて，またそれを知ることがなぜ認知発達の科学を学ぶことになるのかについて筆者が考えるところのものをお伝えしておきたい。1章においては，認知発達を勉強したいと思っている学生に対し，ピアジェ理論を学ぶ必要性とその意義を，2章においては，すでに認知発達を研究している者に対し，ピアジェ理論がなぜ認知発達の科学たりうるかを示すよう努めたい。

1章　ピアジェ理論をなぜ学ぶ必要があるのか

1．ピアジェ版ピアジェ理論と英米版「ピアジェ理論」

　認知発達という研究領域がすでに確立されている今日，認知発達を研究するのになぜいまさらピアジェ理論を学ぶ必要があるのだろうか。現在の認知発達研究を，研究者の背後にある理論的立場で分けるとすれば，ピアジェ理論はマイナーな位置しか占めていないし，ピアジェ理論をパラダイムとして研究している人となるとなおさら少なくなるであろう。多くの認知発達研究者がピアジェ理論とはかかわりなしに研究をしている現状において，これから認知発達を研究しようという者がなぜピアジェ理論を学ぶ必要があるのだろうか。

　この疑問に答えるためには，ピアジェ理論といってもいくつかの版があることをま

ず知っておく必要がある。あえて単純化すれば，ピアジェ版ピアジェ理論と英米版「ピアジェ理論」である。前者はピアジェ自身が着想し実践し更新していったピアジェ理論である。後者は一般の英米の心理学者に理解（同化！）された限りでのピアジェ理論である。両者の違いは同じピアジェの著作を読んでも，研究者の個性や研究関心によって，受け取り方や理解の仕方が異なってくる，という程度をはるかに超えた次元のものである。

　両者に違いが生じる理由は，筆者には本質的かつ非常に深刻なものであるように思われる。20世紀中頃以降，英米諸国は現在と同じように国際的心理学界の宗主国であり，当事者が意識するかしないかにかかわらず，心理学とはどういう学問であり，心理学を研究するとはどうすることなのかを決めていた。つまり，一般の英米の心理学者は彼らの誰もが拠って立つ共通の基盤（暗黙の認識論）をもっていたのである。そこに，この共通の基盤とはまったく異なる認識論的立場に立つピアジェ理論が入ってきたのであるから，英米の心理学者にとっては，表現が不適切かもしれないが，いわば「主人の母屋に土足で入ってこられた」という印象をもったであろう。ピアジェの認識論的立場は彼らが暗黙のうちに立っている共通基盤（暗黙の認識論）と相容れないため，一般の英米の心理学者は，自分たちの共通基盤に乗せられる範囲でしかピアジェを理解しようとしなかった，あるいは，そうとしかピアジェを理解できなかった。英米版「ピアジェ理論」というのは，ピアジェ版ピアジェ理論をこの共通基盤に乗せられるように改変したものであるということができるであろう。そのため，英米版「ピアジェ理論」は，私見ではあるが，ピアジェ版ピアジェ理論から大きく歪められたものになっている。しかしながら，この歪みはピアジェ版ピアジェ理論を知らない限り気づかれることはない。

　それでは，認知発達を学ぼうとする日本の学生はどちらのピアジェ理論を学ぶのであろうか。日本の大学で心理学を学べば，現在でも認知発達に関するところでは必ずといっていいほどピアジェ理論にふれられるであろう。しかし，そこでピアジェ理論として紹介される内容はおおむね英米の心理学者に理解された英米版「ピアジェ理論」である。また，学生が発達心理学の教科書や参考書を読んでも事情は同じである。そこでは「ピアジェ理論」の紹介と同時に，ピアジェ批判が展開されるのが常である。つまり，「かつてピアジェは認知発達に関してこんなことを言っていたが，その後の研究でその考え方は誤り（あるいは，不十分）であることが明らかにされた」という類の議論の組み立て方で，ピアジェ理論が紹介されるのが常である。このことは英米で出版されている発達心理学，あるいは認知発達に関する教科書（たとえば，Goswami, 1998）を紐解いてみれば歴然としている。いずれにせよ，ピアジェ理論を教える立場にある日本の心理学者の多くが英米の心理学の影響下にあり，彼らもまたピアジェ理論を英米の心理学経由で理解するから，こうならざるを得ないのである。

こうして，日本で認知発達を学ぼうとする学生はピアジェ版ピアジェ理論を知る前に，あるいは，ピアジェ理論を自分なりに評価できるようになる以前に，ピアジェ批判を知ることになる。しかも，このピアジェ批判は英米版「ピアジェ理論」の批判としては正鵠を得たものとして展開されているので，どんなに明晰な学生であっても，そのピアジェ批判の妥当性を評価することは困難であり，その批判をごく自然に受け入れてしまうことになる。ひとたび，英米のピアジェ批判を自然なものと受け入れてしまえば，もはやピアジェ理論をもっと詳しく知ろうという動機づけがなくなるのは人情というものであろう。心理学史にでも興味のない限り，すでに誤りとされた昔の理論を知りたいと思うような者は誰もいないであろう。

　それゆえ，認知発達に関してピアジェが切り開いた地平に立ち，それを正当に評価できるようになるためにも，筆者としては，英米版「ピアジェ理論」を知る前に，何よりもまずピアジェ版ピアジェ理論を知ってほしいのである。本書の「ピアジェの理論」は文字通りピアジェ版ピアジェ理論であるから，これを熟読玩味してほしい。ピアジェ自身が序章で指摘しているように，認識論的関係に関するピアジェの見解は，「大多数の心理学者の考えとも『常識』とも大いにかけ離れている」(p.4)。また，「ピアジェの理論」はきわめて抽象的で一般的な言葉で語られているので，現実の子どもの発達と対応づけることはすぐにはできないことが多いであろう。初回は読んでもちんぷんかんぷんかもしれない。それでも2回目になると何となく言いたいことぐらいはわかってくるであろう。3回目ともなると言いたいことの根拠もまた何となくわかってくるであろう。4，5回も読めば認知発達理論としてのピアジェ理論の輪郭がつかめてくるであろう。どうか著者の教唆扇動にだまされたと思って，「ピアジェの理論」を虚心坦懐に読んでいただきたい。将来認知発達研究を担うことになる皆さんにとって，本書が一生の財産となることを保証してよい。

２．認知発達のパラダイムとしてのピアジェ理論

　それでは，これから認知発達を学ぼうという学生がピアジェ版ピアジェ理論を知ることによって，どのような利得があるのであろうか。中には英米版「ピアジェ理論」で満足していても認知発達の研究者として十分やっていけるのであるから，わざわざ自分の常識をひっくり返すほど苦労してまでピアジェ版ピアジェ理論を知る必要がないではないかという疑問が生ずるかもしれない。この疑問に対する答えは，ピアジェ理論はいくつかの現象を説明するだけのミニ理論ではなく，認知発達全般に関するパラダイムであるから，というものであろう。パラダイムというのは一定の領域の諸現象を解釈し，説明するための基本的な概念的枠組みのことである。ピアジェ理論は，パラダイムという名称にふさわしく，認知発達に関する諸現象を解釈し，説明するための基本的な概念的枠組みを提供してくれるのである。

なお，この評価は筆者の個人的なものではない。1996年 *Psychological Sciences* 誌上の，ピアジェ生誕100年を記念したシンポジウムにおいて，アメリカ合衆国の7人もの著名な発達心理学者がピアジェの成し遂げた発達心理学への功績を語っている。まず，アメリカ合衆国を代表する発達心理学者の1人であるフラベルは，ピアジェの発達心理学への寄与を11項目にわたって整理しているが，その中でも最大の寄与として，「(ピアジェは) われわれが現在知っているところの認知発達のフィールドを見出した」ことをあげている (Flavell, 1996)。つまり，研究者が今日「こういうことをやることが認知発達研究なのだ」と考えている研究領域そのものを，ピアジェが見出したといっているのである。これは，ピアジェへの最大限の評価であると同時に，パラダイムとしてのピアジェ理論の承認とみなすことができよう。

　アメリカ合衆国を代表するもう1人の発達心理学者であるシーグラーも同じシンポジウムにおいて「ピアジェのアイディアと発見を理解することなしに発達心理学のフィールドを理解することは不可能である。ピアジェは児童期と発達についての考え方をあまりにも大きく変えてしまったので，……こうしたテーマについてかつてわれわれがいかに違ったふうに考えていたのか，あるいは，なぜ違ったふうに考えていたのかを推し量ることすら困難である。われわれが投げかける質問，われわれが研究する課題，およびわれわれが用いる方法，これらすべてがピアジェのアプローチへの (しばしば無意識的な) 同化を反映している」と語っている (Siegler & Ellis, 1996)。パラダイム論の提唱者であるクーンによれば，パラダイム (paradigm) とは，「一般に認められた業績で，一定の期間，科学者に対して，問い方と答え方のモデルを与えるもの」(Kuhn, 1962) とされている。シーグラーは「われわれが投げかける質問，われわれが研究する課題，およびわれわれが用いる方法」は無意識のうちにもピアジェのアプローチに従っているというのであるから，ピアジェ理論はクーンの定義にそのまま合致するパラダイムであるといえるであろう。

　この誌上シンポジウムの特別編集者 (Guest Editor) であるブレイナードはピアジェが成し遂げた最も奥深い功績は何かと問いかけて，彼自身は「それはあのようなパラダイム，あのような驚くべきパラダイムであるというのが答えである。ピアジェの業績は子どもの思考の神秘を解き明かすための独創的な実験諸技法の供給源として比類がない」と語っている (Brainerd, 1996)。ここでは，ピアジェの功績を評価するためにパラダイムという言葉がそのまま使われている。

　3人の著名な発達心理学者の評価を引用するだけで十分であろうが，筆者もまたピアジェ理論をパラダイム (グランドセオリー) と評価し，ピアジェ理論をパラダイムとしてもつことの意義に関して，かつて一文をものしたことがある (中垣, 1995)。そこでは次の3点をその意義として指摘している。

　①諸現象を統一的に見るパースペクティブを得ること

②研究の学問的蓄積が可能となること
③研究テーマの選択に対する方向づけを得ること

　次節で言及するように，パラダイムをもつことの意義はこれに尽きるものではないが，認知発達研究を志す学生にとって，ピアジェ版ピアジェ理論を学ぶ一番重要な意義は何といっても「①諸現象を統一的に見るパースペクティブを得ること」であろう。ピアジェ理論を身につければ，認知発達を展望する際，英米版「ピアジェ理論」で満足している人に比べて，はるかに高い視座を得ることができる。比喩的にいえば，遠くを見渡そうと地面につま先だって一生懸命努力をしている研究者より，ピアジェという巨人の肩に立って眺めている研究者のほうがはるかに遠くを望めるようなものである。ピアジェ版ピアジェ理論を身につけた暁には，英米版「ピアジェ理論」がいかに本質を歪めたものであるかがおのずとわかってくるであろう。

3．ピアジェ理論のおもしろさについて

　ピアジェ理論が高尚なパラダイムであるとか，深遠な研究プログラムであるということを仮に承認したとしても，それに従って研究することがおもしろくなくては，ピアジェ理論を学ぼうとする動機づけはわかないであろう。しかし，幸いなことに，ピアジェ課題はどれをとっても不思議さと感動に満ち溢れている。ピアジェ理論に肯定的な者も否定的な者も含め，世界中の研究者によって，ピアジェ課題が追試され，あれこれと条件変更した変形ピアジェ課題が考案・実施され，その結果が機会あるごとに議論の的となっている。たとえピアジェ理論そのものに関心がなくても，ピアジェ課題が繰り返し取り上げられるのは，研究者にとって課題がそれだけで魅力的なものだからであろう。しかし，ピアジェ課題の本当の魅力はその課題の結果が認知発達に対してもつ意味にある。

　たとえば，5歳児は一般に，数の保存課題（本文 11 節 解説9 ， 解説10 （p.65）参照）において，はじめは赤いおはじきと白いおはじきが同数であることを認めながら（図11-1(2)），ひとたび一方のおはじき（図11-1(3)では赤いおはじき）の並び方を変えられる（図11-1(3)では列を広げる）と，同数であることを認めなくなる！（図11-1(3)では，「広がった赤い方が多い」と非保存を主張する）。実験者が列を広げるところを子どもは見ており，おはじきをそこから取りさったり新たに付け加えたりしていないことを知っているにもかかわらず，数が増えたり減ったりすることを主張するのである。数の保存という，大人にとっては自明であり，問うてみるまでもなく誰でもが正しいと認めるような真理でさえ，子どもにとっては自明な真理ではないというのは，新鮮な驚きではないだろうか。こうして，「自明な真理」というのはある発達水準にある者にとってそうなのであって，「誰でもが正しいと認めるようなこと」ではないことがわかる。つまり，「自明な真理」といえども発達の結果なのであって，ア

プリオリな真理とはいえなくなる。こうして,「自明な真理」の成立を発達的に説明するという課題が研究者に課せられる。

　しかし驚きはこれにとどまらない。数の保存課題において,子どもが非保存判断したにしても,赤いおはじきと白いおはじきを数えさせてみれば,同数であることがわかるではないか,と思うであろう。そこで,赤いおはじきと白いおはじきを数えて同数（図11-1 (3) では,6個）であることを確かめてから,保存判断をもう一度求めても,5歳児は一般に相変わらず同数であることを認めない！「同数であることを確かめても,同数であることを認めない」と書くと,読者の中には文のどこかに誤植か脱字があるのではないかと思われる方がおられるかもしれないが,そうではない。子どもは,図11-1 (3) の場合でいえば,「赤も白もどちらも6個あるけれども,赤の方が白より多い」と主張しているのである。われわれが集合の要素数を数えるのは,その集合の基数を求めるためである。子どもにとって集合の要素数を数えることとその集合の基数とが直接結びついていないということは新鮮な驚きではないだろうか,いや驚きを超えて,不思議な迷宮に入り込む心地ではないだろうか。こうして,「数を数えること」と「基数を知ること」との関係,一般的にいえば,手続き的知識と概念的知識との関係という錯綜した問題へと誘われるのである。

　筆者も長年にわたってピアジェ課題あるいはそれから着想を得た課題を用いて調査を行なってきたが,毎回のごとく新たな驚きを体験している。最近の調査から1つだけ紹介しておこう。（数の保存課題と同じように）視覚的1対1対応に並べられた2列のおはじき（2列のおはじきは同色で,列Aも列Bも5個ずつあるとする）があって,2列が同数であることを確かめてから,一方の列より他方の列にいくつか移動させる（ここでは,列Aから列Bに2個移すとしよう）と2列の差異はいくつになるかを問う課題がある（以下では,差異予測課題とよぶことにする）。移動させた後,何もしなければ差異は見えてしまうので,いくつ移動させたかがわかるように,移動させるおはじきを見せるものの,移動させた後は全体をカバーで覆い,2列とも見せないようにする。この課題に対して,一般に7歳児（小学1年生）は2個移動させたので,列Bは列Aよりも2個多くなっていると推論する。最初,5個ずつあったこと,移動後は一方が2個増えて7個,他方が2個減って3個になることを計算できるにもかかわらずである。カバーを取って,2列の差異を確認させると差が4個になっていることを認めるものの,2個の移動がなぜ4個の差異を生むのか理解できない。子どもにあえて説明を求めると,①実際は（ひそかに）4個移動させたから,②もともと列Bは列Aより（気づかれないように）2個多くしていたから,③列Bへの2個の移動とは別に（ひそかに）列Aから2個取り去ったから,という類の実に巧妙な合理化（rationalization）を行なう。中には「ええ…4個も増えてる。おじさん,インチキした！」と言う者さえいる。種も仕掛けもない課題に対して,子どもが手品を見せられ

ているかのようにふるまうことほど，実験者にとって興味深いことはない。要素を移動させるという1つの行為において，要素を付け加えるというポジティブな側面が要素を取り去るというネガティブな側面に対していかに優位であるかを鮮やかに示してくれるのである。

しかし，差異予測課題の驚きはこれにとどまらない。2個の移動がなぜ4個の差異を生むのか理解できない子どもに対し，同じ課題を2列のおはじきの色を変え（列Aが赤，列Bが白とする），しかも一切カバーをすることなしに行なうと，つまり，2個の赤いおはじきを移動させる途中経過も移動後の2列の並びもみんな見せて実施すると，たしかに差異は4になることを認める。ところが，4個の差異の確認後，「いくつ移動させたの？」と問うと，「4個」と答える。移動した要素が色違いであることに注目させると「2個」と訂正できるものの，「(列Bの方が）いくつ多くなった？」と問うと，今度は「2個！」と答えるのである。つまり，差異は4であることを経験的に読み取りながら，移動数が2個であることを思い出させると経験的読み取りを無視して，差異も2個という驚くべき判断をしている。こうして，フロイトが自我防衛機制の根本的メカニズムとして指摘した抑圧（suppression）が，衝動的感情の側面ばかりではなく，認知的知性の側面でも起こることが明らかとなる（認知的抑圧！）。

実は，この差異予測課題もまたピアジェ課題（EEG32）の変形であり，そして数の保存課題は典型的ピアジェ課題（Piaget & Inhelder, 1941）である。かくのごとくピアジェ課題は，数，液量，長さなどの保存課題，包含の量化課題，推移律課題，系列化課題，三山問題，水平性課題，物の永続性課題等々いずれをとっても第一級のおもしろさがある。これらは調査者にとっておもしろいばかりか，その結果が子どもの認知構造とその作動に関して非常に多くのことを教えてくれるという意味においても興味が尽きることがない。

最後に，これから認知発達を学ぼうとする学生に言っておきたいことがある。Piaget's Theoryを訳すにあたって，認知発達の教科書としても使えるようにできるだけ多くの解説をつけたつもりである。特に，本文で言及されている事例はできるだけどのような実験課題なのかということがわかるように解説したつもりである。しかし，実験手続きとその結果を解説で紹介したといっても，それとて紙幅の制約があり，最少限の要約に過ぎない。そのため，理論的著作である以上ある程度やむをえないにしても，訳稿とその解説をいくら読んでも，読者には生きた子どもの姿が伝わってこないのではないかという点が心配である。ピアジェ理論は，哲学的形而上学的論説ではなく，実証的研究に根ざした認知発達の科学なのであるから，その本当のおもしろさがわかるためには，理論を裏づける実験課題における子どもの躍動する姿を知っておくことがぜひとも必要である。願わくは，訳稿とその解説を基本にしながらも，個別的な実験課題における子どもの反応については，該当する著作に掲載されている，

子どもの生き生きとしたプロトコルのほうを参照していただきたい。それよりももっと望ましいのは，実際にピアジェ課題をやってみることであろう。しかも調査の対象となる子どもはどこにでもいる存在である。本書の読者に，あるいは，その兄弟姉妹には子どもがいるかもしれない。この本を読んでいるあなたのすぐ近くに，あるいは，公園に暇をもて余した子どもがいるかもしれない。認知発達を科学するには，新奇な動物を探してアフリカのジャングルに分け入る必要も，目を凝らして顕微鏡を覗き込む必要もない。ごくごく身近な存在である子どもが不思議と感動の源泉であり，科学的研究課題の宝庫なのである。

2章　ピアジェ理論は認知発達の科学たりうるか

1章において示したように，ピアジェ理論がパラダイムたることを認めるとしても，それが科学として成立するためには，多くの研究者がこのパラダイムの下で研究するようにならなければならない。そこで，本章ではすでに認知発達の研究者となっている者に向けて，なぜピアジェ理論を認知発達の科学として学ぶ必要があるのかを検討してみたい。

1．英米版「ピアジェ理論」の成立とその行き着く先

ピアジェはグランドセオリーの提唱者の常として，ほとんどあらゆる観点から批判の的となってきた。おそらく認知発達の領域では最も多くの批判を受けた研究者，しかも他の研究者に対する批判と比べれば，桁違いに多くの批判を受けた研究者であろう。もちろんこれはピアジェにとって名誉なことではあったろうが，このような批判に対してピアジェはほとんど回答することをしていない（ただし，ほとんど答えることをしていない，というのは，まったく答えなかったということではない。回答すべきと思われる批判に対してはきちんと答えている。たとえば，現在アメリカ発達心理学の長老であるブルーナーのピアジェ批判（Bruner et al., 1967）に対しては，反批判を行ない，再反論の余地を残さないほど完膚なきまでにブルーナーの考え方をたたいている。EEG23，および本文26節 解説3 (p.153)参照）。ピアジェがなぜ批判に回答しなかったのかについては，「ピアジェが自分の理論の弱みを突かれて答えるのに窮したから」と解釈することも原理的には可能だが，ほとんどありそうにない見解である。ピアジェが批判に回答することをしなかったのは，私見であるがほぼ確実と思われることは，その大部分が回答するに値しないほどの批判であったからであろう（もし，ピアジェが批判者の批判に対してまともに答えていたら，それだけで一生を費やし，1940年代以降のピアジェ理論の発展はなかったであろう）。

ピアジェはその理論，方法，課題などほとんどあらゆる観点から批判の的とされて

きたが，最も多い批判は，「ピアジェが主張しているよりも乳幼児ははるかに有能であり，典型的ピアジェ課題は子どもの有能さを過小評価している」という批判であろう。その主なものをいくつかあげると，ピアジェが7歳頃に獲得されるとした推移律は，前提となる長さの長短関係の記憶を確かなものにしてやれば，4歳児でも可能である（Bryant & Trabasso, 1971），ピアジェは数保存課題における保存判断は6，7歳頃にならないとできないとしたが，それは列の変形が何か特別なことを示唆するかのように行なわれたためで，列の変形を偶発的なものにしてやれば4，5歳児でも保存認識があることがわかる（McGarrigle & Donaldson., 1974），ピアジェによれば三山問題は9歳頃解決される射影的空間課題であるが，幼児になじみのある場面，登場人物，質問形式を用いて実施すれば，幼児にもでもできる（Borke, 1975），ピアジェのいう前因果性という因果的推論様式はほとんど存在せず，3，4歳児でも大人と同じ因果原理を使っている（Bullock et al., 1982），ピアジェが9か月以降に認めた物の永続性はすでに3，4か月児から認められる（Baillargeon, 1987），ピアジェが感覚運動期最後の段階（1歳半から2歳）に位置づけた延滞模倣は，遅くとも9か月頃には可能である（Meltzoff, 1988）等々…。このようなピアジェ批判を意図した実証的研究は枚挙に暇がない。さらに，ピアジェ批判のための論文集である Siegel & Brainerd（1978），ピアジェ批判の研究書ともいうべき Donaldson（1978），ピアジェに対する批判的研究のレヴューとでも言うべき Gelman & Baillargeon（1983）などの著作やレヴュー論文が次々と出されてきた。こうして1970年代から1980年代にかけて英米におけるピアジェ理解と評価が定着していった。これが1章で指摘した，そして今日もなお受け継がれている英米版「ピアジェ理論」である。

　それでは，ピアジェ版ピアジェ理論からみれば，このような批判的研究はどのように解釈されるのであろうか。Bryant & Trabasso（1971）の推移律課題は，関係の加法的合成という具体的操作を必要とせず，系列化すべき棒の並びと棒を収める穴の並びとの関数的関係づけ（本文26節 解説1 (p.151)参照）という前操作的シェムで解決可能であるがゆえに，4歳児でも推移律があるようにみえたのである。McGarrigle & Donaldson（1975）の数保存課題は，本来具体的操作は認知的撹乱に対する補償能力である（本文1節 解説1 参照）にもかかわらず，偶発的変換は認知的撹乱を構成せず，直観的な前操作的シェムで保存判断可能であるがゆえに，4歳児でも数的操作があるようにみえたのである（この点については中垣（1990）を参照）。Borke（1975）の三山問題が幼児にもできたのは，三山問題は本来射影的空間操作の有無を問う課題であるにもかかわらず，幼児になじみのある場面，登場人物，質問形式を用いることによって（意図的ではないにせよ）トポロジー的にも解決可能な課題に変質させてしまったためである（この点については中垣（1992）を参照）。Bullock et al.（1982）の因果性研究において，前因果性という幼児特有の因果的推論様式をほとん

ど見出せなかったのは，ピアジェのいう因果的認識と法則的認識とを区別せず，後者に属する現象の規則性だけで答えられる課題を実施してそれを幼児の因果的認識とみなしているからである。Baillargeon (1987) の物の永続性課題ですでに3, 4か月児から永続性が認められるようにみえるのは，ピアジェの永続性課題が主体の能動的探索行為を指標としているのに対し，ベラージョンのそれは馴化脱馴化法という知覚的反応を指標としているからである（本文2節 解説6, 解説7 (p.15) 参照）。ピアジェのいう物の永続性は感覚運動的水準における行為対象の構造化を問題としているのに対し，後者は知覚的水準における対象知覚の構造化を調べており，ピアジェのいう行為の構造の階層性を見落としている（本文10節 解説3 (p.55) 参照）。Meltzoff (1988) の9か月児において，ある装置にはたらきかける行為モデルを観察して，モデルを目撃した翌日にもその再現が可能なのは，前日に目撃した行為モデルを模倣したからではなく，前日見たけれども行為することを許されなかった装置を再び提示されたため，それが何であるのかを行為的に確認するためにモデルと同じ行為を行なったからである。これはピアジェのいう再認的同化であり，メルツォフのようにその行為に表象機能の現われをみる必要はないのである。

　ピアジェの推移律課題，数保存課題の研究（Piaget & Inhelder, 1941）から66年，三山問題の研究（Piaget & Inhelder, 1948）から59年，物理的因果性の研究（Piaget, 1927）から80年，物の永続性課題の研究（Piaget, 1937）から70年，乳児の模倣研究（Piaget, 1945）から62年の歳月がたち，この間英米の心理学者を中心に実に多くの研究者がピアジェ課題に挑戦し続けたにもかかわらず，どれ1つとしてピアジェ課題に対する子どもの反応は覆らなかった（誰がやってもピアジェ課題には再現性があった）。しかも，ピアジェ理論に対する反証的証拠として提出された子どもの反応は，どの課題をとってもアドホックな要因を持ち出すことなく，ピアジェ理論の枠内できれいに説明できる。それどころか，ピアジェ課題は，いずれも半世紀以上の歳月がたっているにもかかわらず，標準的なピアジェ課題の結果に対してピアジェより説得力のある説明を与えた研究者は，筆者の知る限り，誰一人としていないと思われる。

　以上のことは，英米の認知発達研究者の知的怠慢をよく示すものではないだろうか。上記のような批判的研究に共通する問題点は，ピアジェの認知機能に関する深い認識論的洞察がすっぽりと抜け落ちていることである。ピアジェ課題がどのような目的で何を明らかにするために考案されたのかを十分に検討することなく，きわめて表面的な課題の手続きとその結果を知っただけで反証実験をしていることが多い。実際，前操作的シェムとしての質的関数（推移律課題の場合），認知的撹乱に対する補償能力としての具体的操作（数保存課題の場合），射影的関係に先行するトポロジー的関係の理解（三山問題の場合），因果的認識と法則的認識との区別（物理的因果性課題の

場合），行為の構造の階層性（物の永続性課題の場合），再認的同化としてのシェムの行使（乳児延滞模倣課題の場合）……，これらは，ピアジェ理論の骨格，あるいは肉付けとして初めからあったものである。これらは，ピアジェ理論に対する批判的研究が出てきたので，その反証的証拠を説明するための弥縫策としてピアジェ理論に後から付け加えられたものではないのである。

　かくして，英米の認知発達研究者の多くは，ピアジェ版ピアジェ理論がどれほど深い洞察と広大な展望の下に構想されているかを人類の知的遺産として真摯に学ぼうとすることなく，英米版「ピアジェ理論」を攻撃して，もはやピアジェ理論から学ぶべきものは何もないと考えているのである。日本の研究者は英米の認知発達研究者の知的怠慢を踏襲してはならないだろう。むしろわれわれは，英米の認知発達研究者を反面教師として，ピアジェ版ピアジェ理論を今こそ謙虚に学ぶべきであろう。しかし，このような説教じみたことは，筆者が言うよりも英米の認知発達研究者に語ってもらうほうが適切であろう。ブライアントはイギリスにおける認知発達研究の第一人者であったし，現在でも長老格として現役である。長年にわたってオックスフォード大学で教鞭をとったので，イギリスの多くの認知発達研究者を育てたことでも知られている。このブライアントがBryant & Nunes（2002）において，Starkey & Cooper（1980）に代表される乳児の数知覚に関する先行諸研究や，Gelman & Gallistel（1978）に代表される幼児の数認識に関する先行諸研究を批判的にレヴューしたあとで，"Piaget's theory still provides a more coherent explanation than any other of children's solutions to mathematical problems." と書いている。これは驚くべき言説である。ブライアントが1970年から1990年の20年にわたって行なった研究は，言語関係のものを除き，そのほとんどすべてがピアジェ批判をねらった研究と論説である。推移律批判しかり，測定操作批判しかり，保存課題批判しかり，均衡化批判しかりである。いわば，研究者としての全盛期をピアジェ批判で生きてきた人物が，今日の英米版「ピアジェ理論」を形作るのに一役買ったその人物が，ピアジェの数研究（Piaget & Inhelder, 1941）から61年たった2002年の時点で，乳幼児の有能性を示す実証的証拠であり，ピアジェ批判の根拠になった数に関する諸研究を根拠薄弱として批判し，「少なくとも数の理解に関しては」という条件つきではあるものの，子どもの反応を説明するのにピアジェ理論が他のどんな理論よりも首尾一貫した説明を与えていると最大級の評価をしているのである！　このブライアントの転向からわれわれは何を学ぶべきであろうか。

２．ピアジェ理論の射程と通常科学としての認知発達研究

　あるパラダイムに立つということは，そのパラダイムに反するように見える事実を否定したり，無視したりするということではない。それとは反対に，そのような変則

例（アノマリー）を真摯に受け止め，パラダイムに固有の概念装置でいかに説明できるかを考察し，それを研究課題とするのである。これがクーンのいう通常科学としての科学者の研究活動である。それゆえ変則例は無視されるどころか，パラダイムに立つ研究者にとっての知的挑戦課題であり，研究者をして楽しい謎解きに従事させてくれる貴重な存在なのである。

　もちろん，この知的挑戦課題がそのまま見事に解けることも，補助仮説を導入することによってうまく解けることも，さらには，いかんとも適切な解決策が見当たらないということもある。最後の場合のみ，変則例は真の反証例となる。とはいってもパラダイムに対する変則例を救う方法はいくらでも考えられるので，パラダイムと整合しないように見える事実がそのパラダイムに対する反証例であったということは，後の時代の者が歴史的にみていえることであって，単なる変則例の蓄積だけでパラダイムが覆ることはない。科学史・科学哲学研究ですでに十分明らかにされているように，変則例が反証例に転化されるのは，古いパラダイムの変則例をうまく説明できるうえに，古いパラダイムで説明できたことをも説明できるような新しいパラダイムが提出されたときのみである。

　たとえば，ニュートンのプリンキピア（1687）は古典力学のパラダイムであり，惑星の運動について当時知られていたケプラーの3法則を見事に説明した。しかし，18世紀になって発見された天王星の運動においては，古典力学による予測と実際の観測との間にいろいろなずれがあり，このパラダイムに対する変則例をなしていた。この変則例は「天王星の外側にもう1つ未知の惑星が存在する」という補助仮説を立てることによって回避された。つまり，この未知の惑星の重力が天王星の運動を撹乱しているために，天王星は変則的な動き方をすると解釈された。実際，19世紀半ばに古典力学に基づいて未知の惑星の位置が予測され，その予測通りに海王星が発見されることによって，この変則例は古典力学のパラダイムの検証例となったのである。一方，太陽に一番近い惑星である水星にも近日点の移動という，古典力学のパラダイムに対する変則例が存在した。多くの天文学者は「水星の内側にもう1つ未知の惑星が存在する」という補助仮説を立てて，その仮説上の惑星（Vulcanと命名された）探しに血眼になり，一時はついにVulcanが発見されたと報道されたこともあったほどである。しかし，20世紀に入ってアインシュタインの一般相対性理論により近日点の移動が簡単に説明されるに及んで，この変則例は古典力学のパラダイムの反証例となった（同時に，近日点の移動は一般相対性理論という新たなるパラダイムの検証例となった）。この事例が示すように，惑星の運動という同じような変則例に対し，未知の惑星の存在という同じような補助仮説を立てても，変則例がパラダイムに対する検証例に転化することもあれば，真の反証例となることもあり，研究している当事者にはあらかじめ予測できないのである。また，一般相対性理論という新しいパラダイムが

提唱されたからこそ，旧パラダイムの変則例が反証例として認められたのであって，近日点の移動が反証例となって，旧パラダイムが覆されたわけではない。ましてや，パラダイムの提唱者自身そのパラダイムの射程と限界をあらかじめ知る由もないであろう。

ピアジェ理論を認知発達研究のパラダイムとする筆者は，前節までピアジェ理論を全面的に擁護してきた。しかし，筆者はピアジェの言っていることは何もかも正しいとか，ピアジェ理論に反するような事実は1つもないと主張したいのではない。ピアジェ自身がピアジェ理論を絶えず改革していく必要性を強調している（本文表題ページ裏＊＊参照）ように，筆者もまた，ピアジェ理論に対するたくさんの変則例を抱えながら，それを改革していく努力をしているつもりである。上記パラダイム論よりうかがえるように，ピアジェ理論に対する多くの変則例があるということ自体はそのパラダイムに立つ者にとって，何ら恥ずべきことでも，悲しむべきことでもなく，解決すべき知的挑戦課題を多く抱えているということにすぎない。英米版「ピアジェ理論」に対する批判として提出された多くの変則例はピアジェ理論の枠内で見事に解くことができることをすでに指摘した。ピアジェ理論に対する変則例を補助仮説の導入によって解けるようになる事例は次節で紹介したい。それでは，ピアジェ理論ではいかんとも適切な解決策が見当たらない変則例はあるだろうか。たとえば，親の口や舌の動きを新生児がまねるという新生児模倣（Meltzoff & Moore, 1977）はかつてはその候補になると思われた。ピアジェ理論によれば，口や舌の動きなど自分に見えないような動作の模倣は8, 9か月を超えないとむずかしいとされるからである。しかしその後，しばらくすると口や舌の動きを模倣しなくなるというトンネル効果を示すことがわかり，感覚運動的模倣というよりは生得的解発機構の現われであり，新生児が示すいろいろな原始的行動の1つとみなした方が適切なことがわかり，反証例の候補ではなくなった。また，ある種の病気のため，運動機能がほとんど損なわれて成長したにもかかわらず，正常な思考の発達がみられたという事例（Jordan, 1972）もその候補になりうる。なぜなら，ピアジェ理論では思考の成立のためには，感覚運動的知能の発達が必要とされるからである。しかし，手足を動かすことだけが感覚運動的行為ではなく，歯で食べ物を噛んだりつぶしたり，舌でおもちゃをなめたり押したりするという行為も立派な感覚運動的行為なのであるから，乳児期に感覚運動的行為がほとんどなかったといえるのかどうか今となっては検証できない以上，これからの研究を待つしかないであろう。筆者に思い浮かぶ，ピアジェ理論に対するあからさまな反証例（に見えるもの）はこれくらいしかない。もちろん，英米版「ピアジェ理論」に対する批判として提出された膨大な変則例の中には，真の反証例となるものがあるかもしれない。しかし，すでに指摘したように，それがピアジェ理論の反証例となるかどうかがわかるのは，その変則例をうまく説明できるだけではなく，これまでピアジ

ェ理論が説明してきたたくさんのピアジェ課題の結果もまた説明できるような新しいパラダイムが提出された暁ではあるまいか。新しいパラダイムなしにピアジェ理論を拒否した結果が，今日の英米の認知発達研究にみられる，膨大なデータの秩序なき集積とその細部においてのみあてはまる法則性の増殖，そしてほんの一部のデータや法則性を説明すると称する「ミニ理論」の叢生ではないだろうか。

　認知発達の研究者の中には，自分は認知発達を研究しているけれども，ピアジェ理論を知っても何の役にも立たないと思われる方もいるであろう。たとえば，自分は幼児の「心の理論」をやっているが，このテーマについては何一つ書かれていないので，ピアジェ理論は参考にならないというかもしれない。これはちょうど，自分は弦の振動という力学の問題に取り組んでいるが，ニュートンのプリンキピアを読んでも，弦の振動の話はどこにも出てこないので，古典力学のパラダイムは私には役に立たないと主張するようなものではないだろうか。ニュートンのプリンキピアがパラダイムたるゆえんは，力学的現象なら領域を問わずそれを適用できる点である。問題解決に必要な道具立てはすでに与えられている。それを弦の振動の問題にいかに適用するかは，研究者の英知と努力に委ねられているのである。

　同様に，ピアジェ理論がパラダイムたるゆえんは，認知発達現象であれば領域を問わず役立てることができる点である。第1に，パラダイムは問題をどのように概念化すべきか，どのような切り口で問題に接近すべきかの指針を与えてくれるし，第2に，問題解決に必要な道具立てをいろいろと用意してくれている。もちろん問題に対する解答をパラダイムが直接与えてくれるわけではない。問題へのアプローチは複数ありうるし，問題解決に必要な道具立てもどれとどれとをどのように使うのかは研究者にまかされているからである。場合によっては，補助仮説を導入したり，複数の道具立てから別の道具を組み立てる必要があるかもしれない。しかしいずれにせよ，未知の領域を研究するときであっても，パラダイムなき研究者よりもはるかに有利な立場に立って研究を推し進めることができる。それゆえ，ピアジェが手をつけていないような領域の認知発達現象を研究する者であっても，ピアジェ理論を知る必要があるのである。パラダイムなしに研究するというのは，物理学者がニュートン力学や相対性理論を知らずして力学的問題を解こうとするようなもので，先進科学では考えられないことである。しかし，幸いにしてというべきか，不幸にしてというべきか，英米の認知発達研究はせっかく敷かれたパラダイムを受け入れることをせずに，前パラダイム的状況に甘んじているので，パラダイムなどなくても研究することができるようにみえる。しかしながら，パラダイムなき研究は研究の学問的蓄積が不可能なので（なぜ不可能かについては中垣（1995）を参照），膨大な数の研究データが蓄積されてもそこからは常識に理論的体裁を与えたような知見とか，「そういえる場合もあれば，そうでない場合もある」といった茫漠とした知見しか得られない。

3．前進的プログラムとしてのピアジェ理論

　筆者はここまで研究者であってもピアジェ理論を学ぶ必要のあることを強調してきた。しかし，教養としてピアジェ理論を学んだとしても，せいぜい発達心理学や教育心理学の講義に役立つぐらいで，認知発達研究の推進力にはならないであろう。筆者が最後に強調したいことは，ピアジェ理論を学ぶことを超えて，ピアジェ理論を自分の研究活動に実際に生かすことが必要であるという点である。ピアジェ理論は現実を構造化する生きた知的組織体であって，陳列棚に飾っておくべき芸術品ではないのである。もちろん，ピアジェ理論を自分の研究活動に生かすことをいくら強調してみても，それだけでは具体的にどうしていいか戸惑うであろう。むしろピアジェ理論を活用した研究活動の実例を示すことが一番手っ取り早いであろう。そこで，僭越ながら筆者による活用例を紹介することをお許しいただきたい。

　命題的推論に関して既存の理論がどう説明し，それに対しピアジェ理論は何を示すことができるかを実例として紹介したい。既存の命題的推論の理論として，論理的推論を担う基体（entity）を推論ルール（mental logic）であるとするML理論（Braine & O'Brien, 1998），心的モデル（mental model）であるとするMM理論（Johnson-Laird & Byrne, 1991），基体を特に同定することなくパフォーマンスにみられるバイアスをさまざまなヒューリスティックによって説明しようとするHA理論（heuristic-analytic approach）（Evans, 1984）の3つに大別される。それに対し，筆者はピアジェの考え方を発展させた理論，すなわち，推論を担う基体は推論ルールでも心的モデルでもなく，心的操作（mental operation）であると捉えるMO理論（中垣，2005）を新しく提唱した。

　（1）条件文に関する推論スキーマに大前提 p→q（「pであるならば，qである」）と小前提 p から結論 q を導く推論形式がある（Modus Ponens とよばれるもので，MPと略記する）。推論スキーマMPは命題操作を必要とするものであるから，ピアジェ理論に従えば，形式的操作期を待たなければならない。しかし，具体的な条件文で推論スキーマMPができるかどうかを調べると，遅くとも5，6歳児ですでに可能であるという（Braine & Rumain, 1983）。この事実はピアジェ理論の変則例を構成している。この変則例を反証例とみなすかどうかが，ピアジェ理論のパラダイムにたつかどうかの岐路となる。ピアジェ理論を拒否する研究者はこれを反証例とみなす。ML理論は生得的なMP型推論ルールがあるから，MM理論は/p q/という単一のモデルで処理可能だから，推論スキーマMPは早期に可能であると説明される。それに対し，MO理論は推論スキーマMPにおける大前提 p→q は仮説（可能性）として与えられているにもかかわらず，子どもは可能性と現実性という様相的区別が不十分であって，p→q をあたかも p q（「pであってqである」）であるかのように現実性に帰着させて受け取るために，推論スキーマMPが可能にみえるだけだと説明する。

MO理論によるこの説明から次のような予測を立てることができる。
　①p→pは文の形式的構造から真とわかるトートロジーであるが，子どもはこれをあたかも「pである」という経験的命題であるかのように受け取るので，p→pが本当かどうかを知るためには経験的確認を必要とすると主張するであろう。
　②p→qをpqであるかのように受け取るのであれば，p→qはもはや仮説ではなくなるので，p→qが本当であると言われると，子どもはそれだけで（小前提pなしに）qを結論するであろう。
　①については，何か果物が入っていることはわかるが中身の見えない箱に関する言明，たとえば「この箱の中にバナナが入っているならば，バナナが入っています」という言明が，中を確かめてみなくても正しいと言えるかどうかを問うと，「正しい」と判断できる者は，中学2年生でも4，5人に1人であり，小学2年生（MPが可能とされる5，6歳児より年長である）ではそのほとんどが「箱の中を見てみないと本当かどうかわからない」と判断する（内舘，2006）。
　②についても，同じような箱について，たとえば「この箱の中にミカンが入っているならば，イチゴも入っています」という言明を正しいものとして与えたとき，イチゴがすでに入っていると断定できるかどうかを問うと，「断定できない」とした者は小学5年生でも4人に1人であり，小学1年生にはほとんどみられない。小学1年生のほとんどの者が小前提を知ることなく，「イチゴが入っている」と結論する！
　調査結果はMO理論の予測通りであり，しかも，MM理論からもML理論からも①や②のような予測は出てこない（HA理論はもともとコンピテンス理論をもっていないので，予測も説明もできない）。こうしてピアジェ理論の変則例はMO理論によって検証例へと転化すると同時に，ピアジェ理論をそれだけ豊かにすることができたのである。
　（2）条件文に関する推論スキーマに大前提p→q，小前提￢q（記号"￢"は否定「qでない」を意味する）から結論￢p（「pでない」）を導く推論形式がある（Modus Tollensとよばれるもので，MTと略記する）。推論スキーマMTの承認率（正しいとする判断の割合）は発達とともに上昇するが12，13歳くらいをピークとして下降する傾向（逆U字型発達曲線）を示す（Evans et al., 1993）。ところがその後はそのまま下降していくのではなく再び上昇に転ずる傾向（U字型発達曲線）を示すという実に奇妙な発達曲線を描く。ML理論は後半のU字型発達曲線を，論理外の誘導推論（invited inference）が抑制されないために承認率が高くなる時期から抑制されて低くなる時期を経て，2次的推論ルールであるMTが使えるようになって再び上昇すると説明する。しかし，肝心の前半の逆U字型発達曲線（こちらの方が確実にみられる現象である）については何も語っていない。MM理論は推論スキーマMTの発達曲線についてはまったく沈黙している。もちろんHA理論はコンピテンス理論

をもたないので説明はできない。それに対し，MO理論は16二項命題操作システム（28節 解説5（p.157）参照）の構築の順序性によって説明する。図28-1のような命題操作システムがいきなりできるのではなく，選言標準形で書けば1項のみからなる操作システムから2項の結合が可能になる操作システムを経て，3項の結合までできる操作システムへと発達すると考える。2項の結合による命題操作システムが成立すると，双条件法的操作が可能になるので双条件法的推論が支配的となる。ここで推論スキーマMTの承認率がピークに達するものの，ここから3項の結合を含んだ命題操作システムへとさらに発達していくので，この移行期においてMTの承認率が下がる（MTを承認しない半条件法的推論が増える）ものの，3項の結合を含んだ命題操作システムが成立すると，条件法的操作が可能になるので条件法的推論が支配的となり，再びMTの承認率が増えると説明できる。前半の逆U字型発達曲線は双条件法的操作が支配的な命題操作システムが成立したことの表現であり，後半のU字型発達曲線はこのシステムから条件法的操作が支配的となる命題操作システムへの移行の表現である。ML理論もMM理論も命題操作の発達という観点を欠いているので，推論スキーマの承認率の発達変化を原理的に説明できないし，あえて説明しようとすれば誘導推論とか作業記憶容量といった論理外要因に訴えざるを得ないのに対し，MO理論は命題操作システムの構築によって発達的変化を内在的に説明できるのである。

　（3）条件文に関する推論形式には，小前提の与え方にp，￢p，q，￢qという4通りあることに対応して，推論スキーマもMP，DA，AC，MTという4通りがある。大前提として，両件肯定条件文p→qのほかに，後件否定条件文p→￢q，前件否定条件文￢p→q，両件否定条件文￢p→￢qという4通りの場合があるので，いずれの推論スキーマについても否定の位置の異なる4つの命題形式が存在する。ところが，いずれの推論スキーマについても，「結論が否定となる推論形式の方が肯定となる推論形式より承認されやすい」「小前提が肯定となる推論形式の方が否定となる推論形式より承認されやすい」という法則性があり，前者はNCバイアス，後者はAPバイアスとよばれている。ML理論もMM理論も両バイアスについてはまったく沈黙していて，妥当な推論だけではなくバイアスをも説明しうると称するMM理論は両バイアスを議論の対象とさえしない。この法則性の発見者であるエヴァンス（Evans, 1993）はメンタルモデルの改良版でなんとか説明しようとしているが，確実に認められるNCバイアスについてはモデルによる説明ができず，これを警告効果（caution effect；肯定より否定の方が一般に外延が大きいので，判断に自信がないときは外延が大きい否定を選ぶという傾向）という反応バイアスに帰し，APバイアスについてはメンタルモデルの改良版で説明できなくはないが，実際に起こっているのかどうか確信がないとした（APバイアスはその後事実であることが確認されている）。

それに対し，MO理論は命題操作システムをコンピテンス理論とするので，これだけではバイアスが説明できないことは明らかである。そこで，命題操作システムに作用し，システム全体が一定の諸操作間のつながり方（configuration）をとるのに強い影響を与える要因を補助仮説として導入し，この要因をCP要因（cognitive pregnancy）とする。このCP補助仮説は，命題的推論課題において課題遂行者が示すパフォーマンスをCP要因による命題操作システムの均衡状態の移動，および，その結果としての命題操作間のつながり方の変容によって説明しようとするものである。条件型推論の場合は，条件文の意味の分析から前件pと後件qの連帯的生起がCP要因となる。このCP要因とコンピテンスとしての命題操作システムという2つの道具立てだけで，NCバイアスもAPバイアスもきれいに説明できるのである（中垣，1998）。MO理論の強みは，ML理論やMM理論のように個々の推論スキーマ，あるいは，個々のメンタルモデルを検討する要素論的アプローチではなく，命題操作システムにおける諸操作間の関係がCP要因によって全体としてどのように変容するのかを考察する関係論的アプローチをとるので，NC，APバイアスを説明できるだけではなく，両バイアスを同時にかつ同じ原理で説明できる点にある。それどころか，1つの推論スキーマに関する4推論形式の承認率の順位までも理論的に予測することができ，NCバイアス，APバイアスはこの予測の単なる特殊ケースにすぎないものとなる。

　（4）抽象的4枚カード問題は命題p，¬p，q，¬qがそれぞれ真となる4枚のカードの中からこれら4枚のカードに関する条件文仮説の真偽を検証するために点検すべきカードを選択させる課題である。条件文仮説として p→q, p→¬q, ¬p→q, ¬p→¬q という4通りの場合が考えられるが，いずれの場合でも，つまり，条件文の否定がどの位置にあってもカードp，qを点検カードとして選択する傾向がみられる。この傾向が有名なマッチングバイアスである。ML理論はマッチングバイアスを説明することを拒否し，「4枚カード問題はむずかしすぎて大人でも解けるわけがない。このことはわれわれの理論（ML理論）からも論証できる」と開き直りともとれる議論をしている。MM理論はモデル構成において「否定命題のモデルにはその肯定命題もモデルに付加される」という仮説の下で，マッチングバイアスを説明できると称していたが，その後行き詰まってこの仮説を撤回してしまったので，現在MM理論では説明とよべるような説明は見出せない。マッチングバイアスの発見者であるエヴァンス（Evans, 1972）はHA理論によりながら繰り返し説明を試みているが，結局行き着いた説明は「マッチングバイアスはマッチングヒューリスティックによる」というものである（Evans, 1995）。これが説明になるのか，トートロジーであるかは読者にお任せすることにして，本人は大真面目に議論している。

　MO理論による説明はきわめて明快である（中垣，1999）。4枚カード問題もまた

条件型推論課題であるから，前件 p と後件 q の連帯的生起が CP 要因となる。4 枚カード問題においては事例 p q が p→q の場合は検証例として，p→¬q，¬p→q の場合は反証例として，認知的プレグナンスを獲得するから，いわば命題操作システム上のゲシュタルト効果としてマッチングバイアスが生じるのである（中垣，1999）。こう考えることによって，否定の位置の違いによる 4 つの条件命題における特定のカード形式（たとえば，条件命題の前件を否定するカード）に関する選択率の順位まで理論的に予測することができ，マッチングバイアスはこの予測の単なる特殊ケースにすぎないものとなる。この説明の強みは，抽象的 4 枚カード問題がうまく説明できるだけではなく，主題化 4 枚カード問題の結果も説明できることである。恣意的な条件文ではなく，課題目標にふさわしい条件文規則を用いて，課題遂行者にとってなじみのある文脈の中で 4 枚カード問題を提出すれば，この課題の論理的正答であるカード p，¬q の選択が増えることが知られているが，これは主題化効果とよばれている。この効果は，抽象的 4 枚カード問題ではもっぱら条件文と否定の意味が CP 要因となったのに対し，主題化 4 枚カード問題では課題目標や規則に関する知識などが CP 要因として認知的プレグナンスに介入してくる点が異なるだけである。あえていえば，主題化 4 枚カード問題における主題化効果とは認知的にプレグナントになった事例（通常は事例 p¬q）へのマッチングバイアスであり，抽象的 4 枚カード問題におけるマッチングバイアスとは事例 pq に対する主題化効果なのである。

　以上，MO 理論の成果の一部を紹介したが（成果の全体は中垣（2005）を参照），筆者がここで言いたいことは MO 理論の成果を謳うことではなく，ピアジェ理論がいかに生産性のあるパラダイムであるかという点である。ピアジェ理論はその批判者に対して自己を防衛するだけの後退的なプログラムではなく，科学的研究の前進的プログラム（Lakatos et al., 1978）なのである。命題的推論理論の提唱者たちは，MM 理論のジョンソン＝レアードといい，ML 理論のブレインといい，HA 理論のエヴァンスといい，理論的立場は互いに激しく対立しあっている。しかし，3 者の共通点はピアジェ理論には学ぶべきものが何もない，あるいは，過去のまちがった理論であるという評価である。実際，命題的推論理論に関する 3 大理論はいずれもピアジェの形式的操作理論の核心である命題操作システムという考え方をまったく取り入れていない。ところが，皮肉なことに，彼らが説明しようと挑戦しつづけた研究課題を解く鍵はすべてピアジェ理論の中に隠されていたのである！　認知発達の研究者にとってピアジェ理論は研究課題に挑戦し，成果をしとめるために不可欠な，生きてはたらく武器なのである。
　上記の議論からいくつかの教訓が学べるであろう。
　①ピアジェ理論は未完成であり，より豊かになりうること。

ピアジェ理論は出来合いの不易な構築物ではない。その一般的骨格は明瞭であってもそれをどのように分節化し肉づけしていくかは後進の研究者に委ねられている。MO理論はピアジェ理論における命題操作システムを主仮説とし，CP要因を補助仮説として現実の人間のパフォーマンスを説明することができた。MO理論はピアジェ理論の骨格の1つである形式的操作理論を何一つ損なうことなく，ピアジェ理論を豊饒化することができたのである。これによって，条件文解釈や条件型推論の発達的変化がうまく説明できるだけでなく，4枚カード問題，条件型推論課題，条件文解釈課題において，これまで知られていた多数のバイアスのすべてが統一的に説明できるようになった（ちなみにどのバイアスをとっても，英米の認知心理学者・認知科学者の中でそれを満足いくように説明できた者は，筆者の知る限り誰一人としていない。ましてや4枚カード問題における主題化効果とマッチングバイアスとが同じ原理で説明できるとか，4枚カード問題におけるマッチングバイアスと推論スキーマにおけるNC，APバイアスとが同じ原理で説明できるといった者も，筆者の知る限り誰一人としていない）。

　②ピアジェ理論は，課題解決のための解答が書かれたマニュアルではないこと。

　ピアジェ理論は，研究者が抱えている問題に対する解答が書かれたマニュアルではない。現実の子どもの反応は課題そのものの制約条件も，子ども自身の制約条件も，さらに子どもの置かれている場の制約条件も考慮する必要があるからである。したがって，子どもの反応がピアジェ理論の予測する通りではないというとき，どこに問題があるのかを慎重に検討する必要がある。パラダイムに立つということはそうした問題の所在に関して指針を得ることである。制約条件を考慮した補助仮説が適切であれば，MO理論の場合のように，ピアジェ理論によって一挙にたくさんの問題が氷解することがある。特に，4枚カード問題の結果のように，多くの著名な認知心理学者，認知科学者（M. Boden, D. Rumelhart, P. Johnson-Laird, P. Wason, J. Mandlerなど）によってピアジェ理論の決定的な反証例とみなされていたものが，適切な補助仮説によってピアジェ理論の検証例に転化するという，どんでん返しさえ起こりうるのである（中垣, 1989）。

　③ピアジェ理論はパフォーマンス理論をも作りうること。

　ピアジェ理論そのものは，現在のところおおむねコンピテンス理論である。そのため，心理的主体（psychological subject）ではなく認識的主体（epistemic subject）に関心があったピアジェにとってはあのような形式的な理論で満足できたかもしれないが，心理的主体に関心があるわれわれ心理学者は子どもの実際のパフォーマンスを説明できないような理論には関心がないという者もいるかもしれない。しかし，ピアジェ理論がパラダイムたる所以の1つはそれをパフォーマンス理論にまで洗練していくことが可能であるという点である。MO理論はピアジェ理論における命題操作シス

テムをコンピテンス理論としつつもCP要因を補助仮説として導入することによって，現実の人間の反応を説明できるパフォーマンス理論となったのである。

④大人の認知を知るうえでも，ピアジェ理論は必要であること。

MM理論のジョンソン＝レアード，ML理論のブレイン，HA理論のエヴァンスの3者に共通していることは発達的観点のほぼ完璧なまでの欠落である。もう少し正確にいえば，幼児や児童を対象に調査を行なうことがあっても，子どもでもいかに早くから推論スキーマとかメンタルモデルをもっているかを示すことが目的といったような調査で，発達的変化に対する関心から行なわれたものではない。そのため，たとえば4枚カード問題は最初に発表されて以来（Wason, 1966）40年以上の歳月が経ちながら，そしてこの間実にたくさんの研究者がこの問題を説明しようと挑戦しつづけたにもかかわらず，英米の研究者にとってマッチングバイアスは依然として謎のままである。大人の認知は子ども時代からの認知発達の所産であるという単純な事実が忘れられているからである。

⑤ピアジェ理論は発達する主体の心理学的実体を記述していること。

ピアジェ理論はきわめて抽象的，一般的な言葉で語られているため，それを子どもの発達という現実の現象に結びつけることに抵抗があるかもしれない。研究者の中には，ピアジェ理論特有の用語はピアジェの衒学的趣味の表われであって，現実の現象に対しては説明的価値がないと思う者がいるかもしれない。しかし，ピアジェ理論が語る命題操作システム，INRC群，群性体等々は現実の人間の認知構造を記述するものであり，反省的抽象，構築的一般化，拡大均衡化等々は，現実の人間の認知構造構築のダイナミズムを記述するものである。MO理論も主体が命題的推論を行なうときに実際に用いる心理学的実体として命題操作システムを措定したので，これまで未解決だった多くの謎に説明を与えることができるようになったのである。「われわれはしばしば，どんな心理学的実体にも対応しない構造を捏造したという非難を受けてきた。しかしこのような構造は実際に存在している，……全体構造の存在を証拠立てる，最も一般的な諸特徴のおかげで心理学的に構造が認められるからである」（本文23節 p.138）というピアジェ自身の言葉を真摯に受け止めるべきであろう。

* * *

ピアジェ理論を超えるために

パラダイムに立って研究しようが，パラダイムなしに研究しようが，研究者の自由である。しかし，自分たちがやっている研究について科学上の意義を見出したいと欲するならば，パラダイムなしではやっていけないだろう。どのようなパラダイムに立って研究しようが，研究者の自由である。しかし，自分たちがやっている研究が生産的なものであることを欲するならば，前進的プログラムを選ぶべきであろう。ピアジ

ェ生誕80歳を祝って編集された，*Archieves de Psychologie*の特集号（Vol.44，No.171，1976）においてピアジェは次のように語っている。

> 「私としては，それが錯覚なのか，根拠に基づくのか分からないが，ほぼ確かな一般的骨組みを引き出すことができたと確信している。それゆえ，まだ空隙がいたるところにあるにしても，そうした空隙を埋めていくことによって，体系の大筋と矛盾することなしに，その骨組みの有機的連関をさまざまな仕方で細分化していくようになるだろう。この確信がどこまで真実であるのか，それとも単なる高慢による思い込みであるのかは，未来のみが明らかにすることである。」

ピアジェが，意図してかどうかはわからないが，ある意味でこれはピアジェ自身によるピアジェ理論のパラダイム宣言である。筆者もまた，ピアジェのこの確信に賭けたいと思う。認知発達の科学のパラダイムはすでに敷かれている。ピアジェ理論を超えるためには，まずこのパラダイムに立つことを避けて通ることができないのではないだろうか。

参考文献

Baillargeon, R. (1987). Object permanence in 3.5 and 4.5-month-old infants. *Developmental Psychology*, **23**, 655-664.

Borke, H. (1975). Piaget's mountains revisited: Changes in egocentric landscape. *Developmental Psychology*, **11**, 240-243.

Braine, M. D. S., & O'Brien, D. P. (Eds.). (1998). *Mental logic*. Mahwah, NJ: Erlbaum.

Braine, M. D. S., & Rumain, B. (1983). Logical reasoning. In J. H. Flavell & E. Markman (Eds.), *Handbook of child psychology: Vol. 3. Cognitive development*. New York:John Wiley & Sons. pp. 263-339.

Brainerd, C. J. (1996). Piaget: A centennial celebration. *Psychological Science*, **7**(4), 191-196.

Bruner, J. S., Olver, R. R., & Greenfield, P.M. (1967). *Studies in cognitive growth*. New York: John Wiley & Sons.（岡本夏木・他（訳）　1968　1969　認識能力の成長：認識研究センターの協同研究　上・下　東京：明治図書）

Bryant, P., & Nunes, T. (2002). Children's understanding of mathematics. In U.Goswami(Ed.), *Blackwell handbook of childhood cognitive development*. Malden:Blackwell Publishers. pp.412-439.

Bryant, P., & Trabasso, T. (1971). Transitive inferences and memory in young children. *Nature*, **232**, 456-458.

Bullock, M., Gelman, R., & Baillargeon, R. (1982). The development of causal reasoning.In Friedman (Ed.), *The developmental psychology of time*. New York:Academic Press. pp.209-

254.

Donaldson, M. (1978). *Children's Mind*. London:Fontana.

Evans, J. St. B. T. (1972). Interpretation and matching bias in a reasoning task. *British Journal of Psychology*, **24**, 193-199.

Evans, J. St. B. T. (1984). Heuristic and analytic processes in reasoning. *British Journal of Psychology*, **75**, 451-468.

Evans, J. St. B. T. (1993). The mental model theory of conditional reasoning: Critical appraisal and revision. *Cognition*, **48**, 1-20.

Evans, J. St. B. T. (1995). Relevance and reasoning. In S. E. Newstead & J. St. B. T. Evans (Eds.), *Perspectives on thinking and reasoning*. Hove: Erlbaum. pp.147-171.

Evans, J. St. B. T., Newstead, S. E., & Byrne, R. M. J. (1993). *Human reasoning: The psychology of deduction*. Hove: Erlbaum.

Flavell, J. H. (1996). Piaget's legacy. *Psychological Science*, **7**(4), 200-204.

Gelman, R., & Baillargeon, R. (1983). A review of some Piagetian concepts. In J.H.Flavell & E. M. Markman(Eds.), *Handbook of child psychology:Vol.3.Cognitive development*. New York:John Wiley & Sons. pp.167-230.

Gelman, R., & Gallistel, C.R. (1978). *The child's understanding of number*. Cambridge, MA: Harvard University Press.

Goswami, U. (1998). *Cognition in children*. London: Psychology Press. (岩男卓実・上淵　寿・古池若葉・富山尚子・中島伸子（訳）　2003　子どもの認知発達　東京：新曜社）

Johnson-Laird, P. N., & Byrne, R. M. J. (1991). *Deduction*. Hillsdale, NJ: LEA.

Jordan, N.(1972). Is there an Achilles' heel in Piaget's theorizing? *Human Development*, **15**, 379-382.

Kuhn, T. S. (1962). *The structure of scientific revolutions*. Chicago: University of Chicago Press. （中山　茂（訳）　1971　科学革命の構造　東京：みすず書房）

Lakatos, I., Worrall, J., & Currie, G.(Eds.). (1978). *The methodology of scientific research programmes: Philosophical papers:Vol.1*. （村上陽一郎・他（訳）　1986　方法の擁護　東京：新曜社）

McGarrigle, J., & Donaldson, M. (1975). Conservation accidents. *Cognition*, **3**(4), 341-350.

Meltzoff, A. N.(1988). Infant imitation and memory: Nine-month-olds in immediate and deferred tests. *Child Development*, **59**, 217-225.

Meltzoff, A.N., & Moore, M.K.(1977). Imitation of facial and manual gestures by human neonates. *Science*, **198**, 75-78.

中垣　啓　1989　抽象的4枚カード問題における課題変質効果について　教育心理学研究, **37**, 36-45.

中垣　啓　1990　数保存課題におけるみかけの"文脈効果"について　教育心理学研究, **38**, 369-378.

中垣　啓　1992　領域固有性と理解(その一)―発生的認識論と認知心理学研究(3)―　哲学第93集　東京：三田哲学会　pp.331-372.

中垣　啓　1995　パラダイムを持つことの意義はなにか？　日本発達心理学会ニューズレター1995年9月30日号, 6-7.

中垣　啓　1998　条件3段論法における否定の効果　国立教育研究所研究集録第37号, 51-72.　東京：国立教育研究所

中垣　啓　1999　条件4枚カード問題における否定の効果　国立教育研究所研究集録第38号, 31-50　東京：国立教育研究所

中垣　啓　2005　命題的推論の理論―Conditional Reasoningの説明を中心に―　博士論文（未公刊）　東京：早稲田大学

Piaget, J. (1927). *La causalité physique chez l'enfant*. Paris:F.Alcan. (Gabain, M. (English Translation). (1972). *The child's conception of physical causality*. Totowa, NJ: Littlefield Adams.)（岸田　秀(訳)　1971　子どもの因果関係の認識　東京：明治図書）

Piaget, J. (1937). *La construction du reél chez l'enfant*. Paris: Delachaux et Niestlé.

Piaget, J. (1945). *La formation du symbole chez l'enfant: Imitation, jeu, et reve, image et représentation*. Paris: Delachaux et Niestlé.（大伴　茂(訳)　1967　遊びの心理学　1968　模倣の心理学　1969　表象の心理学　名古屋：黎明書房）

Piaget, J., & Inhelder, B. (1941). *La genèse du nombre chez l'enfant*. Paris: Delachaux et Niestlé.（遠山　啓・銀林　浩・滝沢武久(訳)　1962　数の発達心理学　東京：国土社）

Piaget, J., & Inhelder, B. (1948). *La représentation de l'espace chez l'enfant*. Paris: Presses Universitaires de France.

Siegel, L.S., & Brainerd, C.J. (1978). *Alternatives to Piaget: Critical essays on the theory*. New York:Academic Press.

Siegler, R.S., & Ellis, S. (1996). Piaget on childhood. *Psychological Science*, **7**(4), 211-216.

Starkey, P., & Cooper, R. (1980). Perception of numbers by human infants. *Science*, **210**, 1033-1034.

内舘　愛　2006　矛盾およびトートロジーの真偽評定にみる論理的必然性の理解の発達　早稲田大学大学院教育学研究科紀要(別冊)第14号(1), 1-9.　東京：早稲田大学

Wason, P.C. (1966). Reasoning. In B.M. Foss (Ed.), *New horizons in psychology: Vol. 1*. London : Penguin Books.

EEG 23: Epistémologie et psychologie de la fonction / J. Piaget, J.-B. Grize, A. Szeminska, Vinh-Bang; collab. 1968.

EEG 32: Recherches sur la contradiction, 2e partie: les relations entre affirmations et négations / J. Piaget et collab. - 1974.（芳賀　純・他(訳)　1986　矛盾の研究　兵庫：三和書房）

目　次

訳者まえがき　i
認知発達の科学のために　vi
目次　xxx
凡例　xxxvi

序章　3
    解説1　3水準（生物学，心理学，認識論）における問題の対応関係　5
    解説2　3水準（生物学，心理学，認識論）における問題の解決法としての学説　5

I章　主体と客体との諸関係　7
1節　認識の源泉　8
    解説1　（知的）操作　9
    解説2　認識と変換　11
    解説3　相互作用　11
    解説4　新生児の心性は非二元論的　11
2節　知的構築の事例1：物の永続性　12
    解説5　構築　13
    解説6　乳児期初期の物の永続性　15
    解説7　ベラージョンの物の永続性に関する実験　15
    解説8　物の永続性の発達段階　15
    解説9　SchèmeとSchéma　19
    解説10　認知発達におけるコペルニクス的革命　19
3節　知的構築の事例2：原子論　18
    解説11　構造　19
    解説12　原子論　21
    解説13　子どもの原子論　21
    解説14　知覚的ゲシュタルト　25
4節　生命と知能と認識　22
    解説15　有機体の構造，認知構造，論理数学的構造における部分的同型性　25
    解説16　適応の生物学と発達の心理学と発生的認識論の類縁性　25

II章　同化と調節　27
5節　同化　28
    解説1　同化　29
    解説2　遺伝的同化　29
    解説3　分類行為における図化の図式　31
    解説4　刺激飢餓　31
    解説5　同化と欲求　31

解説6　S→R形式　33
　　　解説7　同化とシェム　33
　6節　調節　32
　　　解説8　同化と調節の関係　35
　　　解説9　反応規格　35
　　　解説10　連合論と同化の意味作用　37
　7節　遊び，模倣，知的行動　36
　　　解説11　知的行為と知能の定義　37
　　　解説12　新しい構造化　39
　　　解説13　表象的適応と象徴遊び　39
　　　解説14　遊び，模倣，知的行為における同化と調節　41
　　　解説15　機能的不変項と構造的可変項　43
　　　解説16　論理実証主義　43
　　　解説17　プロトコル命題　45
　　　解説18　事実の解釈依存性　45
　8節　中心化から脱中心化へ　44
　　　解説19　脱中心化とその2つの方向　47
　　　解説20　自己中心性と中心化　47
　　　解説21　自己中心性と社会化　48

Ⅲ章　段階の理論　49
　9節　発達段階の問題　50
　　　解説1　発達段階の5つの基準　51
　　　解説2　ピアジェの発達段階論と認知発達の領域固有性・領域普遍性　53
　10節　知能の発達段階　54
　　　解説3　行為の構造Ⅰ（共時論的観点）　55
　　　解説4　行為の構造Ⅱ（通時論的観点）と垂直的デカラージュ　55
　　　解説5　発達段階の統一的区分　57
　　　解説6　発達の連続説と不連続説　59
　　　解説7　長さの保存課題と液量の保存課題　61
　　　解説8　2次的操作としての形式的操作と構築説　63
　11節　クレオドの法則　62
　　　解説9　数の保存課題　65
　　　解説10　カウンティングと数の保存概念　65
　12節　発達の速さ　64
　　　解説11　パフォーマンスとしての子どもの反応とコンピテンスとしての発達段階　67
　　　解説12　ブルーナーの主張　67
　　　解説13　創造的研究活動をするための3つの方法　69
　　　解説14　ピアジェの早期教育批判　69

Ⅳ章　発達と学習の関係　71
　13節　学習の定義　72
　　　解説1　発達と学習　73
　　　解説2　バーラインによる，ハル学習理論へのピアジェ理論の還元　75
　　　解説3　発明，発見，創造　75
　14節　論理の学習と学習の論理　76

解説4　学習に関する2つの問題　77
　　　解説5　行為の論理　79
　　　解説6　学習に必要な論理　79
　　　解説7　物質量・重さ・体積の保存課題　79
　　　解説8　重さの同値性の推移律課題　83
　　　解説9　推移律と操作的保存との相関　83
　　　解説10　クラス包含の量化課題　83
　15節　保存概念の学習実験　82
　　　解説11　ジュネーブ学派の学習実験　85
　　　解説12　液量の保存概念の学習実験　85
　　　解説13　中心化相互の協応　87
　　　解説14　2つの可逆性　87
　　　解説15　保存判断の3つの論拠　89

V章　認知的機能における操作性の側面と形象性の側面　91
　16節　形象性の側面と記号論的機能　92
　　　解説1　行為の分析と行為の内化としての思考　93
　　　解説2　認知機能の分類Ⅰ：操作性と形象性　93
　　　解説3　認知機能の分類Ⅱ：能記の体系　95
　　　解説4　表象—この崇高なもの—　97
　　　解説5　形象的機能と記号論的機能の関係　99
　17節　知覚　98
　　　解説6　知覚と行為　99
　　　解説7　遭遇と連結の確率論的モデル　101
　　　解説8　水平性の評価における知覚と概念　103
　18節　心像　104
　　　解説9　心像の知覚起源説に対する批判　105
　　　解説10　棒の回転運動の心像課題　107
　　　解説11　心像と操作との関係　107
　19節　記憶　108
　　　解説12　ピアジェの記憶観　109
　　　解説13　棒の系列化課題　111
　　　解説14　系列的布置の記憶課題　111

Ⅵ章　発達の古典的諸要因　113
　20節　第1の要因：成熟　114
　　　解説1　ピアジェのローレンツ批判　115
　　　解説2　成熟要因説の限界　117
　　　解説3　ブール的構造，論理的構造　117
　21節　第2の要因：物理的経験　118
　　　解説4　経験の3つのカテゴリー　119
　　　解説5　物理的経験説の限界　119
　　　解説6　論理数学的経験　121
　22節　第3の要因：社会的環境　122
　　　解説7　社会的学習説の限界　121

解説8　子どものアニミズム　123
　　　解説9　言語と思考Ⅰ：思考の形成において言語は本質的要因か　125
　　　解説10　言語と思考Ⅱ：言語は知的操作の起源であるか　127
　　　解説11　ピアジェの発達要因論　129

Ⅶ章　均衡化と認知構造　131
　23節　操作的全体構造　132
　　　解説1　移動群の構造　133
　　　解説2　乗法的マトリックス　135
　　　解説3　具体的操作の特徴とその限界　135
　　　解説4　群性体の種類とその心理学的意味　139
　24節　第4の要因：均衡化　138
　　　解説5　構造の予示　141
　　　解説6　調整的メカニズム　141
　　　解説7　発達要因としての均衡化の要請　141
　25節　均衡化による発達の説明　140
　　　解説8　継起的確率過程　143
　　　解説9　発達を説明する要因としての均衡化　145
　　　解説10　仮想仕事の原理　148
　　　解説11　系列化における操作　148

Ⅷ章　構造の論理数学的側面　149
　26節　前操作期の構造と質的関係づけ　150
　　　解説1　方向づけられた関数　151
　　　解説2　質的同一性　153
　　　解説3　液量の保存課題における同一性と保存　153
　27節　具体的操作期の構造と量化　152
　　　解説4　数学の論理学への還元　155
　28節　形式的操作期の構造と命題操作　156
　　　解説5　命題操作システム　157
　29節　反省的抽象　160
　　　解説6　認知システムが演繹的となる　161
　　　解説7　反省的抽象における二重の意味のreflection　161
　　　解説8　水平的デカラージュと手続き的デカラージュ　163

Ⅸ章　結論：心理学から発生的認識論へ　167
　30節　認知発達の理論と生物学，社会学，言語学，論理学　168
　　　解説1　認知的メカニズムと生物学との関係　169
　　　解説2　個人間協応と個人内協応　171
　　　解説3　社会中心性　171
　　　解説4　言語構造の感覚運動的起源説　171
　　　解説5　ゲーデルの定理　173
　　　解説6　「自然な」操作的構造　173
　31節　認知機能の心理学と認識論　174
　　　解説7　論理数学的経験が含意する認識論的帰結　175

解説8　発生的心理学　175
　　解説9　保存にもっと操作的説明を与える　177
　　解説10　主体は表舞台から引きさがる　177
　　解説11　ピアジェの操作主義　177
　　解説12　絶えず「より強い」理論を構築していく必要性　179
32節　発生的認識論の課題　178
　　解説13　発生的認識論の課題　179
　　解説14　認識論が認識の妥当性の問題を扱う　181
　　解説15　心理的発生および形式的系譜の収斂　183
　　解説16　分析的なものと総合的なもの　185
　　解説17　論理数学的構築と物理的経験との一致　185

A1解説　～　B2解説　（見返し部分）表
　　表A1　認知発達における4つのコペルニクス的革命　A1
　　表A2　時期A：感覚運動的知能の発達　A2
　　表B1　時期B：具体的操作の発達　B1
　　表B2　時期C：形式的操作の発達　B2

＜原論文掲載図＞
　　図1　液量保存概念の学習実験装置　84
　　図2　群性体の構造の束的側面　137
　　図3　群性体の構造の群的側面　137
　　図4　pVqに関する状態図式　159
　　図5　（R, R̄）に関する状態図式　159

＜その他の掲載図・表＞
　　図1-1　発達の源泉としての遺伝，環境，行為　11
　　図2-1　馴化・脱馴化法を用いたベラージョンの実験事態　14
　　図2-2　A B̄エラーの実験事態　17
　　図5-1　認知的行為（分類行為の場合）における同化の図式　31
　　図8-1　脱中心化の模式図　47
　　図10-1　長さの保存課題　61
　　図10-2　液量の保存課題　61
　　図11-1　数の保存課題　65
　　図11-2　対応づけ課題の失敗例　65
　　図14-1　物質量の保存課題　81
　　図14-2　重さの保存課題　81
　　図14-3　体積の保存課題　81
　　図14-4　重さの同値性の推移律課題　83
　　図14-5　クラス包含の量化課題　85
　　図16-1　形象的機能と記号論的機能の関係　99
　　図17-1　ミュラー＝リエルの錯視　100
　　図17-2　デルブフの錯視図　101
　　図17-3　錯視量の予測値と実測値　100
　　図17-4　水平性の知覚実験図　103
　　図17-5　子どもに提示する状態図　102
　　図17-6　段階Ⅰの描画（幼児の典型的描画）　102
　　図17-7　段階Ⅱの描画　102
　　図17-8　段階Ⅲの描画　102

図18-1　棒の回転運動の描画タイプ　106
　　図19-1　記憶による系列の描画　112
　　図23-1　移動群規則のベクトル的表示　133
　　図25-1　くじ引き課題における実験事態　145
　　図26-1　関数実験の装置　151
　　図28-1　16二項命題操作システムの構造的表現　157

　　表0 -1　3水準における問題と相互作用の道具　5
　　表0 -2　適応と進化の問題に対する諸解決法の3水準における対応関係　5
　　表2 -1　Schemeの3か国語の対照表　19
　　表3 -1　子どもの原子論の発達段階　23
　　表5 -1　感覚運動的水準と表象的水準との対応関係　33
　　表7 -1　機能的不変項と理性のカテゴリー　43
　　表8 -1　認知発達と脱中心化の2つの方向　47
　　表10-1　知能の発達段階・発達時期の区分　59
　　表13-1　認識形成の諸形式　73
　　表16-1　行為の分析　93
　　表16-2　認知機能の分類Ⅰ　95
　　表16-3　能記・所記の英語，フランス語対応表　94
　　表16-4　認知機能の分類Ⅱ　97
　　表17-1　水平性の知覚と概念の発達的関係　105
　　表18-1　反応タイプの分布と正反応率　107
　　表18-2　反応タイプの分布　109
　　表21-1　経験の3カテゴリー　119
　　表22-1　ピアジェ理論における4つの発達要因　129
　　表23-1　移動群の規則とその心理学的意味　133
　　表23-2　群性体の種類　139
　　表28-1　16二項命題操作システム　157

原論文・訳注・解説における参考文献　187
国際発生的認識論研究センターより刊行された発生的認識論研究紀要　192
事項索引　194
人名索引　198

凡例

- 原文は英語版であるが，それ自体がフランス語からの翻訳である。英語版と仏語版とが齟齬をきたす場合は仏語版の方を優先させた。ただし，文献，図，注などは仏語版にはない。
- 原文は今から35年以上前のものであるので，現時点から見てつじつまの合わない表現や明らかに間違いであると思われる表現がある。その場合は，訳者の責任で修正した。
- 原文の訳はすべて左ページに配置した。ただし，原文にある注は，紙面の都合で右ページに配した場合もある。
- 解説はすべて訳者によるもので，原則として右ページに配置したが，紙面の都合で左ページに配した場合もある。また，解説は原則として解説項目のあるページの見開き右ページに入れた。ただし右ページに全部入りきらず，次の見開き右ページにわたるものもある。場合によっては，左ページに配置せざるを得ない場合もあった。解説が見開きの右ページに入らない場合は，解説項目のあるページ下に，記号☞で参照ページを示した。
- 解説における実験課題の紹介はその概略を示すことが目的であって，実際に行なわれた課題の正確な要約にはなっていないところがある。
- 訳文中の括弧内に記号☞があるものは，括弧そのものが原文にはなく，訳者が読者の便宜のためにつけたものである。括弧内に記号☞のない，参照を求める注釈は，原文にあったものである。
- 原文でイタリックになっているものは，太字で表記し，必要に応じてその英語表記を括弧に入れて記した。例：**調節**（accommodation）
- 訳文の章タイトルは原文にあるものをそのまま訳出したものである。節タイトルは原文にはなく，数字でしか区別されていないが，訳者が適宜タイトルをつけた。
- 原文で"accommodates"のように，引用符がついているものは，カギカッコをつけ，同時にその英語表記を括弧に入れて記した。例：「調節態」（accommodates）
- 原文がイタリックではない，あるいは引用符がついていないものでも，原文表記があったほうが参考になると思われる場合は，訳語の後にその英語表記（場合によっては仏語表記）を括弧に入れて記した。
- 原文の箇条書き表記はa，b，c，……のようになっているが，訳文では①，②，③…のように別の箇条書き表記をしたところがある。
- 原文は箇条書きではないものでも，文章を読みやすくするために，訳者の責任で箇条書きにしたところがある。同様の理由で段落を分け，タイトルをつけたところもある。
- 注については，原則として注記号のついた項目からできるだけ近いところに挿入した。したがって，原則として左ページに配されている。ただし，紙面の調整の都合で右ペ

ージに配した場合もある。
・☆のついた注は，原文にある英訳者，あるいはピアジェによる注である。ただし，英訳者の注かピアジェの注か記載のない注もある。
・★のついた注は，人名について訳者がつけた注である。
・●のついた注は，事項について訳者がつけた注である。
・○のついた注は，事項について訳者がつけたごく簡単な解説的注である。
・訳者がつけた上記の注および図については左にアミを入れて本文と区別した。
・参考文献，引用文献の先頭に，記号○があるものは原文にもあげられている文献である。記号●があるものは訳書で追加した文献である。

ピアジェの理論[*]

ジャン・ピアジェ[**]

* この論文は，フランス語で書かれ，ジュネーブ大学のセルリエ（Guy Cellerier）博士，およびカルフォルニア大学バークレイ校のランガー（Jonas Langer）博士によって英訳された。同時に，英訳に際して援助を惜しまれなかったイネルデ（Bärbel Inhelder）教授，サンクレール（Hermione Sinclair）教授にお礼を申し上げる。（英訳者による注）

** 私は，自分の発達観に関する論文を，『国際心理学ジャーナル（*International Journal of Psychology*）』に発表したことがある（Piaget, 1968a）。それは，私の以前の諸著作を要約したものであった。本論文は，その論文を一部敷衍したものであるが，著者やその協同研究者およびその同僚による，最近のあるいは未発表の研究も考慮されている。実際のところ，「ピアジェ理論」は，現在でも完成されておらず，著者としては，自分自身を常に，「ピアジェの改革者」（Revisionists of Piaget）の中の主要なひとりとしてみなしている。（ピアジェによる注）

序 章

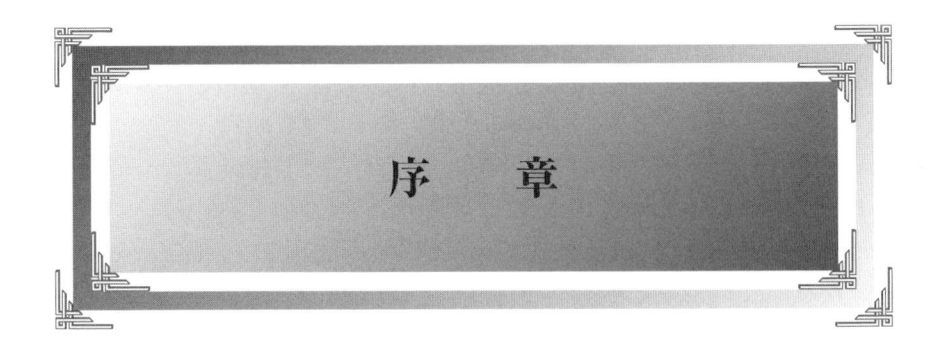

これから述べる発達の理論，特に認知機能の発達に関する理論を理解するためには，その理論が依拠している生物学的諸前提と，その理論から帰結する認識論的結論を，注意深く分析することから始めなければならない。実際，発達観の基礎となるここに要約された根本的仮説に従えば，次の3つの過程からなる水準には同じ問題と同じタイプの説明が見出される 解説1 。

A．生物学的水準：成長途上にある有機体の，環境への適応という過程。この過程には，「後成的システム」（epigenetic system）の発達を特徴づける，相互作用と自己調整（autoregulation）がみられる（発生学的意味における後成的発生（epigenesis）●1は，常に内と外の両面から決定される）。

B．心理学的水準：知的構造の形成途上における，行為主体の知的適応という過程。知的構造の構築は，経験によって獲得される情報にも，漸進的に進行する内的協応（coordinations）にも，依存している。

C．認識論的水準：認識的関係，あるいは，認識論的関係を確立する過程。その関係は，外部の客体（objects）を単に写し取る（copy）ことでも，主体の内部に前もって作られている構造の単なる展開（unfolding）でもなく，認識主体と外的世界との絶えざる相互作用によって，漸進的に構築される一連の構造を意味している 解説2 。

　認識論的関係に関するわれわれの見解は，大多数の心理学者の考えとも「常識」とも大いにかけ離れているので，この点から議論を始めることにしよう。

●1　後成的発生：生殖細胞は成体と同じ構造をすでに含んでおり，発生は単にその量的拡大にすぎないとする前成説（preformation）に対して，成体の構造は生殖細胞には含まれておらず，発生過程における環境とゲノムとの相互作用を通して，漸次的に形成されるとする考え方。通常は「後成説」と訳されるが，ここではその考え方からみた発生過程をさしているので「後成的発生」と訳した。

解説1 3水準（生物学，心理学，認識論）における問題の対応関係

序章の議論を模式的に要約すると表0-1のようになるであろう。A，B，Cの3つの水準における相互作用の過程には，それぞれ適応の問題，知能の問題，認識の問題が提起される。だが，各水準で用いられる用語は異なっていても結局はどれも同じタイプの問題であること，さらに，問題の解決法も多種多様に見えても結局は各水準に同じタイプの説明が見出されることをピアジェはここで主張している。なお，表中の「シェム」については2節の内容と5節 **解説7** （p.33）を参照のこと。

■表0-1　3水準における問題と相互作用の道具

水準	相互作用	問題の所在	相互作用の道具
A　生物学的水準	有機体〜環境	適応の問題	器官
B　心理学的水準	行為主体〜対象	知能の問題	行為（シェム）
C　認識論的水準	認識主体〜客体	認識の問題	科学的認識

解説2 3水準（生物学，心理学，認識論）における問題の解決法としての学説

各水準の問題に対する解決法にはどのようなものがあり，説明のタイプが水準間でどのように対応しているかという点に対するピアジェの解答を結論的に示せば，表0-2のようになるであろう（Piaget, 1947）。ピアジェの立場は言うまでもなく，進化の原理としてはそれを肯定し，適応の原理としては相互作用説をとる。すなわち，表0-2の対応表で言えば，ピアジェの心理学説は同化説（あるいは，操作説ともいわれる）であり，認識論的には弁証法的構築説（あるいは発生的構造主義；Structuralisme génétiqueともいわれる）である。

■表0-2　適応と進化の問題に対する諸解決法の3水準における対応関係

進化	適応の原理	A　生物学的水準	B　心理学的水準	C　認識論的水準
進化の否定	外在的要因	予定調和説 Harmonie préétablie	主知説 Intellectualisme	プラトニズム Platonisme
進化の否定	内在的要因	前成説 Préformisme	ドイツ「思考心理学」 Denkpsychologie	先験論 Apriorisme
進化の否定	相互作用	発出説 Émergence	ゲシュタルト理論 Gestaltisme	現象学 Phénoménologie
進化の肯定	外在的要因	ラマルキズム Lamarckisme	連合説 Associationnisme	経験論 Empirisme
進化の肯定	内在的要因	突然変異説 Mutationnisme	試行錯誤説 Théorie de tatonnement	プラグマティズム Pragmatisme
進化の肯定	相互作用	後成説 Epigenèse	同化説 Théorie d'assimilation	弁証法的構築説 Constructivisme dialectique

I　主体と客体との諸関係

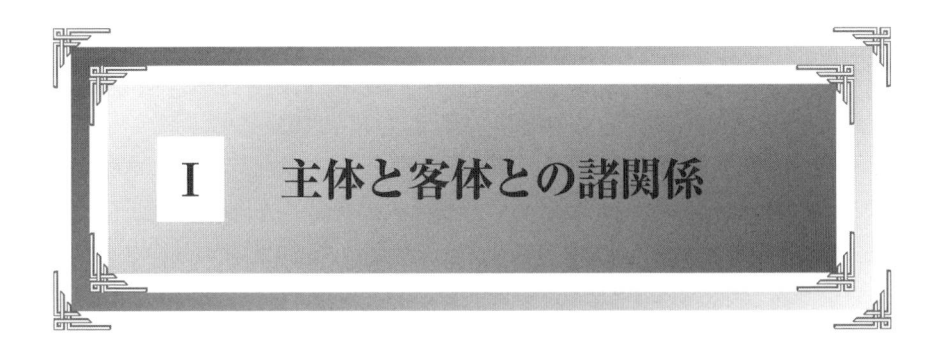

1節　認識の源泉

　常識的な見方では，外部の世界は主体の身体をその中に含みながらも，主体とはまったく切り離されたものとして捉えられている。この見方に立つと，客体の認識は一連の知覚的記録，運動的連合，言語的記述などにすぎないようにみえる。知覚的記録，運動的連合，言語的記述などはすべて，客体および客体間の関係の，一種の形象的模写（figurative copy），すなわち（ハル★1の用語でいえば）「機能的模写」（functional copy）●1の産出に寄与しているので，知能に残された唯一の機能は，これらの多様な情報を分類したり整理したりすることでしかない。こうした考え方に従うと，得られた模写が忠実であればあるほど，知能はそれだけ首尾一貫したものとなる。このような経験論的見解では，知能の内容は外部からやってきたものであり，それを組織化する協応は言語および象徴的手段によってもたらされるにすぎない。

　しかし，認識行為のこのような主知主義的（intellectualiste）あるいは静観的（contemplative）解釈は，発達のあらゆる水準において，特に認知的適応と知能の感覚運動的・前言語的水準において，事実上否定される。実際，客体を認識するためには，主体は客体にはたらきかけねばならない。すなわち，客体を変換しなければならない。つまり，主体は客体を移動し，結合し，組み合わせ，分離し，再結合しなければならない。最も基本的な感覚運動的行為（押したり，引いたりするような行為）から，最も洗練された知的操作 解説1 （知

★1　Clark. L. Hull [1884-1952]：アメリカの学習心理学者で，新行動主義の代表的研究者のひとり。刺激と反応を媒介するパラメーターとしていろいろな仲介変数を導入し，それらを数量化することによって，行動の仮説演繹的な理論体系を構築しようとした。

●1　**機能的模写**：ハルがどこで「機能的模写」という用語を使用しているのか，参照元は不明である。ただ前後の文脈から，ハルの理論体系における習慣強度が外的環境における刺激間の強度関係を反映していることなどをさしているものと思われる。

解説1 （知的）操作

ピアジェ理論の根本的観念の1つであるが，日常的意味とはかなり異なったピアジェ特有の使い方がされているので，ピアジェ理論の理解のためには特に注意が必要である。操作とは次の4つの基本的特徴をそなえた行為である（Piaget, 1970c）。

①内化（intériorisation）

　操作は内化された行為である，つまり，感覚運動期の知的行為のような外的に遂行される行為ではなく，思考において心的に遂行しうる行為である。たとえば，4個のおはじきがあってそれに3個のおはじきを加えるといくつになるか，という問いに対して，実物のおはじきを使って数えてみなければ正しく答えられない場合は，まだ数の加法操作があるとはいえない。ただし，すでに操作が獲得されている場合は，それが具体的行動として実行されたときその外的行為を操作とよんでもよいであろう。注意すべきことは，内化された行為といえども本物の行為であって，操作が思考において象徴的に遂行されうるにしても，操作自体は表象しえない変換行為であって，象徴でも映像でもないということである（なお，「内化」の意味については，16節 解説1 (p.93) を参照）。

②可逆性（réversibilité）

　内化された行為が操作であるといえるためには，その行為の結果や効果を打ち消す行為（逆操作）が常に存在していることが必要である。「加法操作がある」といえるのは，加法に対してそれを取り消す減法が必ず対応していることを理解しているときである。たとえば，4＋3＝7と7－3＝4をともに正しく計算できたとしても，この子に加法操作があるとはいえない。前者が後者を，後者が前者を含意していることを知っているとは限らないからである（実際，幼稚園児では4個に3個を加えると7個になると正しく予測し，実際に加えて7個になったことを確認しても，そこから「3個取ればまた4個に戻る」ことが予測できない。この場合，幼児は一般に7－3の計算を新たにやろうとする。これは足し算はやさしいが引き算はむずかしいという意味ではない。7－3の問いに正しく答えた子どもに，答えの4個に3個加えるといくつになるかを問えば，即答できず幼児は一般に4＋3の計算を新たにやろうとする）。加法行為が加法操作になるのは，両者の相互含意の関係，つまり，減法行為と加法行為とが可逆的関係にあることを理解したときである（なお，2タイプの可逆性については 15節 解説14 (p.87) を参照のこと）。注意すべきことは，操作の可逆性は概念的なものであって，必ずしも物理的なものではないことである。ガラスコップを割ったとき，物理的に元に戻すことはできないが，概念的にはガラス砕片をすべて集めて元に戻した状態を考えることができるという意味である。

③不変量（invariant）

　行為は変換であるから，操作もまた何らかの対象に対する変換を遂行する。しかし，操作による変換は変換対象を何もかも変えてしまうわけではなく，変換の前後において何らかの不変量，何らかの保存を前提とした変換である。たとえば，7個のおはじきに対して6＋1, 5＋2, 4＋3のような分割操作をいろいろと施すことができるが，その総和は常に7である（実際，分割操作がまだない幼稚園児は7個のおはじきを4個と3個に分割してしまうと，その総和が元の個数に一致することを必ずしも知らない）。

④全体構造（structure d'ensemble）

　操作は孤立して存在するのではなく，他の諸操作と協応しあって1つの全体構造をなしている。諸操作が全体構造をなすとは，通常の行為が相対的に孤立して存在しうるのに対して，諸操作はまとまりのあるシステムをなし，2つの操作を合成した結果もまた同じシステム内の1つの操作となること，つまり，諸操作の全体は1つの閉じた系をな

的操作もまた一種の行為であって，思考において遂行されうる内化された行為である。たとえば，クラスを合併したり，順序よく並べたり，1対1に対応づけるなどの行為）に至るまで，認識は常に行為や操作に，つまり**変換**（transformations）解説2 に結びついている。

もし，そうであるとすれば，主体と客体との境界は，けっして前もって線引きされているわけでも，さらにはその境界が恒常的でもないことになる。実際，どんな行為においても，主体と客体が分離しがたく介在している。主体が自分の行為について意識するとき，その意識は客体に属する情報を含んでいることはもちろんであるが，同時に，あらゆる種類の主観的特徴をも伴っている。長期にわたる練習がなければ，あるいは，分析と協応のための洗練された手段の構築がなければ，何が客体に属し，何が能動的主体としての自己に属し，何が初期状態から最終状態への変換としての行為そのものに属するのかを知ることは不可能であろう。したがって，認識はその起源に関していえば，客体から生ずるのでも主体から生ずるのでもなく，主体と客体との間の（最初は解きほぐしがたい）**相互作用**（interaction）解説3 から生ずるのである。

原初的な相互作用でさえ非常に錯綜していて解きほぐしがたいので，新生児の心性は，ボールドウィン★2 が指摘するように，おそらく「非二元論的」（adualistical）解説4 であろう。すなわち，新生児は客体から構成される外的世界と，内的で主観的な世界との間の区別とその境界をいささかも知らないであろう。

それゆえ，認識の問題，つまり認識論的問題を知能の発達の問題と切り離して考察することはできない。認識の問題とは，結局のところ，主体はいかにして客体をだんだんと適切に認識できるようになるのか，言い換えれば，主体は

★2　James. M. Baldwin [1861-1934]：アメリカの心理学者・哲学者で，ピアジェ理論の先駆者のひとりとみなすことができる。本書で指摘されている「非二元論的」という表現のみでなく，「循環反応」「同化」「発生的認識論」など，ピアジェ理論の基本的観念のいくつかは，ボールドウィンにおいてすでに着想されており，ピアジェ理論は彼の考え方を発展的に継承したものであるともいえる。このようにピアジェ理論に対するボールドウィンの影響は明らかであるが，ボネシュ（Vonèche, J. J.）によって行なわれたインタビュー（ピアジェが亡くなる前年の1979年）において，ピアジェ自身はボールドウィンの影響について「それは収斂の問題，単なる思想の収斂の問題です」（Piaget, 1982）と答えている。

していることを表現している。自然数の加法操作の場合でいえば，任意の2数を加えてもやはり自然数が得られ，自然数以外のものに変換されることがない。

　このような操作的全体構造が形成されたということは，心理学的にいえば，認知的攪乱に対して認知システムが最大限の補償能力を獲得し，認知的攪乱は事前に補償されて，もはや攪乱ではなくシステム内での内的変数として位置づけられるようになったことであり，認識論的にいえば，認知システムが論理学的法則とか数学的公式といった形で形式化できるような構造をとるようになったということである。

解説2 認識と変換

　認識が変換に結びついているという視点は，ピアジェ理論の基本的仮説である。すなわち，ピアジェにとって対象を認識するということは，対象にはたらきかけてそれを変換し，その変換を通じて対象の諸特性を発見することである。感覚運動的知能に関していえば，ある対象の認識とは，子どもがその対象に対して，あるいは，それを利用して，行なうことができることの全体である。表象的知能における物理現象の理解に関していえば，この現象の物理的変化に多少とも同型な変換システムを思考におけるモデルとして構築することである。このようにピアジェは認識の獲得にとって変換の観念が最も基本的であると考えていたが，晩年においては，事象間の比較を可能にする対応づけ（mises en correspondence）の観念をも重視し，両者は認識の獲得において相補的な役割を担っているという立場をとるようになった（Piaget, 1980）。

解説3 相互作用

　認知発達をもたらす要因として主体と客体の相互作用に求める考え方は何ら特異なものではなく，現代の発達心理学者の中でそれを否定するものはおそらく誰もいないであろう。問題は認知発達の源泉をどこに求めるかであり，環境説は発達の条件として遺伝を認めつつもその源泉は環境に求めるであろうし，遺伝説は発達の条件として環境を認めつつもその源泉はあくまでも遺伝に求めるであろう。ピアジェのいう相互作用は発達の源泉を一方に求める環境説や遺伝説の意味での相互作用でも，両者をともに発達の源泉として認める輻輳説の意味での相互作用でもない。ピアジェの相互作用説の特異性は，違いをきわだたせるために単純化していえば，環境も遺伝も認知発達の条件であって，その源泉は主体と客体との相互作用の媒体としての行為そのものに求められるとする点にある（図1-1参照）。

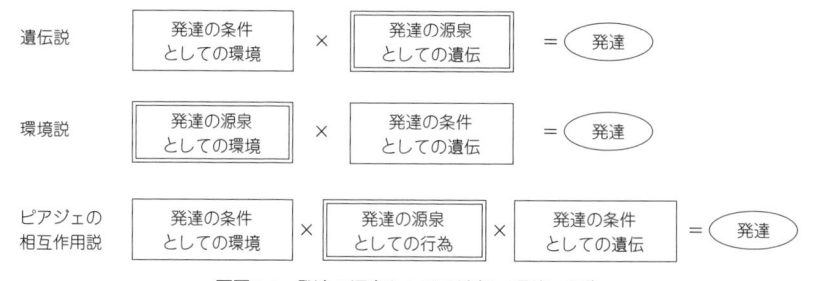

■図1-1　発達の源泉としての遺伝，環境，行為

解説4 新生児の心性は非二元論的

　自我と自我がはたらきかける物の世界，あるいは，自我と自我の取り結ぶ他我が未分化な

いかにして客観性に到達することができるようになるのかを分析することである。実際，客観性は，経験論者が考えるような最初の与件（initial property）[2]ではけっしてありえない。客観性を獲得するためには一連の知的構成体（constructs）を必要とし，それを何度も作り直しながらしだいに客観性に近づいていくのである。

> **●2 最初の与件**：フランス語では une donnée première となっているので「最初の与件」と訳した。解釈や評価が加えられる以前に思考の対象として万人共通に与えられているものという意味合いである。論理実証主義者のいうセンス・データに相当する。ピアジェはこのような意味合いの客観性を否定し，客観性そのものが間主観的相互作用（協働）を通して構築されるものであると考えている。

2節　知的構築の事例1：物の永続性

　認識をこのように捉えるならば，この理論にとって中心的なもう1つの観念へ，つまり，**構築**（construction）解説5 という観念へと導かれる。この観念は，先に言及した相互作用という考え方からの自然な帰結である。客体の認識は，外部の情報の単なる記録によって獲得されるのではなく，主体と客体との相互作用に由来するのであるから，客体を認識するためには，2つのタイプの活動が必然的に要請される。1つは行為（action）そのものの協応であり，もう1つは客体間相互の関係づけである。ところで，客体間相互の関係づけは行為を通してのみ可能となるのであるから，これら2つのタイプの組織化活動は相互に依存しあっている。とすると，客体の認識は結局，常に行為の諸構造に従属していることになる（☞客体の認識の源泉については，21節（p.118）を参照のこと）。しかし，こうした行為の諸構造は行為に依存しているがゆえに，客体の中に与えられているわけではない。また，主体は自分の行為を協応する仕方を学ばなければならないがゆえに，行為の構造は主体の中に与えられているわけでもない（協応の仕方は，反射や本能の場合を除いて，一般に遺伝的にプログラムされているわけではない）。これらの構造は，まさに**構築**されねばならないのである。

状態をさす。ピアジェはこの状態を「新生児の心性は唯我論的」と表現することもあるが，自我のみを真実在とする，あるいは，外的世界を自我の一部とみなす哲学者の唯我論ではなく，新生児は自我の意識さえもたない純粋な唯我論者である。意識内容の一切が物，他我を含む外的世界に投影され，物を見てもそれが自我に属するものであるのかどうかの区別も，泣いている人を見ても他者が泣いているのか，自分が泣いているのかの区別もない，いわば自我＝世界の状態をさす。

解説5 構築

「構築」の観念はピアジェ理論にとって根本中の根本的観念である。確かに，認識は対象的世界から抽象されると考える経験論においても，主体の中に生まれながらにして備わっているとする生得論においても，認識の構築について語ることはできる。経験論のように認識が客体の中に前成されていると考えても，前成されたものの獲得過程，漸進的発見の蓄積過程を構築とよぶことが可能であろう。生得論のように認識が主体の中に遺伝子として前成されていると考えても，生得なものが現実化していく過程，漸進的発現過程を構築とよぶことが可能であろう。しかし，これでは，建築家による青写真があらかじめあって，建物を建てていくときと同じように，構築といっても単にその青写真の実現過程に他ならない。だが，ピアジェのいう構築には，本書においてピアジェ自身が指摘しているように，認識の獲得が対象的世界の単なる反映過程でも既成の内的構造の展開過程でもなく，主体と客体とのダイナミックな相互作用において何らかの新しいものの産出，言葉の真の意味での創造があるという意味が込められている。構築のこの意味を明確にするため，ピアジェ自身自らの認識論的立場を弁証法的構築説とよんでいる（Piaget, 1967b）。

なお，constructionは邦訳においてふつう「構成」と訳されている。しかし，ピアジェはconstitutionとconstructionとをはっきりと区別しており，前者は日本語の構成という意味で，後者は上記の意味で使用されている。したがって，本訳書では「構成」ではなく「構築」と訳した。ただし，英語のconstruction（日本語の構築）は構築の結果得られたものをさすことは一般にないが，仏語のconstructionは両方の意味で用いられるので，構築物，構築体，構成体などと訳したほうが適切な場合もある。

このような構築の初期の事例（早くも生後1年目から構築が始まる事例）は，9-12か月の幼児が，物の永続性（permanence of objects）解説6 を発見する事態にみることができる。9-12か月の幼児は最初，物体が視野の中で占める位置とのかかわりにおいてのみ物の永続性を認め，それから，物体が視野の中になくても物の永続性を認めるようになる。生後数か月間は，永続的な物体は存在せず，現われては消え，消えては現われる知覚的映像が存在するばかりである 解説7 。物の「永続性」は，物体が視野のある点Aで見えなくなったとき，それを探す行為とともに始まる（はじめは，物体の一部が見えていたり，物体が布切れの下で隆起を作っている場合のみ探す）。しかし，物体が次にB点で消えたとき，それでも子どもはしばしば物体をA点で探す。この非常に示唆的な行動は，先に言及した主体と客体との初歩的な相互作用の存在を立証している（1節を参照）。この段階では，物体の存在は探すという行為に依存していて，最初に探し出すことに成功した場所で再びその物体が見つかるに違いないと，子どもはいまだ信じている。ここで，日常生活で現実に観察された子どもの例をあげよう。11か月の子どもは，ボールで遊んでいるうちにボールが肘かけ椅子の下に転がりこんだので，椅子の下からそれを取り出した。そのすぐ後で，今度はそのボールが低いソファーの下に転がりこんだ。子どもは，ソファーの下にボールを見つけることができなかったので，もとへ戻って肘かけ椅子の下を探した。そこは，まさに探すという一連の行為が成功したことのある場所なのである 解説8 。

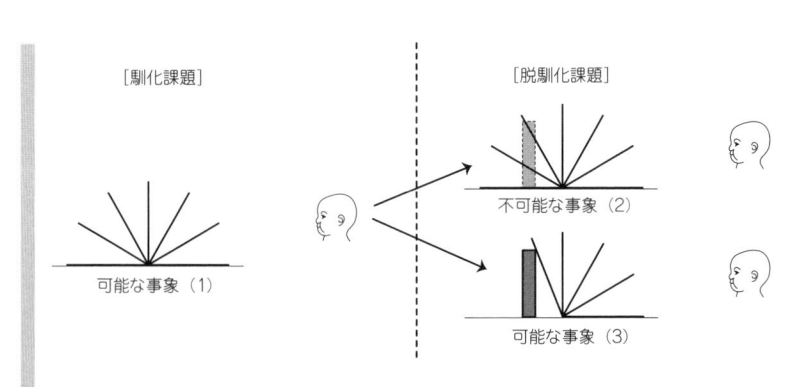

■図2-1　馴化・脱馴化法を用いたベラージョンの実験事態（Baillargeon, 1987）

解説6 乳児期初期の物の永続性

ピアジェが「生後数か月間は，永続的な物体は存在せず，ただ現われては消え，消えては現われる知覚的映像が存在するばかりである」と捉えていることに対しては批判が多い。特に，Baillargeon (1986, 1987) から始まる，対象世界の認知に関する一連の乳児研究によって，物の永続性がすでに3，4か月児からあることが確立された事実のように語られることが多い。また，乳児期に関するピアジェ理論が誤りであったことを証拠立てる1つの強力な事例としてベラージョンの研究がしばしば引用される。

しかし，ベラージョンはピアジェとはまったく異なる指標を用いて物の永続性の有無を判断しており，その実験結果（解説7 を参照）を過大に解釈することには慎重でなければならない。3，4か月の乳児が不可能な事象に対して脱馴化反応を示したことから，乳児は物体が遮蔽板の背後に隠されてもその物体が存在し続けることを知っており，物体の存在が遮蔽板の物理的移動を阻止するはずだと乳児が予期したのであると解釈する必然性はないであろう。遮蔽板の移動は別の物体によって阻止されること，その効果はその遮蔽板によって物体が映像的に一時的に隠されても有効であるという，知覚的世界で生起する規則性を乳児が予期できるならば，Baillargeon (1986, 1987) の結果は容易に説明できる。ところで，この予期は乳児の知覚的学習で十分可能であって，遮蔽板の背後に隠されたものが実体として存在し続けているという信念を乳児に付与する必然性はないであろう。ピアジェのいう物の永続性というのは，知覚的世界に生起する規則性の認識ではなく，物が視野から消えても，その物が，主体とは独立に，実体として存在し続けているという認識である。知覚的構造化と感覚運動的構造化との違いを考慮して表現するならば，ベラージョンらの結果は知覚的構造化としての物の永続性を示すものであるのに対し，ピアジェは感覚運動的構造化としての物の永続性を問題にしているということができるであろう。

解説7 ベラージョンの物の永続性に関する実験

ベラージョンはまず遮蔽板が180度の回転と反転を繰り返す図2-1（1）(p.14) のような事象を乳児に見せ，この事象に馴化させた。そのあと，乳児から見て遮蔽板の後ろ側に別の物体を置き，物理的に可能な事象（3）と不可能な事象（2）とを見せ，脱馴化が起こるかどうかを調べた。可能な事象（3）というのは遮蔽板の回転がその背後に置かれた物体に接触するところで回転はストップし，反転に転じるという事象であり，不可能な事象（2）というのは遮蔽板の回転がその背後に置かれた物体に阻止されることなく，遮蔽板が馴化課題とまったく同じ180度の回転と反転を繰り返す事象である。ベラージョンは，もし乳児に物の永続性がなければ，馴化課題とまったく同じ回転運動を見せられる事象（2）には脱馴化せず，回転運動がなぜか途中でストップして反転に転じる事象（3）に脱馴化を示すであろうと考えた。もし乳児が物の永続性を理解していれば，遮蔽板の回転によって物体が見えなくなってもその物体が存在し続けることを知っているので，回転運動がその物体によって阻止され反転に転じる事象（3）は当然予想される事象であって脱馴化反応は起こらず，遮蔽板の背後に物体が存在しているにもかかわらず，遮蔽板がそれに妨げられることなく回転運動を続けるという物理的にあり得ない事象（2）には脱馴化が起こるであろう。ベラージョンはこのように予測して実験を行ない，3，4か月児でも，可能な事象（3）には脱馴化せず，不可能な事象（2）には驚いて脱馴化を起こすことを確かめたことから，物の永続性はピアジェが考えたよりずっと早くから獲得されていると主張している（Baillargeon, 1986, 1987）。

解説8 物の永続性の発達段階

赤ちゃんが見たものを把握できるようになる生後約4か月以降において，物の永続性の発

主体自身の行為に依存しない，物の永続性のシェム（scheme）[*1]が成立するためには，新しい構造が構築されねばならない。これが幾何学的意味における「移動群」（group of translations）の構造である（☞移動群については23節 解説1 （p.133）を参照）。すなわち，
　　(a) AB+BC=AC, (b) AB+BA=0, (c) AB+0=AB,
　　(d) AC+CD=AB+BD
　　　（ABは地点Aから地点Bへの移動を意味する）。
この群の心理学的意味は，出発点へ戻ったり（(b)の意味），障害物をよけて回り道をしたり（(a)および(d)の意味）することができるということである。こうした（知的）組織化（organization）は，発達の初期にはまったく与えられておらず，一連の新しい協応を通して構築されねばならない。しかし，一度それが達成されると，物体の運動と主体自身の身体の運動との客観的な構造化が可能となる。物体は1つの独立した動体となり，その移動とそれが次々に占める位置に応じて位置を特定できるようになる。それによって自分の身体も世界の中心であるとはみなされなくなり，他の諸々の物体と同様に1つの物体となり，その移動と位置は諸物体の移動と位置に相関するものとなる。
　構造の構築は，主体の行為の漸進的協応と物理的経験から提供される情報とに同時に依存している。移動群はそのような構造の構築の一例であり，外的世界を組織化するための根本的手段となる。乳児は，生後12-18か月頃，正真正銘の「コペルニクス的革命」解説10 A1解説 を成し遂げるが，移動群の構築はこ

　　☆1　本文では一貫して以下のような用語を使うことにする。シェム（schemeとその複数形schemes）という用語 解説9 は，**操作性の**（operational）活動を指し示すために使うのに対し，図式（schema，とその複数形schemata）は，思考の形象性の側面，つまり現実を変換しようとするのではなく，それを表示しようとする試み（心像，知覚，および記憶）を指し示す用語として使う。本文の後のほうで，著者は「……イメージはいかに概略的（schematic）であっても，それ自体はシェム（schemes）ではないからである。イメージの図式性を指示するためにシェマ（schema，複数形はschemata）という用語を使おう。シェマは，単純化されたイメージ（たとえば，町の地図）であるのに対し，シェムは行為において繰り返され一般化されうるものをさす（たとえば，棒やその他の道具で物を「押す」とき，「押しのシェム」というのは押すという行為に共通するところのものである）」といっている（19節（p.108）にこの一節がある）。

☞ 解説9 解説10 は p.19

達を大きく4段階に分けるとすれば，次のようになるであろう（Piaget, 1937）。

段階Ⅰ：目の前に提示された物 Mo（ガラガラなど乳児の興味を引く物）に手を伸ばしてそれをつかむことができるが，Mo をつかむ前に実験者がハンカチや大人の手などで Mo を覆ってそれを見えなくすると，乳児は手を引っ込めてしまい，それ以上 Mo を探そうとしない段階（この段階は生後 8-9 か月頃まで続く）。

段階Ⅱ：手に入れたい物 Mo が目の前で隠されていったん視界から消えてしまっても，乳児はカバーを除去して Mo を再び手に入れることができる段階。しかし，隠し場所が2か所になると次のような興味深い行動を示す。すなわち，実験者が場所 A に置かれた Mo をカバーで隠し，それを乳児がカバーを除いて取り戻すということを 2，3 回繰り返した後，今度は実験者が（A とは異なる）場所 B に Mo を隠すと，乳児は場所 B に Mo が隠されるところを見ているにもかかわらず，Mo を手に入れるために場所 A にあるカバーの下を探すという行動である。この行動は非常に特異的なので A$\bar{\text{B}}$ エラー（A not B error）とよばれている（このエラーは 11-12 か月までみられる）。

段階Ⅲ：物 Mo の移動が見えている限り，最後に隠された場所で Mo を探そうとするが，目に見えない移動を考慮できない段階。すなわち，A$\bar{\text{B}}$ エラーを犯さなくなり，上記の例でいえば，場所 A で Mo を探しそれを取り戻すという成功経験をいくら重ねても，最後に隠された場所が B であればそこに Mo を探そうとするようになる。しかし，物の移動が見えない場合，たとえば，場所 A に隠された Mo を実験者がカバー下に手を入れて握り，握ったままそれを場所 B のカバー下に滑り込ませて Mo をカバー下で手放すと，この段階の子どもは最後に隠されるのを目撃した場所 A を探し，Mo が移動している可能性のある場所 B で探すということをしない。同様に，2 つの不透明なコップ A，B を口を下にして置き，コップ A の下に Mo を隠してから，コップ A と B の位置を入れ替えると，この段階の子どもは場所 A にあるコップ B を持ち上げてその下に Mo を探そうとする（このエラーは 1 歳半ぐらいまでみられる）。

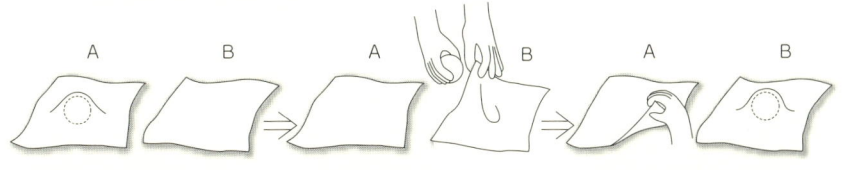

段階Ⅳ：最後に隠された場所で物 Mo を探そうとするばかりではなく，目に見えない移動を考慮して探すことができる段階。もちろん，目に見えない物の移動があった場合，本当に移動したのかどうかは確かではないが，その可能性を考慮することはできるので，Mo が手で握られたまま A から B に移動する上記の例では，最初に場所 A で探して Mo が見つからなければただちに場所 B を探すようになる。目に見えない移動が A→B→C→D のように複数箇所あって本当に隠された場所がわからなくても，A→B→C→D の順に，あるいは，D→C→B→A のような逆順に系統的に探すことができるようになる。もちろん，上記のコップの例では，最初から場所 B にあるコップ A の下を探そうとする（この段階は 1 歳半以降にみられる）。

実験者が Mo を場所 A に隠しても，段階Ⅱの乳児はカバーをとって，Mo を手に入れることができる（これを 2，3 回繰り返す）	Mo を乳児から取り上げ，乳児の見ているところで，実験者は Mo を場所 B のカバー下に隠す	乳児は Mo が隠された場所 B を探すのではなく，先ほど Mo を見つけたことのある A のカバー下に Mo を探そうとする

■図2-2　A$\bar{\text{B}}$ エラーの実験事態

れを可能にする重要な認知的手段である。移動群という新しい構造が発達する前は，自己を（無意識に）宇宙の不動の中心とみなしていたのに対し，こうした物の永続性と空間の組織化のおかげで（そのうえさらに，時間系列と因果性の組織化のおかげで），子どもは自己を，宇宙を構成する動体の中の，1つの特別な動体とみなすようになる。

3節　知的構築の事例2：原子論

　このように，感覚運動期の乳児の研究においてさえ，認識論的考察なしに心理発生的研究を行なうことができないことがわかる。この認識論もやはり発生的であるが，認識の理論にかかわる主要問題のすべてを提起している。たとえば，移動群の構築は，物理的経験と経験的情報をもちろん必要としているが，それ以上に主体の行為の協応に依存している。というのは，この協応は経験だけの産物ではなくて，成熟や自発的練習に，そしてより重要なことに，絶えざる能動的自己調整に依存しているからである。したがって，発達の理論にとって肝心なことは，認識論的な意味において主体の活動を無視しないことである。このことは，主体の活動の認識論的な意味が深い生物学的意義を有しているだけに，いっそう本質的なことである。生きた有機体もまた，まわりの環境の諸特徴の単なる反映ではなく，1つの**構造**（structure）解説11をもっている。その構造ははじめからすっかり完成されているというようなものではなく，後成的発生過程において少しずつ構築される。

　感覚運動期においてすでに真理であることは，どの発達段階でも，そしてさらに科学的思惟であっても，やはり真理であると思われる。もちろん，高次の段階では，初歩的な行為が**操作**（operation）に変換されてはいる（☞操作については，1節 解説1 (p.9)を参照）。なおここで操作というのは，内化され（たとえば，加法は物的にも心的にも遂行することができる），可逆的で（加法の逆としては減法），しかも，全体構造（論理的加法の「群性体」（grouping）や代数的群のような構造）をなしている行為である（☞群性体については，23節を参

解説9 Schème と Schéma

Scheme というピアジェ特有の用語に関しては，訳語上の混乱が大きいので，日英仏の3か国語の対照表として表2-1をつけておく。本節☆1にあるように，ピアジェ自身は Schème と Schéma とを明確に使い分けているにもかかわらず，一般の英訳ではどちらも Schema とすることが，一般の邦訳ではどちらもシェマ（あるいは図式）とすることが多かった。このことが訳語上の混乱だけではなく，ピアジェ理論の正確な理解を妨げる要因ともなっていた。原注は，このような経緯に対する反省を込めてつけられたものと思われる。仏語 Schème の訳語としては，現在でも「シェマ」のほうが一般的であるが，この訳書では両者の区別をはっきりさせるため，邦訳においても Schème を「シェム」，Schéma を「シェマ」と訳すことにする。

ピアジェ理論を初めて学ぶ者にとってシェム（Schème）はきわめて捉えにくい概念であるが，ピアジェ理論において「行為のシェム」は心理学的分析の単位を構成する根本的概念であるので，もう少し補足的解説を付け加えておく。たとえば，物をつかむという行為のシェムを考えてみよう。物をつかもうとするとき，つかまれる物の特性に応じてわれわれはつかみ方を変える。物が大きいか，小さいかで，重いか，軽いかで，あるいは，柔らかいか，硬いかでそのつかみ方を変えている。しかし，つかみ方はその都度異なるにもかかわらず，それら多様なつかみ方も，行為者の心理的観点からすれば，いずれも「物をつかむ」という等価な行為である。このように物理的には異なる諸々の行為の心理的等価性を特徴づける共通の構造をさして「行為のシェム」，この場合は，「把握のシェム」とよぶのである。行為のシェムは表象的知能における概念に相当する。より正確に言えば，思考の水準における概念に相当するものが感覚運動的知能の水準にもあるはずだと考え，それをピアジェはシェムとよんでいるのである（思考を内化された行為と捉えれば，概念もまた行為のシェムであり，概念的シェムとよぶことができる）。われわれは概念を用いて思考し，世界を理解しようとするのと同様に，シェムを用いて行為し，周りの環境に適応しようとするとピアジェは捉えるのである。

■表2-1　Scheme の3か国語の対照表

Piaget（仏語）	本英訳（原文）	本邦訳（本書）	一般の英訳	一般の邦訳
Schème	Scheme	シェム	Schema	シェマ（図式）
Schéma	Schema	シェマ		

解説10 認知発達におけるコペルニクス的革命

本文では，誕生から2年間の感覚運動期に起こる認知発達上の大きな変革を「コペルニクス的革命」とよんでいる。自己を（無意識に）世界の不動の中心とみなし，世界は自分の行為とのかかわりにおいてのみ存在しえた発達初期から，自分の行為とは独立に存在する世界を認め，この不動の世界を構成する諸物体の中の，1つの特殊な物体として自己を位置づけることができるようになる認知的変革を，プトレマイオスの天動説からコペルニクスの地動説への宇宙論の変革になぞらえている（ A1解説 参照）。

解説11 構造

構造の観念もピアジェ理論の根本的観念であると同時に，最も理解がむずかしい観念の1つである。ピアジェは，認知構造に限らず，構造一般を次の3つの特徴をもった変換システムとして定義している（Piaget, 1968b）。

照)。

　主体の活動に依存する，これらの操作的構造化は，しばしば実験的検証が行なわれる以前に生じている。その顕著な例は，古代ギリシャ人によって発明された**原子論**（atomism）解説12にみることができる。原子論は，実験的に立証されるよりはるか以前に発明（invented）されている。同じ過程が4-5歳から11-12歳までの子どもにも，次のような場面で観察される解説13（その場面では，経験は構造の出現を説明するには不十分で，構造の構築には主体の活動に基づく加法的合成を必要とすることが明らかである）。たとえば，水の入ったコップの中に角砂糖を入れて，角砂糖を溶かすという実験事態を考えてみよう。砂糖が溶けてしまってから，溶けた物質の実体の保存とその物質の重さと体積の保存について子どもに質問してみる。すると7-8歳以前の子どもは，溶けた砂糖は消失し，その味も消えてなくなると考える。7-8歳頃になると，砂糖は非常に小さな目に見えない粒の形でその実体を保っているとみなされるようになるが，その粒には重さも体積もないと考えられている。9-10歳になると，各粒子は重さをもち，個々の粒子の重さの総和は溶解以前の砂糖そのものの重さに等しくなると考えられるようになる。11-12歳では，保存は体積にも適用される（子どもは砂糖が溶けてしまった後も容器の中の水面は砂糖が溶ける前の高さと同じままであると予測する）。

　このようにみてくると，この自生的な原子論は，目に見える粒が溶解とともにしだいに小さくなっていくことから示唆されたのであろうが，主体によって観察された事柄をはるかに越えている。自生的な原子論は加法的操作の構築と相関的に，一歩一歩構築されることが必要なのである。これは，認識の起源は客体だけにあるのでもなく，主体だけにあるのでもなく，むしろ，主体と客体との解きほぐしがたい相互作用にあることを示す，もう1つの事例である。こうした相互作用においては，物理的与件は，主体の行為の協応を必要とする論理数学的構造に統合されている。実際，部分（ここでは，目に見えない部分）への全体の分解と，これら諸部分の全体への再合成は，論理的構築（または，論理数学的構築）の結果であって，単に物理的経験だけの結果ではない。というのは，ここで考慮されている全体は，知覚的「ゲシュタルト」（Gestalt）解説14（その特徴は，まさにケーラー[*3]が主張したように，非加法

☞ 解説14 は p.25

Ⅰ 全体性：構造は全体を構成する諸要素の諸性格には還元できない全体としての特性をもつこと。
Ⅱ 変換性：構造を構成する要素間の関係づけはスタティックで不易な規則としてではなく，変換として捉えられるべきこと。構造はこうした変換が織りなすシステムであって，変換を制御する諸法則が構造の全体的特性を決めていること。
Ⅲ 自己制御性：要素の変換によって無限に新しい要素が作られるにもかかわらず，それが構造の境界からはみ出したり，それを説明する際に外的要因に訴えることがないように，変換は構造制御の働きをしていること。

注意しなければならないことは，「（要素間の）変換を制御する諸法則が構造の全体的特性を決める」と規定されているように，ピアジェの構造主義は全体論的構造主義でも，要素論的構造主義でもなく，関係論的構造主義（あるいは，変換論的構造主義）である点である。特に認知構造の場合，要素間の関係づけを行なうのは認知主体の行為であり，感覚運動的行為であれ，思考における判断行為であれ，主体の変換行為に他ならないことである。したがって，構造は観察者の頭の中にあるのではなく，認知主体の意識の中にあるのでもなく，主体がなすことができること（savoir faire）に求められることである。ピアジェはこのような認知構造が主体に実在することを主体の抱く必然性や可能性の意識に見ている。なぜなら，必然性や可能性の意識は，現実性の意識とは違って，対象的世界に属するものでも観察者に属するものでもないことは明らかであり，主体の推論機構に求めざるを得ないからである。

解説12 原子論

物質の本性に関する古代ギリシャ思想の1つで，イオニアの自然哲学者デモクリトス（紀元前4，5世紀）の唱えた原子論が歴史上最もよく知られている。彼によれば，万物はそれ以上分割しえない究極粒子である原子（atom）と真空からできており，すべての物質現象をこうした原子の真空内でのふるまいとして説明しようとした。

ピアジェが古代原子論に注目しているのは，第1に，近代科学において実験的検証を伴ったいわば科学的原子論が確立される以前に，それと類似の考え方が古代の思想家に着想されたという点である。古代の原子論は経験や実験から直接得られたものではない（したがって，ピアジェは古代原子論が「発見された」とはいわず，「発明された」と表現している）がゆえに，物理的経験に対する，人間精神（本文では知的構築と表現されている）の優位を示す格好の事例となるのである。第2に注目すべき点は，デモクリトスの原子論でも，原子はマクロな物質にみられる色や匂いなど感覚的性質はもたないものの，存在，重さ，大きさといった特質はもつとされ，同じことが砂糖の溶解現象に対する子どもの反応にも見出されることである。子どもの原子論においては，砂糖の微粒子という存在とその保存，次にその重さの保存，最後にその体積の保存といったように，その構築過程を一歩一歩たどることができるので，歴史資料としては残っていないものの，古代原子論にも並行した発展過程があったものと推測できる。

解説13 子どもの原子論

子どもの原子論の発達過程は次のようにして調べられる。
2つの同形同大の試験管A，Bに同じ高さまで水を入れる。Aの試験管に角砂糖を1個入れて，角砂糖が溶け出さないうちに，水位が試験管Bより上昇することを確認した後，次のような質問をする。
［物質量（実体）の保存に関する質問］：試験管Aの砂糖が溶けて見えなくなってしまった後，「お砂糖はどこにいったのでしょうか，まだ水の中にあるのでしょうか」「この水は

な (nonadditive) 合成にある) ではなく，加法的な和 (sum) であり，その
ような特徴をもった全体は操作によって生み出されるものであって，観察だけ
に基づくものではないからである。

> ★3 Wolfgang Köhler [1887-1967]：ドイツ，後にアメリカで研究した心理学者
> で，ゲシュタルト心理学の創始者のひとり。テネリファ島所在の類人猿研究
> 所におけるチンパンジー研究『類人猿の知恵試験』(Köhler, 1917) が特に有
> 名で，チンパンジーにも洞察行為があることを示した。ヴェルトハイマー
> (Wertheimer, M.)，コフカ (Koffka, K.) らとともに学術誌『心理学研究
> (*Psychologische Forschung*)』を創刊し，ゲシュタルト心理学の普及に努めた。

4節　生命と知能と認識

　子どもに現われる思考と大人の科学的思惟との間に，理論的な不連続性は何ら存在しない。それゆえ，発達心理学を発生的認識論へと拡張できる。このことは，論理数学的構造を（2節，3節のように）物理的データを構造化する道具としてではなく，それ自体として考慮したときに特に明らかとなる。これらの構造は本質的に包摂（emboîtement）（あるいは包含（inclusion））や順序や対応という関係を含んでいて，そのような関係は紛れもなく生物学的な関係に由来している。というのも，これらの関係が，行動のさまざまな水準において出現し構築される以前に，ゲノム（DNA）の構造にも，そして有機体の後成発生的組織にも生理学的組織にも，すでに存在しているからである 解説15 。次に，これらの関係が自生的思考（spontaneous thought）やその後の反省的思考の領域に現われる以前に，また，しだいに抽象的になっていく公理化の出発点，つまりわれわれが論理学や数学とよんでいるものの出発点を提供する以前に，それらはすでに行動と発達途上における知能の根源的な構造となっている。実際，論理学や数学がいわゆる「抽象」科学であるとするならば，心理学者は「論理学や数学が何から抽象されるのか」を問題にしなければならない。ところで，それらは物的対象から，あるいは物的対象だけから抽象されるのではない。論理学や数学の起源は，一部（それもほんの一部）は言語にも求められる

☞ 解説15 は p.25

甘いでしょうか，（甘いと答えた場合）明日になっても相変わらず甘いでしょうか」
[重さの保存に関する質問]：上皿天秤の一方の皿に，水の入った試験管Bと角砂糖1個を載せてから，「もう一方の皿に砂糖が溶けた試験管Aを載せたら，天秤はどうなるでしょうか」「砂糖が溶ける前と溶けてからとではどちらのほうが重いでしょうか，同じ重さでしょうか，それとも溶けると少しだけ軽くなるでしょうか」
[体積の保存に関する質問]：試験管Aに角砂糖を1個入れた直後，水位が試験管Bより上昇したことを思い出させてから，砂糖が溶けて見えなくなった試験管Aの水位は入れた直後と同じで上昇したままか，試験管Bの水位にまでもどるのか，それとも両者の中間の水位かを問う。

子どもの原子論に関する，上記の発達段階を要約すると表3-1のようになるであろう（Piaget & Inhelder, 1941a）。

■表3-1　子どもの原子論の発達段階

発達段階	砂糖粒子の保存	子どもの原子論
第Ⅰ段階 （7,8歳以前）	保存なし	砂糖は溶けると消滅し，甘さもいずれは消えてしまう。
第Ⅱ段階 （7,8歳〜9,10歳）	物質量の保存のみ	砂糖は溶けても，目に見えない粒子として存在し続ける。しかし，その粒子には重さや体積はない。
第Ⅲ段階 （9,10歳〜11,12歳）	物質量と重さの保存	砂糖は溶けて，目には見えなくなっても，重さをもった粒子として存在し続ける。しかしその粒子はまったく場所をとらないほど小さい。
第Ⅳ段階 （11,12歳以降）	物質量，重さ，体積の保存	砂糖は溶けて目に見えない細かい粒子となるが，その粒子はもとの砂糖と同じように重さをもち，しかも一定の空間を占める。

　上記の粒子観を獲得するためには，砂糖をどんどん細かく分割していって，ついには個々の砂糖粒子が見えなくなってしまっても，粒子を全部寄せ集めれば再びもとの砂糖を得ることができるという可逆的思考を必要としている。つまり，全体の部分への分割を逆にして，部分の加算による全体の回復という操作が必要である。原子論的認識の獲得のために加法的合成操作（およびその逆操作としての分割操作）が必要とされるのはこのためである。ただし，この加法的合成操作，分割操作は操作の対象となる内容にまだ依存している（したがって，具体的操作といわれる）ので，一足飛びに原子論的認識が獲得されるわけではない。
　最初は，砂糖粒子の存在だけが維持され（第Ⅱ段階），次に存在とともに砂糖粒子の重さも保存され（第Ⅲ段階），最後に，砂糖粒子の大きさも一定の空間を占める（第Ⅳ段階）というように，原子論的認識も一歩一歩構築される。
　ピアジェが知的構築のよき例として子どもの原子論（古代原子論についても同じ）を取り上げたのは，（見えないほど小さな）砂糖粒子の存在にしろ，その重さ，その体積の保存にしろ，いずれも直接観察不可能な認識にかかわっているからである。たしかに，水が蒸発した後に砂糖が結晶として残るという事実を観察することは可能であり，この経験は砂糖が溶けて見えなくなっても砂糖粒子として存在し続けているということを示唆している。しかし，これはあくまでも示唆であって，こうした示唆から直接観察を超えた砂糖粒子の存在，その重さと体積の保存という認識を導くものは主体の推論であり，この場合，加法的合成操作による推論なのである。
　なお，上記の物質量，重さ，体積の保存課題は子どもの原子論におけるそれであって，ピアジェ課題でしばしば取り上げられる同名の保存課題ではない。典型的なピアジェ課題とし

にしても，言語は空から降ってきたわけではなく，言語自体が知能の領域に属しているのである（チョムスキー★4は，生得的な知的構造とさえ語っている）。それゆえ，これら論理数学的構造の起源は，主体の活動に，つまり，主体の行為の協応における最も一般的な形式に，そして最終的には，有機体の構造そのものに求められるべきである。そういうわけで，自己調整による適応の生物学と発達の心理学と発生的認識論の3者には根本的類縁性が存在するのである 解説16 。この関係は，もしそれが見落とされてしまうと知能の発達の一般理論を打ち立てることがまったくできなくなってしまうほど，根本的なものである。

★4　Noam Chomsky [1928-]：アメリカの理論言語学者でマサチューセッツ工科大学教授。生成文法理論を提唱して，それまでの言語理論を一新させ，その後も絶えず自らの理論を更新しながら，現代の言語学の一大潮流を形成している。また，外交政策を中心とするアメリカの政治に対して，きわめて厳しい批判的言論活動を展開していることでも有名である（ピアジェ理論とのかかわりについては10節を参照のこと）。

ての物質量，重さ，体積の保存課題については14節 解説7 (p.79) を参照のこと。

解説14 知覚的ゲシュタルト

認知構造の観点からみて，特に顕著な知覚の特質は次の2点である。
①知覚の場に与えられた全体は，知覚を構成する諸要素の特性，法則には還元しえない全体性の法則に従うこと（近接の要因，類同の要因等といったゲシュタルト法則）。
②合成法則が非加法的であって，全体の中には部分の総和以上のものがあること。

このような性質をもった全体を知覚的ゲシュタルトとよぶ。1本の線分は，その線分のまわりに存在するものをも含んだ知覚の場全体の性質に応じて，過大評価されたり，過小評価されたりする。たとえば，ミュラー＝リエルの錯視（17節●3 (p.100) を参照のこと）における矢の長さは，それに隣接する矢羽の有無，向きによって異なって知覚される。このように，知覚においては長さの同一性が保証されないのであるから，長さの加法性も保証できないことはいうまでもないであろう。知覚的ゲシュタルトが加法性をもたないことは，同値関係についてもいえる。たとえば，3本の棒A，B，Cが知覚的にA＝B，C＝Bと確認されても，知覚的には必ずしもA＝Cではない（計量的にはA＜B，B＜C，したがって，A＜Cであっても，AとB，BとCの違いが閾値以下でAとCの違いが閾値以上であれば，知覚的にはA＝B，B＝Cであって，かつ，A＜Cとなる）からである（この例は同値関係の加法的合成がないことを示す）。

解説15 有機体の構造，認知構造，論理数学的構造における部分的同型性

ピアジェがここで語っているのは，有機体から行動，思考，高度な認識に至るまであらゆる水準において，同じような構造が見出されるということである。もちろん，有機体における構造は物質的に実現されており，認識におけるそれは知的操作として心的に実現されているのでまったく同じものではないにしても，そこに部分的同型性が存在している。子どもの思考でも重要な役割を果たしている包摂や順序や対応といった（知的操作）構造がDNAの構造にもみられると指摘しているのは，その塩基配列（トリプレットにおける順序）によってアミノ酸がコード化されていること，DNAの複製，RNAへの転写，アミノ酸への翻訳などにおいて常に対応関係が利用されていること，DNA上の遺伝子の機能は遺伝子配列の入れ子関係（包摂）によっても調節されていることなどをさすものと思われる。

有機体の構造と論理数学的構造における同型性の驚くべき事例は自己準同型性（endomorphisme）であろう。整数の部分集合である偶数の集合が整数という全体集合と同型であるのと同様に，2細胞期の胚の部分である割球は全体である胚とまったく同じ発生能力をもつ（Piaget, 1967a）。

解説16 適応の生物学と発達の心理学と発生的認識論の類縁性

ここで，「適応の生物学と発達の心理学と発生的認識論の3者には根本的な類縁性が存在する」といっているのは，発生的認識論で問題とされる論理数学的構造は発達の心理学で扱われる知能の構造に源泉し，発達の心理学で扱われる知能の構造は適応の生物学で解明が求められる有機体の構造に源泉し，有機体の構造は適応的機能を果たしているのであるから，各レベルで扱われる問題内容は違うようにみえても，いずれも問題構造は同じであり，同じメカニズムがはたらいていることを想定させるからである。この観点に立てば，認知発達の心理学は下位レベルでは適応の生物学に，上位レベルでは科学の認識論につながっており，両者の媒介的役割を果たすことになる（この点については序章 解説1 (p.5) も参照のこと）。

II 同化と調節

5節　同化

　これまで述べてきたこと（1節～4節）の心理学的な意味は，発達の過程に生ずる根本的な心理発生的関係は，経験論的な「連合」（association）には還元しえず，生物学的意味においても認知的意味においても，**同化**（assimilation）解説1 から成り立つということである。

　生物学的観点からみると，同化とは，発達途上にある有機体の構造へと，あるいはその完成された構造へと，外的要素を統合することである。通常の意味において食物の同化は，有機体をつくる物質へと食物を合体する化学的変換から成り立っている。クロロフィルによる同化は，植物の代謝サイクルに光のエネルギーを取り入れることから成り立っている。同様に，ワディントン★1の「遺伝的同化」（genetic assimilation）解説2 は，表現型（phenotype）に対する淘汰によって，表現型的変異が遺伝的に固定されることから成り立っている（この場合，表現型的変異は環境によって生み出された緊張に対する遺伝的システムの「応答」（answer）とみなされる）。このように，有機体の反応はすべて同化過程を伴い，それは以下の形式に表現することができる。

　　$T+I \rightarrow AT+E$ ……… (1)

　ここでTは構造，Iは統合される物質あるいはエネルギー，Eは排除された物質あるいはエネルギー，Aは1より大きい係数で，物質の増加や機能の効率化という形で現われる，この構造の強化（strengthening）を示している。こ

★1　Conrad Waddington [1905-1975]：イギリスの発生学者，遺伝学者で，戦後はエディンバラ大学教授としてイギリス最大の動物遺伝学研究所を率いた。本文にある遺伝的同化の研究者として有名。ピアジェはワディントンの遺伝的同化の研究を，ネオダーウィニズムによる進化理論だけでは不完全であることを示す証拠として高く評価し，またワディントン自身もピアジェの解釈を支持しているわけではないが，モノアラガイに関するピアジェの研究（Piaget, 1929）を自然環境における遺伝的同化を示す証拠として取り上げ，議論している（Waddington, 1975）。

解説1　同化

　この観念もピアジェ理論の根本中の根本的観念であるが，同化はピアジェ理論によって説明されるべき観念というより，理論の前提となる考え方である。ピアジェ理論が同化説ともよばれる所以である。
　生物が栄養物やエネルギーを摂取してそれを生体の維持や成長に役立てることを同化というように，認知的行為もまた諸対象を機能的に取り込んで行為（シェム）の保存と拡張に役立てようとするので，これも一種の同化であるとピアジェは捉える。
　ピアジェによれば，同化観念は次の3つの点で重要である（Piaget, 1967a）。
　①生物学的過程と認知的過程との連続性を保証していること
　②対象からの寄与と主体からの寄与とをともに含んだ観念であること
　③意味作用（signification）の観念を含んでいること
　①については，生物学的過程と認知的過程という2つの過程に同じ観念を適用できるということは，認知過程が生命過程の延長であり，拡張であることを含意している。ただし，生物学的同化と違って，認知的同化では，物質やエネルギーの摂取ではなく，環境に関する情報の摂取なので機能的同化とよばれる。②については，認知的同化によって作られる認知構造は，行為（認知）主体と対象（客体）との相互作用の産物であることを意味している。③については，主体がある対象を同化するということは，見方を変えれば，主体にとっての意味をその対象に対して付与するということであり，同化には常に意味作用が伴っていることを述べている（たとえば，石につまずいてころんだとき，その石は単なる障害物でしかないが，釘を打ち込む物を探しているときは，その石はカナヅチとしての石となる。このように，物理的に同じ石であっても，それを同化するシェムに応じて，主体にとっての意味が異なってくる）。

解説2　遺伝的同化

　ワディントンの提唱した用語。最初は表現型として，つまり環境の一定の変化に応じてその生物に現われていた特質が，遺伝的に固定され，環境上の変化がなくなっても，同じ特質が出現すること。ワディントン自身があげている実例は次のようなものである。
　ショウジョウバエの幼虫をその大多数が死んでしまうほど多量に食塩を含んだ培地で飼う。このような不自然な環境のもとでも生き残る幼虫は，発生していく間に，肛門の両側の2本の突起が大きくなる傾向を示した（この突起は体液の塩分濃度を調節する機能をもつとされる）。このような有害な塩分の作用に抵抗することに成功した幼虫だけが成体となり，繁殖を行なって次世代を形成する。ショウジョウバエの集団をこのような人為選択の作用のもとで約20世代にわたって飼育しつづけると，大きな突起を獲得するという能力はしだいにまさったものになっていった。しかも，塩分の高い培地ばかりでなく，低い培地においても，肛門突起の大きさの度合いが全般的に高められたのである。つまり，こういう人為選択を経て生じた集団を再び塩分の低い普通の食物のところに移しても，依然として何世代にもわたって，大きな突起をもつ集団を維持した。これが膨大した肛門突起という「獲得形質」の遺伝的同化である（この例については，Waddington, 1961を参照のこと）。

の形式で示すと，同化という一般的概念は有機的生命だけではなく，明らかに行動にもあてはめることができる☆1。実際，どんな行動も，たとえそれがその個体にとって新しい行動であっても，絶対的な始まりをなしているわけではないからである。行動は常にそれ以前のシェムに統合されるのであり，それゆえ，行動はすでに構築された構造（反射のような生得的な構造，あるいは以前に獲得された構造）に新しい要素を同化することである。ハーロウ★2のいう「刺激飢餓」(stimulus hunger) 解説4 でさえ，それを環境への従属として単純に捉えることはできず，むしろ反応を供給するシェムや構造に同化できるような，「機能的栄養物」(éléments fonctionnels)の探索として解釈しなければならないであろう 解説5 。

　ここで，こうした文脈ではよく知られた「刺激-反応」理論が行動の一般的定式化としていかに不十分であるかを指摘しておく必要がある。まず有機体が刺激を感受しうる（あるいは，胚発生において特定の誘導体(inducer)に対する鋭敏化を特徴づけるためにワディントンがいったように，必要な「反応能」(competence) ●1を有する）限りにおいて，この刺激が反応を誘発できること

☆1　たとえば，一群の対象に対してすでに分類Tがなされたとし，その結果，諸対象が2つの下位クラスに分けられているとしよう。そこに，さらに新しい対象Iをつけ加えると，それに応じて，分類Tは拡張されなければならない。この拡張がなされると（IがTに同化されると），たとえば，新しい2つの下位クラスができることになり（全体の構造は，今やATとなっている），新しい対象のいくつかの特性E（たとえば，要素の数であるとか，要素の形，大きさ，色など）はその過程で無視される。こうした過程を，われわれは，T+I → AT+Eと表現する。この場合，Tはもとの2つの下位クラスであり，Iは新しい要素であり，ATは4つの下位クラスであり，Eは新しい要素の分類の手がかりとならない特性，つまり，この特定の分類において，分類基準として使用されなかった諸特性である。（以上はピアジェの注。解説3 参照）

★2　Harry Harlow [1906-1981]：アメリカのウィスコンシン大学の教授で，動機づけおよび学習を研究した心理学者。特に，代理母を用いてサルの赤ちゃんの愛着を調べた研究は有名。すなわち，赤ちゃんザルは針金製の代理母から授乳されたにもかかわらず，布製（芯は木材）の代理母に愛着を示すようになり，母親に対する愛着という社会的動機づけが，給餌と連合した飢餓の低減から派生してくる二次的動機ではなく，それ自体が一次的動機であることを示した。

II　同化と調節 —— 31

解説3 分類行為における同化の図式

　右のピアジェの注を彼自身が取り上げている例に沿ってもっと具体的にいえば，図5-1のようになるであろう。いくつかの幾何学的図形（これらは形，色，大きさなどによって区別できるものとする）が与えられたとき，最初それを形によって2つのクラス（T）に分類したとする。そこに，さらにいくつかの幾何学的図形（I）が追加されたため，もっと落ち着きのよい再分類をせまられたとしよう。そこで，形ばかりでなく色も考慮して二次元的な分類（AT）に組み替えたとしよう。このとき，本文（1）の図式は，最初の分類構造T（一次元的分類のシェム）が外的要素Iを統合（同化）することによって，より豊かな構造AT（二次元的分類のシェム）に変換されると同時に，再分類のときに考慮されなかった図形の特性（E：大きさなど）は無視される，ということを意味している。

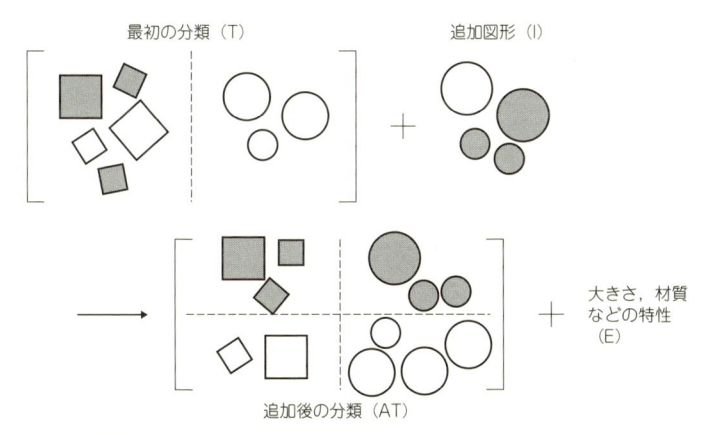

■図5-1　認知的行為（分類行為の場合）における同化の図式

解説4 刺激飢餓

　食欲が満たされなければ飢餓感から食べ物を求める行動が起こる。同じことが食欲のような生理的な動因だけではなく，知覚，愛着，好奇心といったより心理的な動因に対してもあてはまると考えたとき，知覚に対する知覚対象，愛着に対する愛着対象，好奇心を誘う問題が欠如している状態が刺激飢餓である。たとえば，感覚遮断の状態に置かれると，単に「物を見る」こと，「音を聞く」ことそのものが強烈な欲求となり，刺激飢餓を体験することがある。視覚器官は物を見たがっているのであり，聴覚器官は音を聞きたがっているのである。ピアジェ理論の枠組みからいえば，有機体は食べ物を摂取する（同化する）ことを通して成長するのと同様に，視覚は物を見ることを通して，聴覚は音を聞くことを通して発達する。食べ物が有機体にとって物質的栄養物であるのに対して，光刺激は目にとって，音刺激は耳にとって機能的栄養物なのである。

解説5 同化と欲求

　「刺激飢餓を環境への従属として単純に捉えることができない」というのは，刺激を環境的特性と考えてしまうと，それを欲求することは主体が環境的特性に従属しているようにみえる。しかし，何が刺激でありどのような刺激を求めるのかは主体のもっているシェムに依存しているので，この点において主体が能動的に環境を選びとり，環境に意味を与えているという主張である。学習（同時に発達でもある）を刺激と反応との連合とみる連合説におい

は明らかであろう。

　有機体あるいは主体が刺激に対して感受的であり，それに対して反応することができるというとき，これは，有機体あるいは主体がこの刺激を（先に定義したような合体あるいは統合という意味で）同化するシェムや構造をすでに所有していることを意味している。このシェムというのがまさに応答能力のことである。したがって，もとの刺激-反応図式は一方向的な$S \rightarrow R$形式 解説6 ではなく，以下の形式で書かれるべきである。

　　　$S \Leftrightarrow R$　　あるいは　　$S \rightarrow (AT) \rightarrow R$ ……… (2)

ここでATは，構造Tへの刺激Sの同化である。

　こう考えると，結局この式 (2) は，以下の方程式にもどってくる 解説7 。

　　　$T + I \rightarrow AT + E$

ここでTは構造，Iは刺激，ATはTへのIの同化の結果，つまり刺激に対する反応，Eは何であれ刺激状況において構造から排除されたものである。

> ●1　**反応能**：胚発生において，胚のある部分Aの発生・分化がそれに隣接する部分Bのはたらきかけによって引き起こされるとき，この現象を誘導といい，誘導を引き起こす部分Bを「誘導者」という。しかし，この誘導は発生過程のどの時点でも起こるわけではなく，発生の一定の時期に限られている。ワディントンは，部分Aが部分Bの誘導にこたえて分化可能な状態にあるとき，部分Aは誘導に対して「反応能」をもつとしたのである。ピアジェは，行動形成における刺激と反応との関係を胚発生における誘導者と反応能との関係に置き換えて，「刺激-反応」理論の問題点を指摘している。

6節　調節

　もし発達において同化だけが介在しているのであれば，その構造には何の変異も生み出されないであろう。したがって，それが新しいものを獲得することも，さらに発達することもないであろう。同化は，それが構造の連続性と構造への新しい要素の統合を保証しているという意味において，必要不可欠である。同化が存在しなければ，有機体と環境との相互作用は，化学的混合物A，Bから新しい混合物C，Dを生ずるのと同じ状況に置かれるであろう（その場合，

ては，刺激と反応とを結びつける接着剤として欲求（動機づけ）をもち出すが，ピアジェ理論においては欲求は同化シェムに内在的であり，その情意的側面に他ならない。連合説ではS-R結合と欲求とを人為的に切り離してしまうのに対し，ピアジェ理論（同化説）では，興味や好奇心といった内在的欲求を含めて欲求そのものが主体の構造（興味や好奇心なら主体の認知構造，生理的欲求なら有機体の構造）に依存していると捉える。

　このことは乳幼児の示す興味を見れば一目瞭然である。0歳後半から1歳代の乳児は「イナイイナイバー」に大いに興味をもち大人がやって見せれば大喜びするし，子ども自身もイナイイナイバーを大人に返すようになる。しかし，大人が大人に（あるいは，3，4歳を過ぎた子が同年齢の子に）イナイイナイバーをやって見せることはない。もしそのようなことをすれば，相手は怪訝に思ったり，奇異な印象を受けたりするであろう。これは物の永続性のシェム（2節を参照のこと）が0歳後半から1歳代にかけて構築されるからである。この時期の乳児にとっては，顔がいったん視界から隠されて再び出現する「イナイイナイバー」そのものが知的好奇心をそそる（不思議な）現象であるから，それに飽きることなく興ずるのである。それに対して，物の永続性のシェムが完成されてしまった3，4歳以降の者にとって「イナイイナイバー」は，あたりまえの現象であり何らおもしろみのない現象であるから誰もやらないのである。この事例は，何に関心をもち何に興味を示すかは主体の認知構造に依存していること，つまり，知的好奇心も主体の行為シェムに内在的であることを如実に示す事例である。

解説6 S→R形式

　ピアジェの同化理論とS-R理論の違いは，刺激と反応との関係の捉え方に関していえば，次のようになる。S-R理論では刺激Sが反応Rとは独立に存在し，反応Rは刺激Sの関数S→Rであるかのようにイメージされている。それに対し同化理論では刺激Sはそれにこたえる反応Rがあってこそ，つまり，反応Rが刺激Sを同化しうる限りにおいて刺激として存在しうる（単純な話，もしわれわれが聴覚器官をもたなければ，鳴き声や音声はわれわれにとって刺激とはなりえない）。したがって，同化理論からみれば，刺激Sはむしろ反応Rの関数S←Rとなる。しかし，刺激Sが反応Rに完全に従属しているのであれば，反応Rは変化しようがなく遅かれ早かれ有機体は不適応に陥る。しかし実際は，有機体は刺激Sの特性に応じて反応Rを修正し適応を回復しようとする。これが，6節で指摘されている調節活動である。S-R理論が考えるように，反応Rが刺激Sに従属しているようにみえるのは，反応Rの調節的側面である。そこで，ピアジェはこの両側面を考慮して刺激と反応との関係をS⇔Rと書いたのである。

解説7 同化とシェム

　同化とシェムの観念を理解するためには，表象的水準におけるその対応物が何であるかを知ることが近道である。こうした心理学的用語が感覚運動的水準と表象的水準とで，表5-1のように対応していることをピアジェは指摘している（Piaget, 1937）。

■表5-1　感覚運動的水準と表象的水準との対応関係

	根本的過程1	根本的過程2	相互作用の道具	自己調整	適応の基準
感覚運動的水準	同化 （感覚運動的判断）	調節 （感覚運動的経験）	シェム （感覚運動的概念）	相互同化 （感覚運動的推論）	成功 （感覚運動的理解）
表象的水準	判断 （表象的同化）	経験 （表象的調節）	概念 （表象的シェム）	推論 （表象的相互同化）	理解 （表象的成功）

方程式はA+B→C+Dであって，T→ATとはならないであろう）。しかしながら，生物学的領域においてすでに，同化はけっして純粋ではありえず，**調節**（accommodation）を必ず伴う。たとえば，表現型の成長途上で，有機体は遺伝的構造の保存に必要な物質を同化する。しかし，これらの物質が豊富か稀であるかに応じて，あるいは，通常の物質がそれとわずかに異なった他の物質に置き換えられるのに応じて，環境変化に対応した非遺伝的変異（形態や背丈における変化のような変異）やしばしば「調節態」（accommodates）●2とよばれる変異が起こる。同様に，行動の領域においても，同化される対象の影響の下で，同化のシェムや構造が多少とも修正されることがあり，これを調節とよぶことにしよう。たとえば，乳を吸うというシェムに親指を同化する幼児は，親指を吸っているときは，母親の乳房を吸うときと違った運動を行なうであろう。同様に，砂糖の水への溶解を，物質保存の観念に同化しつつある8歳の子どもは，粒子がまだ目に見えているときの調節とは違った，目に見えない粒子への調節を行なわねばならない。

　したがって，認知的「適応」（adaptation）も，生物学的適応と同じように，同化と調節との均衡から成り立っているということができよう。たった今みたように，調節なき同化は存在しない。しかし同時に，同化なき調節もまた存在しないという事実を強く主張しなければならない 解説8 。生物学的観点からみると，この事実は現代の遺伝学者が「反応規格」（reaction norms） 解説9 とよぶものの存在によって表現されている。つまり，遺伝子型は多少とも大きな調節可能性を示すにしても，それらはすべて統計的に規定された一定の「規格」の範囲内にある。同様に，認知的領域でも，主体はさまざまな調節を行ないうるにしても，その調節可能性は対応する同化の構造を維持する必要性によって課せられた，ある制約内においてである。方程式（1）（p.28）におけるATのAは，まさに調節におけるこの制約を示している。

　したがって，ヒューム★3からパブロフ★4やハルに至る，さまざまな連合論が

●2　**調節態**：名詞としてのaccommodatesは辞書にないので，日本語訳も不明であるが，調節の結果でき上がったものをさすと思われる。したがって，形態であれば「調節態」，有機体全体であれば「調節株」とでも訳すのが適当であろう。

シェムは感覚運動的水準における対象との相互作用の道具であるから，表象的水準では概念がそれに対応している。同化はシェムの使用によって可能となるから，表象的水準では概念を使って可能となる判断が同化に対応している。同化はシェムによって行なわれ，新しいシェムは同化を通して作られるというように，同化とシェムとは円環関係にある。同様に，判断は概念を使って行なわれ，新しい概念は判断を通して作られるというように，判断と概念とは円環関係にある。新しいシェムが同化によって作られるためには調節が必要である。同様に，新しい概念が判断によって作られるためには経験が必要である。シェムどうしの協応は相互同化とよばれ，これによって道具使用などの知的行為が可能となる。同様に，概念どうしの協応は新しい判断を導き，これによって与件を超えた推論が可能となる。相互同化にしろ推論にしろ，ともに生物学的水準からみられる自己調整過程の現われである。適応の基準としては，感覚運動的水準における適応は環境から提起された問題を行為的に解決したこと，つまり成功（「できた！」）であるが，表象的水準における適応は環境から提起された問題を概念的に解決したこと，つまり理解（「わかった！」）である。上記のように，感覚運動的水準と表象的水準とで心理学的用語が対応しているので，同化を表象的水準の対応物である判断を使って表現すれば感覚運動的判断，判断を感覚運動的水準の対応物である同化を使って表現すれば表象的同化となる。その他の用語についても同様である。

なお，ここまでは同化，シェムなどを感覚運動的水準に固有の用語であるかのように使用してきた。しかし同化，シェムなどは，実際は表象的水準を含む認知過程一般に通用する用語である。したがって，本来なら表 5-1 の同化は「感覚運動的同化」，シェムは「感覚運動的シェム」とすべきであるが，両水準における対応関係をはっきり示すために，あえて同化，シェムなどに「感覚運動的」という形容詞をつけなかったので，その点には注意していただきたい。それに対し，表象的水準における判断，概念などはその水準固有の用語なのでそのままでもよいし，それぞれ表象的同化，表象的シェムなどと言い換えてもよい。

解説 8 同化と調節の関係

「調節なき同化も同化なき調節も存在しない」ことは，ピアジェ自身がしばしば強調するところである。たとえば，「物をつかむ」という行為は対象の諸特性への把握シェムの調節である（物の大きさ，形，重さによってつかみ方を変えなければうまくつかめない）と同時に，把握のシェムへの対象の同化である（対象の物理的特性がさまざまであるにもかかわらず，対象は把握に関して同じ意味づけを与えられる）というように。

しかし，同化と調節とは対称的関係にあるわけではないことに注意しなければならない。すなわち，調節が同化シェムの調節である限り，同化があれば必ず調節があることになるが，必ずしも新しい調節があるわけではない。たとえば，つかみ慣れたボールをまたつかむ（同化する）とき，その行為はそれまで行なったことのない新しい調節を必要としない。ただし，ボールの特性に合わせた把握という一般的な意味での調節はやはりある。それに対し，物をつかもうといろいろと努力したものの小さすぎてつかめない場合，そこには把握に関する同化はなかったことになるが，何らかの新しい調節はあったことになる。ただし，適切な調節という一般的な意味での調節はやはりない。このように，同化と調節の関係は微妙であり，一般的な意味では「調節なき同化も同化なき調節も存在しない」にしても，新しい調節に限定すれば調節なき同化も同化なき調節も存在しうる。

解説 9 反応規格

表現型の可塑性には，表現型多型 polyphenism と反応規格 reaction norms とがある。polyphenism は外的環境の影響で引き起こされる不連続な表現型変異（トノサマバッタの孤

使用し乱用した「連合」（association）という概念は，同化と調節との均衡という全般的な過程の一部を人為的に切り離すことによって得られたものにすぎない。パブロフの犬は唾液反応を誘発する食物に音を連合させたといわれる。しかしながら，そうした表現は間違いではないにしろ，非常に不完全な表現であろう。というのは，条件づけは内在的な安定性をもっていないので，音の後に食物が2度と続かないならば，条件反射（つまり一時的結合）は消失するからである。条件づけは，食物に対する要求があってこそ維持される。つまり条件づけが維持されるのは，全般的な同化シェムとその充足があってこそ，したがって，状況に対する一定の調節があってこそである。事実，「連合」は常にそれに先立つ構造への同化を伴っており，この同化こそが連合の第1の要因であることを見逃してはならない。他方，この「連合」が何か新しい情報をもたらす限り，それは能動的な調節に基づくものであり，単なる受動的な記録ではない。同化シェムに基づくこの調節活動が連合をもたらすもう1つの要因であり 解説10 ，この活動もまた無視してはならない。

> ★3　David Hume [1711-1776]：ロック（Locke, J.），バークリー（Berkeley, B.）と並んでイギリス経験論を代表する哲学者。ここでは，イメージは感覚の延長されたものであり，思考・推論の基礎をイメージと感覚，あるいはイメージ間の連合に求めるイギリス連想説の代表者として取り上げられている。なお，英語表現ではアメリカ行動主義としての連合論も心理学説としてのイギリス連想説も，ともにassociationismである。

> ★4　Ivan Pavlov [1849-1936]：ロシアの生理学者。犬の唾液反射を利用した条件づけの研究を行ない，条件反射学を確立したことで有名。パブロフの条件づけの研究はアメリカの行動主義的連合論に対する理論的，実験的基礎を提供したとされる。

7節　遊び，模倣，知的行動

　同化と調節がすべての活動に存在しているにしても，両者の割合はさまざまでありうる。両者の多少とも安定した（とはいえ常に動的な）均衡のみが，申し分のない知的行為 解説11 として特徴づけられる。

独相と群生相，チョウのオスの春型と夏型，ミツバチの女王蜂と働き蜂など）であるのに対し，同じ遺伝子型が環境条件に応じて一定範囲の連続的な表現型変異を許容する場合（居住環境に応じた体色の変化，訓練によって変化する筋力や視力など），表現型変異の許容範囲を reaction norms という。reaction norms の日本語の定訳は不明であるが，ここでは「反応規格」と訳しておく。

解説10 連合論と同化の意味作用

本文での，連合論に対するピアジェの批判を同化の意味作用という観点から言い換えれば，次のようになるであろう。

第1に，音が唾液反射に条件づけされたというとき，それは音に食物の出現の予兆という意味づけが与えられたからである。しかし，誰がこの意味づけを与えたのかを考えれば，それは音，食物，両者の時間的関係といった物理的環境特性ではなく，パブロフの犬自身である。そして，パブロフの犬がそのような意味づけを与えたのは，食物探索と摂食にかかわる全般的シェムをもっていたからに他ならない。それゆえ，条件づけにおいて一義的に重要なのは，音，食物，両者の時間的関係といった物理的諸条件ではなく，それらを意味づける主体自身の同化シェムである。

第2に，音が唾液反射に条件づけされたというとき，なぜそれがブザーであって，他の音，色，光などでないのかという問題がある。1要因のみを変動させるという実験場面では，条件づけはほぼその要因と特定の反応の間に成立するようにみえるが，日常的場面では1要因のみが変動することはめったにない。しかし，その場合でも，そのとき環境内に含まれていたすべての刺激と反応とが連合するのではなく，反応は特定の（諸）刺激と連合する。このとき，無数に考えられる要因の中から特定の要因を条件刺激として誰が選ぶのかを考えれば，客観的条件が選ばせるのではなく，やはりパブロフの犬自身が選ぶのである。環境内の諸条件の中から，食物探索と摂食にかかわる同化シェムにとって有意味な要因を積極的に主体が選び取っているのであり，そのためには同化シェムの能動的調節活動が不可欠なのである。ガルシアのネズミの実験（Garcia et al., 1966）が示すように，摂食のような生理的行動の場合には，この能動的調節活動が生得的な方向づけさえもっていることを示唆している。

解説11 知的行為と知能の定義

本文では知的行為を同化と調節との均衡として定義しているが，この定義では適応の定義と同義になってしまうほど広い。生物学的適応が有機体の器官による環境との物質的エネルギー的交換であるのに対し，知的適応は主体の行為（シェム）による対象（現実）との機能的交換であるから，同化と調節との機能的均衡として知能を定義することもできる。しかし，この定義では本能的行為もまた知能になってしまい，この定義でも広すぎる。といって，知能を学習能力であるとか，抽象的思考能力と定義すると今度はいろいろな知的行為が抜け落ちてしまう。

そこでピアジェは知能を行為の協応（構造）の漸進的均衡化の過程として動的に定義する（Piaget, 1936）。つまり，知能とは生物学的組織化を拡張した，行為による現実の組織化活動であり，この組織化活動が次々と生み出す行為の協応（構造）は漸進的均衡化に従っている。行為の協応がしだいに複雑になるにしたがって"より知的である"といえるが，逆に遡っていったときどこまでが知能でどこから知能でなくなるかは好みの問題である。ピアジェが感覚運動的知能の始まりを習慣や循環反応に求めず，感覚運動的時期の第4段階（ A2解説 参照）にみているのは，「目的と手段の協応が可能になることが知能だ」と断定的に捉えているからではない。第5段階の能動的試行錯誤行為に，あるいは，第6段階の洞察

同化が調節を上まわる（outweight）とき（たとえば，主体のその時々の興味に合った対象の特性しか考慮されないとき），思考は自己中心的な方向に，あるいは自閉的（autistic）ですらある方向に展開していく。子どもの場合，こうした状況の最も一般的な形態は「象徴遊び」（symbolic games），つまり，ごっこ遊び（fiction games）にみられる。そこでは，子どもの自由に使える諸対象が，想像されたものを表示するためにのみ利用される☆2。遊びのこういった形態は表象の始まり（1歳半から3歳頃）に最も頻繁であって 解説13 ，そのあと構築遊び（constructive games）●3の方向へと発展していく。構築遊びになると，対象への調節はますます正確となって，最後には自発的な認知的・手段的諸活動となんら異なるところがなくなる。

☆2　ピアジェによって定義された遊びのカテゴリーは，次の通りである（たとえば，Piaget, 1945を参照のこと）。
　a．練習遊び：新しい構造化はないが，機能させることが目的であるような行動なら，どんなものでもこのカテゴリーに入る。たとえば，物をゆするような行為の繰り返しは，もしその行為の目的が，その物体の運動を理解しその行為を実践することであるなら，遊びではない。しかし，その同じ行動でも，その行動の目的が機能的快，つまり，その活動そのものの快，あるいは，何らかの現象の「原因となること」の快にあるなら遊びとなる。このような遊びの例は，乳児の発声や大人が新しい車やカメラなどをもったような場面にみられる。
　b．象徴遊び（ごっこ遊び）：この遊びは，新しい構造化 解説12 を伴う行動，つまり，現在知覚している場面にない実在を再現する行動から成り立っている。パンの代わりに小石，野菜の代わりに草で食事の真似をするといったごっこ遊びはその例である。ここで使用されるシンボルは個人的なもので，使用されるシンボルも子どもによって違っている。
　c．ルール遊び：この遊びは，他者の参加を必要とする，新しい構造化 解説12 のある行動である。この新しい構造の規則は社会的相互作用によって規定される。この種の遊びは，定められた規則のある単純な感覚運動的遊び（たとえば，種々のマーブル遊び）からチェスのような抽象的遊びに至るまで，あらゆる規模の活動に存在している。象徴はここでは慣習によって安定化され，より抽象的な遊びにおいては純粋に恣意的なものとなりうる。その場合，象徴はそれが表示するものとは何の関係（類似性）ももたなくなる。（英訳者の注）

●3　構築遊び：ブロックや積み木で家を作ったり，ぼろきれで人形を作ったりする，ものを作る遊びのことで，作られた家や人形が本物の家や人を象徴しているという意味で，象徴遊びの発展形態ではあるものの，そこでの調節活動が十分に正確になれば，素人芸が職業化する場合のように，もはや遊びではなく適応的活動の一環として行なうことも可能となる。

に知能の基準を設定できたかもしれないが，目的と手段の協応という程度の組織化があれば，多くの人はそこに知能の現われを認めるであろうという慣習的な判断からである。知能もまた，それがあるかないかの問題ではなく，発達の問題として捉えなければならないのである。

解説12 新しい構造化

英訳者の注で，象徴遊びとルール遊びについて「新しい構造化を伴う行動」としているのは誤解を招く解説である。この解説では，たとえば，象徴遊びをするときは常に新しい構造化を必要とするというように読めるが，そのような意味ではない。「新しい構造化を伴う」といえるのは，「現在知覚している場面にある実在を再現する行動」（感覚運動的模倣）と比較して，「現在知覚している場面にない実在を再現する行動」（表象的模倣）を特徴づけるときである。ひとたび表象的模倣が可能になれば，その行動を象徴遊びにおいて再現したとしても，もはや新しい構造化を伴うことはない。

ルール遊びについても同様である。「新しい構造化を伴う」といえるのは個人的に行なうことができる象徴遊びと比較して，ルール遊びは他者の行為と自己の行為との協調を必要とする点である。ひとたび，ルールに習熟すれば，そのルール遊びに，もはや新しい構造化を伴うことはない。

言い換えれば，英訳者は象徴遊びは練習遊びに対して，ルール遊びは象徴遊びに対して，前者は後者の単なる延長ではなく，前者の成立のためには，行為の構造という点からいって，新しい構造化が必要であると言わんとしているのである。

解説13 表象的適応と象徴遊び

幼児期の前半，表象の始まりにおいて象徴遊びがさかんに行なわれるのはなぜかという問題に対して，精神分析学では，子どもの欲求不満や抑圧された葛藤の解消手段，一種のカタルシスとして解釈される。しかし，認知発達の観点から見れば，表象的適応のための，一種の予備的練習として解釈できよう（Piaget, 1945）。表象は人間と他の動物とを分かつ最も重要な精神的機能であって，その獲得によって人間の適応能力は動物に比べて飛躍的に拡張され，人間が動物に属するのかどうかも疑問に思われるほど，動物から隔絶された存在となった。とはいえ表象的世界への適応は一足飛びに可能になるわけではない。感覚運動的知能のように現在この場での適応ではなく，表象的適応は過去に起こったことやこれから起こるであろう未来の事柄にも，さらに他者の欲求，感情，知識などにも適応しなければならないからである。しかし，幼児期前半はちょうど表象の始まりであって，新しく切り開かれた現実（過去・未来の世界，他者の世界）への表象的適応は容易ではなく，表面的な適応に，つまり適応対象の特性を考慮するより自我の欲求が優位な行為にとどまらざるを得ない。象徴遊びというのは，「今ここ」という現実をこえた出来事や人間関係を，つまり，乳児期を脱した子どもにとって新たに登場した現実を再現しようとする表象的行為であり，自我の欲求にあわせて行なわれるという意味で遊びであっても，本来の表象的適応の代替行為という意味では表象的適応のための予備的練習の役割を果たしている（なお，表象的機能一般の特性については，16節 解説4 （p.97）を参照）。

今日英米心理学界での流行テーマである「心の理論」も，ピアジェの認知発達理論から見れば，誤信念課題（Wimmer & Perner, 1983）は他者の世界への表象的適応の問題であり，写真課題（Zaitchik, 1990）は過去の世界への表象的適応の問題として提起されることになる。

逆に，モデルとなった対象や人物の形や運動を忠実に再生するところまで調節が同化を**上まわる**ときには，表象および感覚運動的行為（後者は表象に先立っていて，遊びの場面では，象徴遊びよりずっと早く出現する練習遊び（exercise games）となる）は模倣の方向へと向かう。目の前にあるモデルへの調節によって行為による模倣となり，それがしだいに延滞模倣（differed imitation）●4へと延長され，最後には内面化された模倣となる。この最後の形態は心像の起源であり，思考の操作性の諸側面とは異なる，形象的なものの起源である。

　しかし，同化と調節とが均衡している限り，すなわち，同化が必要な調節によって対象や状況の諸特性に従い，調節がすべて先在する認知構造（対象や状況はこの構造に同化されなければならない）を尊重する限り，それは遊びや模倣（と心像）とは異なる知的な行為ということができる。こうして，われわれは知能固有の領域に戻るのである 解説14 。とはいえ，同化と調節との根本的均衡に到達すること，とりわけそれを安定的に維持することは少なからず困難であり，それができるかどうかは知的発達の水準および主体が新たに遭遇する問題に依存している。均衡に到達することは多かれ少なかれ困難であるとはいえ，子どもの知的発達であろうと大人の科学的思惟であろうと，あらゆる水準にそのような均衡を見出すことができる 解説15 。

　まず，科学的思惟に関していえば，どんな物理学的理論（あるいは，生物学的理論などでもよい）であれ，理論というものは，明らかに，客観的諸現象をある限られた数のモデルへと同化することにある。だが，これらのモデルは，現象だけから引き出されたものではなく，主体自身の操作的活動である論理数学的協応をも含んでいる。これらの協応は，本来の意味で構造化の手段であるから，これらを単なる「言語」（language）に還元すること（論理実証主義（logical positivism） 解説16 の立場）はあまりに表面的な考え方である。たとえ

　　　●4　**延滞模倣**：16節でも言及するように，模倣の対象となるモデルがもはや目の前に存在しないときにモデルを再現しようとする行為である。ピアジェは延滞模倣の観察例として，自分の娘（1歳4か月）と同じくらいの月齢の男の子がベビーサークルの中でかんしゃくを起こして泣き叫ぶ光景を娘が見て，その翌日彼女が自分のベビーサークルの中でその光景を再現しようとした行動をあげている（Piaget, 1945）。

☞ 解説15 解説16 は p.43

II 同化と調節 —— 41

解説14 遊び，模倣，知的行為における同化と調節

　本文でも述べられているように，活動において同化が調節を上まわるとき，その行為は遊びとなり，調節が同化を上まわるときは模倣となり，同化と調節とが均衡しているときは知的行為となる，という言い方がピアジェ自身によってしばしばなされる。しかし，本文6節の記述からうかがわれるように，同化と調節は量的に多少を比較できるような概念ではないので，「上まわる」という表現には注意が必要である。「同化が調節を上まわるとき遊びとなる」というのは，行為における同化的側面が支配的で，同化が調節的側面を従属させているという意味である。「調節が同化を上まわるとき模倣となる」というのは，逆に行為における調節的側面が支配的で，調節が同化的側面を従属させているという意味である。行為の意図で表現すれば，それが環境への適応にあるのか，それとも行為の行使そのものにあるのか，それとも行為の忠実な再現にあるのかによって，知的行為か遊びか模倣かが決まるということができるであろう。

　たとえば，幼児が箸の持ち方を学習しているとき，あるいは，箸を持って食事をするとき，これは知的行為としての「箸でつまむ」というシェムの行使である。食べ物をうまく箸でつまむ（同化する）ためには箸および食べ物の諸特性に合った動きをする（調節する）ことが必要だからである。それに対し，うまく箸でつまむことができるようになった幼児が，食べ物以外の適当なもの（消しゴムやクリップなど）を次々と箸でつまんだり，箸を使えるようになったことを自慢したくて第三者の前でつまんでみせるとき，これは遊びとしてのシェムの行使である。もちろん，ここでもうまくつまむためには調節が必要であるが，つまんだ対象をそのあとどうするかという目的があるわけではなく，箸でつまむことができる（同化する）という能力を発揮することそのものが目的となる。さらに，まだ箸を使えない子に，あるいは，箸を使うとはどういうことか知らない外国人に，箸でつまむという行為を演示して見せた場合，これは模倣行為としてのシェムの行使である。もちろん，ここでも演示がリアリティーをもつためには実際に物をつまんで見せる（同化する）ことが望ましいが，本当に物をつまんでみせるかどうかは重要なことではなく，箸で物をつまむとき手や指をどのように動かす（調節する）かを再現して見せることそのものが目的となる。

　このように，知的行為，遊び，模倣は同化と調節の量的な多少によって区別されるのではなく，同化と調節との支配・従属関係として行為の意図がどこにあるかによって区別されるのである。

ば，ポアンカレ*5はあと一歩で相対論を発見するところであったが，現象をユークリッド幾何学の「言語」で表現（翻訳）しようと，リーマン幾何学の「言語」で表現（翻訳）しようとなんら差異はないと考えたために，その発見を取り逃がしてしまった。一方，アインシュタイン*6は空間，速度および時間の諸関係を「理解」するために，リーマン幾何学を**構造化**（structuration）の手段として使用したからこそ，彼の理論を構築することができた。

　他方，物理学が論理数学的モデルに実在を同化することによって進展するにしても，新しい実験結果にそのモデルを絶えず調節しなければならない。もし調節というものがなければ，そのモデルは主観的で恣意的なままにとどまってしまうので，物理学は調節なしで済ませるわけにはいかない。しかしながら，

★5　Henri Poincaré [1854-1912]：フランスの数学者。解析学とその理論物理学への応用を中心に広範な数学的物理学的領域において業績を残した。また，数学的発見の心理学的分析に関心をもったことでもよく知られている。「もう少しで相対論を発見するところであった」というのは，1905年にアインシュタインによって特殊相対性理論が提出される以前に，形式的にはそれとほぼ等価な運動法則を見出していたが，古典力学の時空間観念に囚われていたため，その結果を正しく解釈できず特殊相対性理論に到達しえなかったことをさす。

★6　Albert Einstein [1879-1955]：ドイツ生まれで，スイス，後に，アメリカで研究した理論物理学者。多くの一級の研究を発表しているが，特に，古典力学の時空概念，重力概念を根底から覆した1905年の特殊相対性理論，1915年の一般相対性理論によって知られる20世紀最大の物理学者。1921年にノーベル物理学賞を受賞したが，受賞対象は1905年の特殊相対性理論に対してではなく，同年発表された光量子仮説に対してであった。この光量子仮説の提唱などを含めて，初期量子論の確立に重要な寄与をしたにもかかわらず，アインシュタイン－ボーア論争で知られているように，彼は量子力学の確率論的解釈に対して最後まで懐疑的な立場をとった。このことはアインシュタインのような偉大な物理学者もまた時代の子であった事例としてよく指摘される。

　なお，ピアジェとのかかわりについていえば，アインシュタインとピアジェは少なくとも3回は議論を交わしている。1928年と，1940年代（戦後）に行なわれた科学哲学会議の席上と，そして1960年代ピアジェがプリンストン大学に滞在してアインシュタインを訪ねた時とである。ピアジェは1928年にアインシュタインに会った時，アインシュタインの示唆によって，時間（持続）の観念から独立した速さの観念が存在するかどうかという問題に関心をもったという（Piaget, 1968c）。

解説15 機能的不変項と構造的可変項

　本文で,「同化」と「調節」,およびその均衡としての「適応」という過程は生物学的水準のみならず,子どもの知的発達であろうと科学的思惟であろうと,あらゆる水準に見出すことができることを指摘している。このように発達のあらゆる水準に共通して見出される根本的過程をピアジェは機能的不変項とよび,その機能を果たすために準備される道具立ては各水準において異なっているので,これを構造的可変項とよんでいる。機能的不変項と構造的可変項との対比はピアジェ理論を理解するためにきわめて重要な発想である。ピアジェは機能的不変項としてどのようなものがあり,それぞれがどのような知的機能と対応しているのか,各知的機能に含まれる理性のカテゴリーにはどのようなものがあるのかをまとめているので,それを紹介しておく (Piaget, 1936)。

■表7-1　機能的不変項と理性のカテゴリー

機能的不変項		知的機能		理性のカテゴリー
組織化 (organisation)		調整機能	調整的カテゴリー	A. 全体性×関係性 (相互性)
				B. 理想 (目的) ×価値 (手段)
適応 (adaptation)	同化	含意機能	形式的カテゴリー	A. 質×クラス
				B. 量的関係×数
	調節	説明機能	現実的カテゴリー	A. 対象×空間
				B. 因果性×時間

　この図式には,主として以下のことが含意されている。
①まず機能的不変項として,有機体あるいは知能の内的側面である「組織化」とその外的側面である「適応」とに大別し,後者の「適応」機能は外的与件を自らの構造に取り込む「同化」と,外的与件に自らの構造を合わせる「調節」に分けられること。
②有機体が環境的特性に合わせていろいろな器官を備えているように,知能もいわば理性の器官としてさまざまなカテゴリー (クラス,数,空間,時間など) を機能的不変項として備えていること。
③組織化に対応する理性のカテゴリーは,静態的に見れば,すべての組織体に固有の相互依存性を表現する「全体性」と「関係性」であり,動態的に見れば,「理想」と「価値」であること。
④「目的性」(finalité) は同化と調節との均衡化過程の主観的翻訳として位置づけられ,理性のカテゴリーからは排された。これによって,目的論的説明に陥ることなく発達のテレオノミー (teleonomie) を説明できる図式となっていること。

解説16 論理実証主義

　1920年代から30年代にかけて,ウィーンおよびベルリンに興った科学哲学的諸問題に関する1つの立場。従来の実証主義と同じく,命題の有意味性を経験に求めるものの,論理的手法を用いて哲学的・科学的命題の言語分析を行ない,実証主義的発想をより純化・徹底させようとしたので,論理実証主義とよばれる。総合的命題と分析的命題を峻別すること,科学的命題はすべて検証可能な観察命題に還元されなければならないと捉える点が特徴的である。

どんな新しい調節でも，すでに存在する同化シェムによって条件づけられている。というのも，実験から読み取られることは単なる知覚的記録（初期の「論理経験論者」(logical empiricistes) ●5のいう**プロトコル命題**（Protokollsätze）解説17）から成り立っているのではなく，それは**解釈**（interpretation）から切り離すことができないからである 解説18。

> ●5　**論理経験論者**：論理実証主義者に同じ。論理実証主義は経験論哲学の伝統の上に立っているので，論理経験主義ともよばれる。

8節　中心化から脱中心化へ

　ここで子どもの知的発達に戻ると，同化と調節の間の均衡には多くのタイプがあり，発達水準と解決されるべき課題に応じて，その均衡形態も異なっている。感覚運動期（1歳半-2歳以前）では，解決されるべき課題は近接空間内の実行上の問題に限られていて，その知能は生後2年目にして早くも特筆すべき均衡状態に達する（たとえば，道具使用や2節でみたような移動群など）。しかし，この均衡状態に達するのは容易なことではない。なぜなら生後の数か月間は，同化はまだ適切な調節を伴わない歪んだものなので，乳児の世界は自分自身の身体と行為に中心化されているからである。

　思考の出現とともに，実行的にうまくいくかどうかだけではもはや評価できない適応上の問題と，（近接空間における適応だけではなく，遠距離空間にまでそれを拡張する必要上）**表象**（representation)に関するさまざまな問題が生じてくる。このため知能の発達は，再び歪んだ同化の局面から始まることとなる。これは事物や事象を主体自身の行為や観点に同化するためであり，調節の可能性はまだ実在の形象的側面（したがって，変換ではなく状態への調節）に限られているからである。この2つの理由（自己中心的同化と不完全な調節）で，知能は均衡状態に達することがない。それに対し7-8歳頃になると，可逆的操作の形成が，同化と調節の間の安定した均衡を保証するようになる。これは，同化も調節も今や状態についてだけでなく，変換にもはたらくようになる

解説17 プロトコル命題

直接に知覚しうる経験（現象）を言語的に定式化した基礎的命題という意味で，論理実証主義者によって導入された概念。観察命題ともいわれている。論理実証主義では，経験科学の諸命題はプロトコル諸命題から命題関数的結合によって論理的に構成されると考えられている。したがって，経験科学の諸命題はプロトコル命題の真理関数として現われ，その真偽はプロトコル命題の真偽に依存することになる。そしてプロトコル命題は直接知覚できる経験であるがゆえに，誰でもその真偽を観察によって検証することができるとされている。

解説18 事実の解釈依存性

論理経験主義に対するピアジェの批判は，ここでの文脈に限定すれば次の通りである。

第1に，論理経験主義では，直接に知覚しうる経験は事実（所与）として万人に与えられているとされているが，ピアジェは事実の読み取りそのものがすでに観察者の側の論理に依存しており，知覚的所与に対応した「ありのままの事実」というものはありえないと主張している。

第2に，論理経験主義では，経験科学の諸問題はプロトコル諸命題の命題関数的結合によって得られ，命題の形式はさまざまに変換されることはあっても，それはトートロジーにすぎないとみなされるので，経験科学的命題の意味が，プロトコル諸命題の意味を越えることはけっしてない。しかしピアジェにとって，経験科学の命題はプロトコル命題（観察可能な事実）の意味をはるかに越えており，観察可能なものに還元しえない知的構成体（観察者の解釈）がそこに付け加えられている。

事実の解釈依存性を示す適切な事例として，水面の水平性課題を紹介する。水面の水平性課題というのは，半分ほど水を入れた透明な容器を傾けたとき，中の水とその水面がどのようになるかを予測させる課題である（この課題の発達については17節 解説8 (p.103)を参照のこと）。この課題では，小学1年生くらいまでの年少児は，図17-6に示すように，典型的には水面が容器の底面に平行で水は容器の底に張り付いているかのような描画をする。この課題の興味深いところは，液体の入った容器を傾けるという経験は，コップで水を飲んだり，ビンからコップにジュースを移し換える場合のように，日常場面でふんだんに経験しているにもかかわらず，子どもは水面の水平性に気づいていないという点である。それどころか，子どもは実際には1度も観察したことのない反経験的な水面と液体の位置を予測している（ジュースが状態Ⅳのようになっているのであったら，ジュースが飲めないではありませんか！）。こうした結果は，観察を繰り返すことによって水面の水平性が事実としてしだいに定着していくのではなく，観察したものを読み取るための，主体の側の認知的枠組み，ピアジェのいうシェム（この場合は，水平・鉛直にかかわる空間的シェム）が必要なことを如実に示している（Piaget & Inhelder, 1948b）。

からである。

　一般的にいって，同化と調節の間のこのような漸進的均衡化は，認識の発達における非常に根本的な過程の存在を物語っており，この過程は中心化（centration）と脱中心化（decentration）解説19という言葉で表現できる。初期の，感覚運動的あるいは表象的段階で同化が絶えず歪みをもたらすのは，同化が適切な調節を伴っていないからであり，これは主体が自分自身の行為や観点に中心化したままであることを示している。それに対し，しだいに実現される同化と調節との均衡は漸進的脱中心化の結果であって，この脱中心化によって他の主体の観点や客体の観点を考慮に入れることができるようになる。以前にわれわれはこの過程を自己中心性（egocentrism）解説20と社会化（socialization）という言葉で記述したことがある 解説21 。しかし，この漸進的脱中心化は，あらゆる形態の認識にとって，より一般的でありかつ根本的な過程である。というのは，認識の進歩は情報の累積だけではなく，客観性そのものの条件として体系的脱中心化（systematic decentration）を必要としているからである。

☞ 解説21 は p.48

解説19 脱中心化とその2つの方向

ピアジェ理論によれば，認知発達過程を特徴づける最も一般的な表現が**脱中心化**である。脱中心化は認知発達のあらゆる過程を貫いているが，この過程は表8-1のように大きく2つの側面に分類できる。

■表8-1 認知発達と脱中心化の2つの方向

認知発達	一般的特徴	脱中心化の方向
論理数学的認識	内化 Intériorisation	自己中心的思考 → 操作的思考 Pensée égocentrique
経験科学的認識	外化 Extériorisation	現象論 → 合理的自然観 Phénoménalisme

ピアジェにとって，認知発達の出発点は，自己と外界との最も直接的な相互作用の面にあり，内化はこの面から出発して自らの行為や思考のメカニズムに入り込み，外化はこの面から出発して現象の背後にある物理的構造にせまっていく。この内化と外化という相補的な2つの過程を含めて，**脱中心化**の過程という。この脱中心化の過程を模式的に示せば次の図8-1のようになるであろう（Piaget, 1937）。

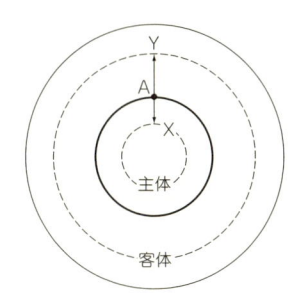

A：主体と客体との直接的相互作用の面
X：内化（intériorisation）
Y：外化（extériorisation）

■図8-1 脱中心化の模式図

解説20 自己中心性と中心化

自己中心性はピアジェのキーワードであると同時に，絶えず誤解され続けてきた用語でもある。そのため，後年ピアジェは自己中心性という用語を避けて**中心化**という用語を使用するようになったが，事態が改善されたようにはみえない。

中心化（あるいは，自己中心性）というのは，自分自身の行為と他者や物の活動との未分化，あるいは自己の視点と他者の視点との未分化から，主体が自分自身の行為や観点を（結果的に）絶対的なものであるかのように捉えることにある。しかし，このことは何も認知発達の出発点を自我の認識に置くとか，主体と客体，自己と他者との関係において主体（自己）を中心に置くという意味ではなく，認識の出発点において幼児は，主体と客体，自己と他者の区別を知らないがゆえに結果的に主体（自己）を中心に置いているかのようなふるまいをするという意味である。たとえば，対面した相手の右手を指摘させるという課題において，一般に幼児は自分の右手と同じ側にある相手の手（左手）を指さす。これは自己中心的な判断ではあるが，自分の視点を相手の視点より優先させて判断したのではない。視点の違いによって見えが異なることを知っているにしても，左右概念が視点に依存しているということ

を知らないため，（自分が唯一知っている）自分の身体上の左右の区別を他者にもあてはめた結果である。この意味で，左右概念に関して，幼児は自分の視点さえ知らないのである。

　大人の認識についていえば，ピアジェの自己中心性概念がもっとわかりやすくなるかもしれない。中世の人々が恒星を天球面に貼り付けられた鋲のように捉えていたことは，今日からみれば，自己中心的見方（人間中心的見方）の典型である。だが，その当時の人々の置かれている状況に身を置いてみるなら，上記のような宇宙観は自己中心的見方どころか最も自然な見方であり，当時の人々の日常的な経験や観察からすればそれ以外に考えようのないほど客観的な見方とさえ思われたことであろう。ピアジェが子どもの思考を自己中心的とよぶのは，中世の人々の宇宙観に対して今日のわれわれが下す評価と同じである。今から1000年後の人々は現代の人間が抱いている自然認識に対して，「当時の人々はなんと自己中心的な見方をしていたのだろう。宇宙が1つしかないと思い込んでいたなんて！」という評価を下すかもしれない（もっとも，多重宇宙論はすでに現在でも認められつつあるが…）。

解説21　自己中心性と社会化

　ピアジェが「自己中心性から社会化へ」という過程として認知発達を捉えていたのは，ピアジェの初期5部作のうちの4冊（Piaget, 1923, 1924, 1926, 1927）においてである。これを「中心化から脱中心化へ」という捉え方に変えたのは，後者のほうが認知発達過程の記述として一般的でかつ根本的な過程だからである。

　その意味するところは，第1に，他者の思考が介入してきて思考の社会化が始まる以前の感覚運動的知能の発達においても，また，いわば社会化が終了した科学者の認知発達つまり科学的認識の発達過程にも，中心化から脱中心化へという過程がみられるからである。第2に，認知発達に関して典型的な社会化がみられる幼児期・児童期においてさえ，子どもの思考は社会的に正しいとされる規範や思考様式に漸次順応していく過程ではなく，社会的に与えられたものを自己の行為や視点と協応させつつ積極的に新しい知的秩序を構築しようという側面が認められ，その過程には社会化という受動的表現では覆いつくせない能動的過程が含まれているからである。第3に，知的操作についていえば，個人内の対物的行為においてはたらく操作（operation）と個人間の対人的行為においてはたらく協働（協同：co-operation）とは，相互作用の道具としての操作という観点からみれば同じ現実に属しており，両者を含むこの現実全体が「中心化から脱中心化へ」という過程をたどるからである（なお，**30**節 解説2 (p.171) も参照のこと）。

　ところで，ピアジェが認知発達を「自己中心性から社会化へ」という見方から「中心化から脱中心化へ」という捉え方に変えたために，「ピアジェは認知発達における社会的相互作用を等閑視している」とか，「ピアジェの発達理論は個人主義的発達観である」とか，「初期ピアジェより後期ピアジェのほうが理論的に後退している」といった評価がしばしば下される。しかし，こうした評価のほとんどはピアジェ理論に対する無知に基づくものである。ピアジェが「自己中心性から社会化へ」という見方をやめたのは，社会化が発達にとって重要でないと考えたからではなく，すでに指摘したように，社会化そのものが物を媒介とする個人間の関係性に依存しているからであり，自己，他者，物という3者の織りなす関係性そのものに定位して発達を考えるようになったからである。この意味で，ピアジェ理論は個人優位の発達理論でもなく，社会優位の発達理論でもなく，端的に従来の発達観を越えた**関係論的発達理論**である。なお，ピアジェの初期5部作とは，ジャン・ジャック・ルソー研究所の幼稚舎においてピアジェが1921年から1924年にかけて幼児の発話や幼児との問答を分析した研究書（Piaget, 1923, 1924, 1926, 1927, 1932）をさす。

III 段階の理論

9節　発達段階の問題

　ここまで，主体に属する構造が存在すること（1節），それは構築の結果であること（2節），そしてこの過程が漸進的であること（7節）をみてきた。ここから，発達には段階が存在するという結論を導くことができる。しかし，誰もがこの考えに同意したとしても，発達段階の基準 解説1 や解釈は人によって非常に異なっているので，発達段階の問題は独自の検討を必要とする。たとえば，フロイト★1は各段階に優位な特徴（口唇的とか肛門的などといわれる特徴）によって相互に段階を区別するだけである。だが，この特徴は先行の（あるいは後続の）段階にも存在しているので，その「優位性」（dominance）は恣意的であることをまぬがれない。一方，ゲゼル★2の諸段階は，ほぼ成熟の役割だけに訴える仮説に基づいているので，段階の出現が常に一定の順序をふむこと（条件（a））は保証されるものの，漸進的構築（条件（b））が無視されるおそれがある。それゆえ，認知発達の諸段階を特徴づけるためには，次の2つの必要条件が矛盾をきたすことなく，両立しうるようにしなければならない。

　条件（a）：段階の出現が常に一定の順序をふむように段階が規定されねばならないこと。

　条件（b）：諸段階全体の前成を仮定することなく，段階の漸進的な構築が可

★1　Sigmund Freud [1856-1939]：精神分析学の創始者。精神活動における無意識的世界の重要性を強調し，意識的世界と無意識的世界との葛藤によってさまざまな人間行動を説明しようとした。あまり知られていないが，ピアジェはフロイトの創設した国際精神分析学会で報告していることからもうかがえるように，フロイトの精神分析学に大きな影響を受けている。フロイトが情意に関する精神分析学を創始したのに対し，ピアジェは認知に関する精神分析学を創始したという言い方が許されるかもしれない。

★2　Arnold Gesell [1880-1961]：アメリカの発達心理学者。心理学の本流では学習説に立つ行動主義が支配的な時代に，成熟説の立場から多くの詳細な発達研究を行なった。

解説1 発達段階の5つの基準

　発達段階の概念について主題的に論じた『子どもと青年の知的発達の諸段階』（Piaget, 1956）という論文において，発達段階区分が恣意的なものではなく，段階が本来的な意味で段階であるための5つの基準が提出されている。以下に，それを要約して紹介する。

①順序性（l'ordre constant）
　　段階の出現順序が常に一定でなければならないという基準で，これは本文における必要条件（a）と同じである。発達に影響を及ぼす諸要因（経験や文化）は，発達の順序性を変更するものとしてではなく，発達段階の出現する時期を促進したり遅滞させたりする要因としてはたらく。

②統合性（le caractère intégratif）
　　ある段階を特徴づける行動型や認識を獲得するためには，それ以前の段階において獲得された行動型や認識が必要不可欠であり，それらを前提としてはじめて新しい行動型や認識を獲得できるのである。以前の行動型や認識は新しいものの内容として，あるいはその下部構造として統合されるという基準である。この基準は発達段階が諸特性の単なる順序的継起ではなく，継起する段階間に内在的つながりが存在していることを要請している。

③全体構造（le structure d'ensemble）
　　この基準の意味するところは，ある段階を特徴づける諸特性は相互に無関係な寄せ集めではなく，密接に連関しあった全体構造をなしているということである。逆にいえば，各発達段階を特徴づける全体構造を明らかにすることができれば，特定の段階における特徴的諸行動は，その段階の全体構造の諸要素，諸側面，あるいはそれと関連した諸特性として説明される。

　本文にある必要条件（b）は，大筋において，基準②と③に相当するといえるであろう。以上の①，②，③が発達段階の主要な基準であるが，ピアジェはさらに2つの基準をあげている。

④構造化（la structuration）
　　各段階が全体構造によって特徴づけられるにしても，新しい段階に移行するとすぐに，その段階の全体構造が出現するわけではない。基準②で示されるように，前段階の構造は次の段階に徐々に統合されていく。したがって，前段階の獲得物が新しい段階に統合されていく過程と，統合の完成する過程とを区別することが1つの段階の内部で可能である。構造化という段階基準は，このように，1つの段階にも構造の形成期と完成期の区別があることを示している。

⑤均衡化（l'équilibration）
　　諸段階の継起を全体としてみた場合，各段階はまったく対等な資格で段階の特性を示しているわけではない。つまり，各段階を特徴づける全体構造はその拡がりと安定性においてさまざまである。全般的にいえば，発達段階の諸系列は，構造の扱う場の漸進的拡大とその柔軟性の増大という意味での安定化の傾向を示している。ピアジェはこの傾向を均衡化，この傾向の到達点を均衡形態とよんでいる。段階基準としての均衡化は，発達諸段階の系列全体において，いくつかの安定した均衡形態とそこに至るまでの組織化の過程とを区別することができることを意味している。

　ピアジェは以上の5つの基準に従う発達の区切りを，最も厳密な意味で段階とよぶ。ただし，ここで注意しなければならないのは，この5つの基準があてはまるのは知能（知的操作）という特権的な認知機能だけであって，知覚や心像など，あるいは，感情や人格などの発達にもあてはまると主張しているわけではない。それらに発達段階が認められるとしても，領

能であるように規定されねばならないこと。

これら2つの条件が必要条件であるのは，認識が，主体の内的構造に加えて，経験による外的寄与を間違いなく必要とするため，内的構造の発達は前もって完全に決定されているわけではないように思われるからである 解説2 。

発達の心理学における段階の問題は，胎発生における段階の問題に類似している。胎発生の問題もまた，遺伝的前成と捉えられたり，場合によってはゲノムと環境との相互作用による構築という意味での「後成的発生」と捉えられたりしているからである。ワディントンが「後成的発生システム」（epigenetic system）の概念を導入して，遺伝子型と「後成的発生型」（epigenotype）[1]とを区別したのはそのためである。このような後成的発達の主要な特徴は，段階の継起に一定の順序性があること（条件 (a)），前段階は次の段階に漸進的に統合されること（卵割（segmentation），それに続いて「反応能」によって制御される決定（determination），最後に「再統合」（reintegration）[2]（条件 (b)））である。このような，よく知られた明白な特徴ばかりでなく，それほど明白ではないが，ワディントンによって指摘されたいくつかの重要な特徴がある。それは「クレオド」（creodes）[3]（それぞれの「スケジュール表」（time tally）に従う必然的な発生経路）の存在，および，一種の進行経路調整（ホメオレシス：homeorhesis[4]）の介在である。なお，ホメオレシスというのは，も

●1　後成的発生型：後成的発生型の厳密な定義は不明であるが，後成的発生を認めるかぎり，遺伝子型が同じであっても環境条件に応じて多様な発生過程が存在することを認めることになる。ワディントンはこのことを表現するために後成的発生型と表現したものと思われる。

●2　卵割，決定，再統合：卵割，決定，再統合は発生初期の諸段階を指し示していると思われる。その場合，「決定」は卵割によってできた割球の予定運命が決まること，「再統合」は決定された胚域もまわりの胚組織に合わせて再組織化されることを意味している。

●3　クレオド：ホメオレシスの調整作用のもとで，受精卵の分化から始まって成体に至るまでの有機体の発生がたどる時間的経過を空間的道筋のように表現したもの。creodeはギリシャ語源で「必然的道筋」を意味するワディントンの造語である（Waddington, 1967）。

域によって段階基準①，②まで，あるいは段階基準①だけで満足しなければならないこともある。

ピアジェがフロイトのような優位特性論的発達段階論に反対するのは，どのような特性を優位とするかは観察者によってまちまちであるため，その発達段階論が段階の最低限基準である①の順序性さえ十分に満たしていないからである。また，発達段階を特徴づける諸行動の目録作りをめざすゲゼル流の発達段階論に反対するのは（成熟説に対する批判は別にしても），いかに多数の行動目録を収集したところで，それらは単に事実の記載であって，それではある段階に出現する諸特性の内在的つながりも，それらの特性と前段階において獲得された諸特性との発生的つながりも明らかにすることができないからである。つまりゲゼル流の発達段階論では，基準①は満たされても，段階の統合性と全体構造という基準②と③が欠けているため，縦断的にも横断的にも発達段階の示す諸特性をトータルに捉えることができないのである。

解説2 ピアジェの発達段階論と認知発達の領域固有性・領域普遍性

ピアジェの発達段階論について多くの誤解が生じているが，ここでは一番大きな誤解，「ピアジェの発達段階は人間の精神機能全体をカバーする段階である」という誤解をここで解消しておきたい。この誤解がさらに「ピアジェは認知発達の領域普遍性を唱えた」という解釈を生み，ピアジェ理論は現在流行の認知発達の領域固有性論の格好の批判の対象となっているからである。

この誤解は，おそらくピアジェの発達理論が紹介されるとき，何の注釈もなく表10-1のような発達段階が掲載されることから来ているものと思われる。しかし，本文から明らかなように，ピアジェは行為の一般的協応に由来し，将来的に論理数学的認識（時間・空間操作など下位論理的操作を含む）となるところの一般的知能を基準に発達段階を設定している。したがって，論理数学的認識以外の領域の認識に関して，たとえば，物理的因果性認識や「心の理論」など素朴心理学の認識の発達についても同じ発達段階を設定できるかどうかはアプリオリに決められることではない。物理的因果性が物的実在を対象とし，素朴心理学が心的実在を対象としている以上，対象の特性が認識獲得において重要な役割を演ずることが当然予想され，ピアジェも経験的認識の源泉として重視している。それゆえ，認知発達が認識の存在論的領域ごとに違った様相を呈するという限りでの認識の領域固有性論にピアジェ理論はなんら矛盾するものではないのである。

それでは，ピアジェ理論は領域固有性理論かというとそうではない。将来領域的には論理数学的認識となるところの一般的知能は認識のあらゆる領域に浸透していて領域固有な認識を，特に単なる知識ではなく知的操作の介在する領域固有な認識を支えているからである。物理的因果性であれ，素朴心理学であれ，認識諸要素の分類，関係づけ，対応といった知的操作を欠かすことができない。ピアジェがこのような知的操作を発達段階の基準にすえたのは知的適応における知能の領域普遍的浸透性の故である。それゆえ，ピアジェ理論に基づく理論的な予測としては，認知発達が認識の存在論的領域ごとに違った様相を呈するにしても，一般的知能の発達と密接な関連をもって発達するといえよう。物理的因果性の認識に関しては，知的操作の発達に還元することはできないものの，それとパラレルに発達することをピアジェはすでに確かめている（EEG26, 1971）。それゆえ，ピアジェの認知発達理論は，一般の理解とは違って，認知発達の領域固有性論と領域普遍性論とを矛盾なく統合できる理論なのである。

し外的影響のため発達途上にある有機体が1つのクレオドから逸脱しようとした場合，それを正常な経路にもどそうとするか，それができない場合には，もとのクレオドにできるだけ類似した新しいクレオドに切り換えるようにはたらく調整作用である。

　構造そのものの構築と，学習による特定の内容の獲得（たとえば，ある年齢における読みの学習）とを注意深く区別するならば，上述の胎発生の諸特徴は，いずれも認知発達において観察することができる。よって，問題は，発達が順次的学習の単純な総和であるのかどうか，それとも，学習それ自体が自律的な発達法則に依存しているのかどうかということになる。実験によってのみこの問題に答えることができるので，この点についてはさらにⅣ章で議論することにしよう。その解答のいかんにかかわらず，操作的「群性体」（grouping）（☞群性体については，23節を参照のこと）といった主要な諸構造と，個別的な獲得とを区別することは可能である。そこでまず，これらの主要な諸構造の構築が段階の基準に合っているのかどうか，を調べることが必要であり，その後に，学習法則に対する発達の関係を決定することが可能となるであろう。

●4　ホメオレシス：外的環境の変動にもかかわらず有機体の正常な発生過程（クレオド）を可能な限り維持しようとする，発生経路に関する調整作用。血糖量や体温などの体内の生理的環境を一定に保とうとする調整作用がホメオスタシスとよばれることはよく知られている。ワディントンは両調整作用の類似性に注目して，後者のホメオスタシスになぞらえて前者をホメオレシスと命名した。

10節　知能の発達段階

　主要な構造だけを問題にすると，知能の諸段階が継起的特性をもつこと，つまり，段階が一定の順序で継起するということが何よりも印象的である。これは各段階が後続段階の形成のために必要だからである。ここで，発達の主要な時期のみを考慮すると，次の3つの時期を区分することができる 解説3 解説4 。

　A．感覚運動的時期 A2解説 。この時期は生後1歳半頃まで続く。主体自身の

解説3 行為の構造Ⅰ（共時論的観点）

行為の構造をその発達というより共時論的観点，つまりその階層性という観点から整理すれば以下のようになるであろう（Piaget, 1947）。カッコ内は主体と対象（あるいは有機体と環境）との相互作用の媒体となるもので，すべてピアジェのいうシェムに含まれる。

- A. 遺伝的器官的構造（本能）
- B. 感覚運動的構造（習慣，実用的知能）
- C. 表象的構造（思考）
- D. 操作的構造（知的操作）

本節 解説5 （p.57）の発達段階区分でいえば，感覚運動的構造は時期Ⅰに，表象的構造は時期Ⅱに，操作的構造（知的操作）は時期Ⅲ・Ⅳに対応しており，行為の構造はこの順序で構築される。もちろん操作的構造も表象を広義にとれば，表象的構造に含めることができるが，ここでは表象の形象性が支配的な階層とそれから解放される階層とを区別して，操作的構造を別に立てた。これは遺伝的器官的構造の反射的・本能的な紋切り型運動パターンから解放されて，新しい事態においても柔軟な行動がとれる感覚運動的構造を区別したのと同様である。なお，ここでは知覚的構造は感覚運動的構造に含めている。

行為の構造をその階層性において捉えるという視点は行為の解釈において特に重要である。発達途上においては上位の構造はまだ獲得されていないにしても，上位の構造を獲得したからといって下位の構造がなくなるわけではない。下位の構造は上位の構造に統合されるのであって，上位の構造が下位の構造に置き換わるわけではない。このことは，第1に，一般に操作的構造に到達している者であっても，時と場合によってはもっと下位の構造に従って反応することもあることを意味している。第2に，形式的に表現すれば等価にみえる課題でも，どのような構造を利用して解決されたのかを慎重に検討する必要がある。たとえば，推移律課題（A＞B，B＞CならばA＞C）は，操作的構造によって操作的に解かれるだけではなく，表象的構造を利用しても，さらには感覚運動的構造を利用しても解決されることがある。実際，推移律課題を解くとき大人は非対称的関係の加法的合成という操作的構造を使っているのであり，ブライアントとトラバッソ（Bryant & Trabasso, 1971）の幼児は棒系列の関数的関係という表象的構造を利用しているのであり，マクゴニグルとチャマーズ（McGonigle & Chalmers, 1977）のリスザルはオペラント条件づけによる連合学習という感覚運動的構造を利用していると考えられる。このことをもう少し一般化すれば，人間の大人だけではなく幼児や動物までが複雑な課題を解くことができたからといって，課題解決に至る過程がみな同じであると想定する必然性はないことを意味している。

解説4 行為の構造Ⅱ（通時論的観点）と垂直的デカラージュ

行為の構造を通時論的観点，つまりその発達という観点からみれば，上位構造と下位構造との関係は前者の構築が後者を土台にしてはじめて可能となるという発達段階の順序性・統合性を要請しているだけではなく，下位水準で仕上げられた構造が上位水準で再構築されなければならないことを意味している。そのため，下位水準で解決された問題が上位水準で解決できず再び困難に陥るという現象がみられる。ピアジェはこの現象を**垂直的デカラージュ**とよんでいる。

たとえば，テーブル上に左右に並べられた2つの不透明なコップがあり，乳児の見ているところで一方のコップ（左としよう）におもちゃを隠す。このとき，乳児は9か月にもなれば左のコップにおもちゃを探すことができる。しかし，おもちゃが隠された後，乳児がテーブルの反対側に移動させられると，おもちゃの入ったコップが左右反転したにもかかわらず，相変わらず左のコップ（もとの位置から見れば，右のコップ）を探そうとする。この課題が

身体に中心化している下位時期（生後7-8か月まで続く）と，それに続く実用的知能のシェムが客観化し，空間化する下位時期がある。

B．表象的知能の時期 B1解説 。この時期に具体的操作（concrete operation）（具体物を対象としたクラス，関係，数）が獲得される。はじめに，言語や心像といった記号論的手段の形成と結びついた，1歳半-2歳頃から始まる前操作的下位時期（この時期には，可逆性も保存もないが，方向づけられた関数（fonctions orientées）や質的同一性（qualitative identities）は構成される）がある（☞方向づけられた関数，質的同一性については，p.60および26節を参照のこと）。それに続いて，（7-8歳頃に始まる）第2下位時期がある。この時期は，具体的操作のさまざまな群性体の形成と各種の保存の始まりによって特徴づけられる。

C．命題操作あるいは形式的操作（formal operation）の時期 B2解説 。これは最後の時期であるが，この時期もまた組織化に要する下位時期（11-13歳）と，それに続く下位時期に区別される。後者は一般的組合せ法（general combinatory）●5の形成，および2タイプの可逆性（☞2タイプの可逆性については，15節を参照のこと）を統合したINRC群の成立によって特徴づけられる（INRC群については28節およびその英訳者注を参照のこと）。

ところで，上記の諸時期が出現する順序を考慮するならば，各時期あるいは各下位時期がその後続時期の構成に必要であることが容易にみてとれる 解説5 解説6 。最初の例として，なぜ言語や記号論的機能（semiotic function）が長期にわたる感覚運動的時期の終わりにしか出現しないのかを考えてみよう。感覚運動期の唯一の能記（☞能記および記号論的機能については，16節 解説3 (p.95) を参照のこと）は標識（indexes）と信号（signals）であって，そこには象徴

> ●5　一般的組合せ法：英訳語はgeneral combinatoryであるが，フランス語はcombinatoireである。与えられた集合の部分集合全体からなる集合，つまり集合からそのベキ集合を作る操作を基本として，順列操作，組合せ操作，配列操作などを含む操作の総称。4元からなる集合の場合は，2の4乗＝16個の元からなるベキ集合が得られる。16二項命題操作（28節 解説5 (p.157) 参照）はpq, p⌐q, ⌐pq, ⌐p⌐q (p, qは原子命題，記号"⌐"は否定を表わす）の4元から作られるベキ集合である。

☞ 解説6 はp.59

解決されるのは感覚運動的構造が仕上げられる1歳半以降のことである。ところが，この問題を表象の問題として提起したとき，すなわち，実際に反対側に移動するのではなく，反対側に移動してテーブルを見たとすればどのように見え，どちらのコップにおもちゃがあるかを，絵を描かせたりモデルで再構成させたりして問えば，この問題は5，6歳の幼児でもむずかしく，一般に現在の自分の見えを描画するなり，再構成するなりしてしまう。この課題が解決されるのは空間に関する表象的構造が仕上げられる8，9歳以降のことである。

ここから，感覚運動的水準において自分の身体移動を考慮できなかった1歳前の乳児の反応と，表象的水準において自分の仮想的身体移動を考慮できなかった5，6歳の幼児の反応とは問題構造としては等価であり，感覚運動的水準において解決された問題が表象的水準において再び提起され，その解決に同種の困難を伴うことがわかる（水平的デカラージュについては29節 解説8 (p.163) を参照のこと）。

解説5 発達段階の統一的区分

ピアジェによって明らかにされた認知発達段階論はきわめて有名でありながら，その具体的な段階区分になると，ピアジェ理論の紹介書においてはもとより，ピアジェ自身の著作においても実にさまざまな段階区分がなされている。

本文のような3段階区分はピアジェとイネルデ（Piaget & Inhelder, 1966b）でも採用されているが，あまり一般的ではない。次の4段階区分が一般的であり，ピアジェの発達段階論としてはこの区分法が最もよく知られ，普及している（たとえば，Piaget, 1953）。

A．感覚運動的段階
B．前操作的思考
C．具体的操作
D．命題的または形式的操作

さらに，感覚運動的段階を3区分した次のような6段階区分法もある（Piaget, 1964）。

A．反射および本能的傾向の段階
B．最初の運動的習慣と組織的知覚の段階
C．感覚運動的知能の段階
D．直観的知能の段階
E．具体的操作の段階
F．抽象的操作の段階

このように多様な区分法を比べてみると，発達段階の順序性はどの区分法でも不変である。しかし，その区分基準は恣意的であるという印象を読者は受けるであろう。しかし，9節 解説1 (p.51) で紹介したように，ピアジェ自身が段階の概念に厳密な基準を与えているのであるから，区分法の多様性は単なる説明のための便宜であって，ピアジェの段階基準に基づいた統一的な段階区分が可能なはずである。そこで9節 解説1 で紹介した5つの基準に依拠して，統一的な発達段階区分を行なえば，表10-1のような表が得られるであろう。

時期A，時期B，時期Cは本文の「A．感覚運動的時期」「B．表象的知能の時期」「C．命題操作あるいは形式的操作の時期」にそれぞれ対応している。段階1〜段階6は3つの時期A，B，Cをそれぞれ組織化の時期とその準備期に分けたもので，段階1, 2は本文「A．感覚運動的時期」の第1下位時期と第2下位時期に，段階3, 4は「B．表象的知能の時期」の第1下位時期と第2下位時期に，段階5, 6は「C．命題操作あるいは形式的操作の時期」の第1下位時期と第2下位時期に相当する。なお，表10-1の［Ⅰ］，［Ⅱ］，［Ⅲ］，［Ⅳ］はピアジェの発達段階として一般に普及している4段階区分（感覚運動期，前操作期，具体的操作期，形式的操作期）に従った段階分けである。4段階区分では，時期Bが前操作期と具体的操作

（symbol）や記号（sign）は存在しない（もし言語の獲得が，しばしばそう主張されるように，条件づけのみによるならば，言語獲得はもっと早く起こりうるであろう）☆1。言語を獲得するためには，少なくとも次の2つの条件が満たされる必要がある。

(1) 個人間的交換を保証する模倣の一般的文脈。
(2) モノイド（monoide）●6を構成する構造的諸特性の獲得。このような構造的諸特性はチョムスキー（Chomsky, 1957）の変形文法に見出される。

第1の条件が満たされるためには，模倣の運動面の技能（その獲得はけっして容易なことではない）に加えて，感覚運動期後半の下位時期に獲得される物的，時間的，空間的，因果的脱中心化が必要である。第2の条件に対しては，われわれの共同研究者で心理言語学を専攻するサンクレール★3が，Sinclair (1967) においてチョムスキーの変形構造が感覚運動的シェムの作動によって

> ☆1　この主張の論拠は次の通りである。感覚運動的段階において，すでに標識と信号に基づく情報処理，つまり標識や信号の貯蔵と計算が存在する。それゆえ，言語が存在しないということを，そのような機能の欠如に帰すことはできず，少なくとも入力の側において条件づけ（古典的条件づけ，あるいは，オペラント条件づけ）が，可能なはずである。この段階の子どもでもさまざまな音を識別することができるのであるから，純粋に連合的メカニズムに基づきながらも，言語的あるいはその他の方法で，音声入力に対して選択的に反応することができてもよさそうなものである。
> 　しかしそのような選択的反応は，入力単位数がごく少数であっても，不可能であると主張されている。というのは，乳児はまだ言語的ルールの生成と貯蔵を可能にする，最も本質的な言語構造（モノイド）を獲得していないからである。この構造のおかげで，無限の組織された音声系列を分析し，再認することができるのである。（英訳者の注）

> ●6　モノイド：数学的には単位元をもつ半群（結合律を満たすような二項算法が成り立つ集合）のことである。ここでは文の統語論的構造がモノイドの構造をもつと主張されている。

> ★3　Hermina Sinclair de Zwart [?-1997]：当初はオランダ，ユトレヒト大学で比較言語学を学んだが，その後ピアジェ理論に心酔してジュネーブ大学にて発達心理学を学び，ピアジェの指導のもとで博士号を取る。以降，ジュネーブ学派の主要メンバーとして，主に言語獲得と認知発達の関係の問題をピアジェ理論に依拠しながら研究した。研究については22節およびSinclair (1967) を参照のこと。

期に二分されている。時期Aをひとまとめにしたときでも時期Bを二分することが多いのは，時期Aはせいぜい2歳ぐらいまでの2年間であるのに対し，時期Bは2，3歳児から11，12歳児までを含んでいるので，前操作期（幼児期）と具体的操作期（児童期）を区分したほうが話を進めるうえで都合がいいという，多分に実際的な理由によるものであろう（なお，ピアジェの発達段階区分は知的操作の構造的分析に基づくコンピテンス・モデルなので，実際の子どもの反応を解釈するにあたっては注意が必要である。この点については，12節 解説11 (p.67) を参照のこと）。

■表10-1 知能の発達段階・発達時期の区分

時期		段階		下位段階	
時期A	感覚運動的知能の準備と組織化の時期 [Ⅰ]	段階1	感覚運動的前知能の段階	第1下位段階	反射から基本的習慣へ
				第2下位段階	第2次循環反応
		段階2	感覚運動的知能の段階	第1下位段階	目的と手段の分化から能動的実験へ
				第2下位段階	シェムの内化と表象の始まり
時期B	具体的操作の準備と組織化の時期 [Ⅱ]	段階3 [Ⅱ]	前操作的段階	第1下位段階	前概念的・前関係的思考
				第2下位段階	表象的・直観的思考
		段階4 [Ⅲ]	具体的操作の段階	第1下位段階	具体的操作の組織化の始まり
				第2下位段階	具体的操作の体系的組織化
時期C	形式的操作の準備と組織化の時期 [Ⅳ]	段階5	形式的操作の準備期	命題操作システム（束群二重全体構造）の構築の始まり	
		段階6	形式的操作の組織化の時期	命題操作システム（束群二重全体構造）の完成（理想的均衡状態）	

解説6 発達の連続説と不連続説

ピアジェの発達観は一般に発達の不連続説とみなされている。知能の発達段階は子どもの発達を語るための便宜上のものではなく，自然な区切りに対応したものであるとピアジェは主張しているので，その限りではピアジェの発達観を発達の不連続説とみなすことができるであろう。実際，この観点はピアジェの発達段階基準の1つである「全体構造」に反映されている。

しかし，他方では，具体的操作は感覚運動的知能の獲得物の，表象面での再構築であり，形式的操作は具体的操作の操作面での再構築であるといったように，ある段階の達成は前段階の獲得物の分化と統合によるという発達の連続性を絶えず強調している。実際，この観点はピアジェの発達段階基準の1つである「統合性」に反映されている。それゆえ，ピアジェの発達観は発達の連続説でも不連続説でもなく，両者の対立を止揚した**弁証法的発達観**なのである。

準備されること，したがってその構造の起源はチョムスキー自身が信じているような生得的プログラミングにも，オペラント条件づけなどのような「学習」過程にも求められないこと（言語獲得がオペラント条件づけによって説明できないことはチョムスキー（Chomsky, 1959）が決定的に示した）を示している。

時期や下位時期が順序的特性を示すことを，もう1つの例でみてみよう。2-7歳頃にあたる表象的知能の第1下位時期は，それ自体，生後8-9か月から18か月にかけて仕上げられる感覚運動的シェムに由来すると同時に，7-10歳頃の具体的操作を準備する。この下位時期はいくつかのネガティブな側面（可逆性の欠如と保存概念の不在）によって特徴づけられるが，同時にこの時期には，方向づけられた関数（写像（mapping），つまり変数xに対する値$f(x)$が一義的である関数$y=f(x)$）や質的同一性$a=a$といったポジティブな獲得もある（☞方向づけられた関数，質的同一性については，26節を参照のこと）。実際，このような関数はすでに前操作的思考において広範な役割を果たしている。関数が方向づけられているということは，この水準では一般に順序の観念が優勢であることを説明するものである。そのため，適切な判断に導かれることもあるが，また量判断に絶えず歪みをもたらす原因ともなる（たとえば，「より長い」は「より遠くまで」として理解されるし，水の量はその水位のみによって判断される） 解説7 。初歩的な関数は，行為のシェムに内在している諸連関以外の何物でもなく（行為のシェムは，それが操作的にならないうちは，常に行為の目標へと方向づけられている），したがってこの関数は感覚運動的シェムそのものに由来する。質的同一性（この種の同一性は，水の量が変わっても[〇1]「やはり同じ水です」と言うときに表明される）は，物の永続性の観念と子ども自身の身体（および他の主体の身体）が時間的にも空間的にも同一性を維持しているという観念とに起源をもっている。物の永続性，他者身体の同一性，自己身体の同一性は感覚運動期の3つの獲得物なのである。他方，方向づけられた関数，およびそれが前提としている同一性は，将来操作を獲得するための必要条件を

> 〇1 **非保存の主張**：ここで，「水の量が変わっても」というのは，液量の保存課題において，非保存段階の子どもが（移し換えによって）「水の量が変わったと主張したときでも」という意味であって，実際に水量が変化しているわけではない。

解説7 長さの保存課題と液量の保存課題

前操作期の,子どもの量の評価が順序的である,ということを長さの保存課題と液量の保存課題で示せば,次のようになるであろう。

Ⅰ　長さの保存課題（Piaget, Inhelder, & Szeminska, 1948）

確認：2本の棒A, Bを両端をそろえて提示し,A, Bが同じ長さであることを子どもに確認させる。

変換：子どもの見ている前で,BをAと平行に少しずらす（Aはそのまま動かさない）。

質問：子どもにAとB'とではどちらのほうが長いか,それとも同じ長さかを問う。

■図10-1 長さの保存課題

[発達段階]
非保存段階　一般にA＜B'と判断する。移動させた棒B'の先端が静止している棒Aの右端より突き出ているという,先端の順序的評価によって長さを判断する。

移行段階　A＜B'という判断とA＞B'という判断,あるいは,A＝B'という判断とA＜B'(A＞B')という判断の間で動揺。あるいは,はじめは保存判断をしていても,実験者の反対示唆（たとえば,「棒B'は棒Aより右に突き出たので,B'のほうがAより長いのではないか」という教示）で簡単に判断を変えてしまう。

保存段階　Bのどんな移動に対してもA＝B'と判断できる。

Ⅱ　液量の保存課題（Piaget & Inhelder, 1941a）

確認：同形同大の透明な容器A, Bに同じ高さまで水を入れ,AとBとで同じだけ水が入っていること（A＝B）を子どもに確認させる。

変換：A, Bより細い（あるいは太い）容器B'を用意し,子どもの見ている前で,Bの水をB'へ移し換える（Aはそのまま）。

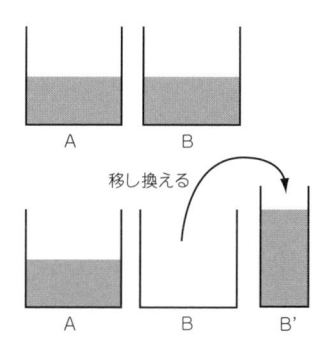

質問：子どもにAとB'とではどちらのほうが水が多いか（あるいは,どちらのほうがたくさん飲めるか）,それとも同じかを問う。

■図10-2　液量の保存課題

なしている。こうしてわれわれは2-7歳の諸段階が，感覚運動期の延長であると同時に，具体的操作を準備する時期であることが理解できる。

11歳から15歳の間に現われる命題操作は，2つの可逆性を統合したINRC群と一般的組合せ法の構造とともに，もっぱら操作に対する操作，変換の変換から成り立っている。それゆえ，この最後の時期は，必然的にそれに先行する時期の獲得物（具体的操作，つまり1次的操作）を必要としていることはいうまでもない 解説8 。

11節　クレオドの法則

段階をこのように規定すると，段階は常に一定の順序性をもって現われる。このため，成熟のような何か生物学的要因がそこに含まれているに違いないと考えがちである。しかし，本能にみられるような遺伝的プログラミングがそこに含まれているわけではない。生物学的成熟は構築の可能性を切り開く（あるいは一時的な不可能性を説明する）にすぎず，主体にはその可能性を現実化するという仕事が残されている。この現実化は，通常の場合，クレオドの法則，つまり内生的反応が環境と経験の助けを受けながら一定の必然的進路を歩むという法則に従っている。したがって，諸段階の順序的継起を生得的な前決定の産物であるとみなすのはまったくの誤りであろう。というのは，発達系列の全体にわたって，絶えず新しいものの構築があるからである。

諸段階の順序的継起が生得的な前決定ではないことを示す，最も適切な2つの証拠は，（ホメオレシスによる調整があるものの）発達が正常態から逸脱する可能性があるということと，スケジュール表の変化の可能性，つまり発達促進や発達遅滞が起こりうるということである。逸脱は子ども自身の活動による予期しえない経験や大人の教育的干渉によって引き起こされるかもしれない。もちろん教育的関与の中には，自生的発達を促進し補完するものもありうる。しかしそれらも構築の順序を変えることはできない。たとえば，量的比例は，$4:2=6:3$のように，2つの割算の同値性でしかないようにみえるのに，カ

[発達段階]
非保存段階　図のように細い容器に移し換えた場合は，一般にA＜B'と判断する。水位がAよりもB'のほうが高いという，水位の順序的評価によって液量を判断する。
移行段階　移し換える容器によって保存判断したり，非保存判断したりする。あるいは，はじめは保存判断をしていても，実験者の反対示唆で（たとえば，移し換えによって「水位がAよりもB'のほうが高くなったので，B'のほうがAよりも液量が多いのではないか」という教示），簡単に判断を変えたり，動揺する。
保存段階　移し換えによるいかなる知覚的見えの変化にかかわらず，保存判断A＝Bができる。

解説8　2次的操作としての形式的操作と構築説

　具体的操作を1次的操作とすれば，形式的操作は2次的操作としても特徴づけられる。1次的操作に対する操作，1次的変換に対する変換は2次的操作となるからである。たとえば，4本の棒を長い順にA，B，C，Dと並べれば，これは系列化操作という具体的操作（群性体G5，表23-2（p.139）参照）である。しかし，4本の棒の並べ方はこれに尽きるのではない。A，B，C，Dから始めてA，B，D，C/ A，C，B，D/ A，C，D，B/ A，D，B，C/ A，D，C，B/ B，A，C，D/……というように，並べ方の並べ方を考慮すれば全部で24通りの並べ方がある。これが順列操作であって，系列化の系列化として2次的操作である。また，4個の要素a，b，c，dを2つの要素を含むクラス{a, b}{c, d}に分ければ，これは代替的分類操作という具体的操作（群性体G2，表23-2参照）である。しかし，2つの要素を含むクラスはこれに尽きるものではない。2つの要素を含むクラスを集めて1つのクラスを作れば，{ {a, b}, {c, d}, {a, c}, {b, d}, {a, d}, {b, c} }となり，6つの要素クラスからなるクラスができる。これが組合せ操作であって，クラス化のクラス化として2次的操作である。

　形式的操作を2次的操作として特徴づけることは，発達段階の順序性という観点からいえば，形式的操作の獲得は1次的操作としての具体的操作の獲得を不可欠な前提としているがゆえに，段階の順序性は必然的に尊重されるということである。また発達の説明という観点からいえば，形式的操作の獲得が，既有の獲得物（ここでは，具体的操作）の他になにか特別な要因を援用することによって説明されるのではなく，既有の獲得物から内在的に説明できる可能性が切り開かれることである。このような考え方は具体的操作と形式的操作との関係についてのみいえることではなく，ピアジェの認知発達段階全体についていえることであり，ピアジェの認知発達理論である構築説の中核となる考え方である（なお，形式的操作については，28節を参照のこと）。

リキュラムでは，初歩的な算術的操作のずっと後に量的比例の概念が導入されているが，これは妥当である○2。一方で，子どもが数概念をもたないうちに，20とか50まで数えることができるよう教育する両親の場合のように，時宜を得ない教育的干渉もまた存在する。多くの場合，そのような生半可な獲得が数の構築にかかわるクレオドに影響を与えることはない。たとえば，数を数えることができても数の非保存反応を保存反応に変えることはない 解説9 。すなわち，同数の要素を含む2つの列が最初は視覚的に1対1対応になるように並べられ，次に，一方の列の要素の間隙を変えることによって列の長さを変えるとき，ある年齢段階の子どもは，たとえその子が数を数えることができたとしても，それでも長い列の方が数が多いと躊躇なく言うであろう 解説10 。

他方，教育的関与が成功した場合，あるいは，独力で子どもが一定範囲の諸操作を部分的に獲得した場合，さまざまなクレオド間にどのような相互作用が起こるのかについては，まだ解明されていない。たとえば，クラスや関係の操作に関して，加法的操作と乗法的操作は常に同時に構築されるのだろうか（しばしばそのようにみえる），それとも，一方が他方の構築の後に続くことがあるのだろうか。そして，後者の場合でも，最終的に構築されるものは総体としては変わりがないのであろうか（おそらくそうだと思われるが）。

> ○2　**カリキュラムが妥当である**：学校カリキュラムでは，一般に初歩的な算術は小学校1年生から教えられるのに対し，量的比例はそれよりもずっと遅く，小学校5，6年生になってから教えられる。このカリキュラムの学年配当が子どもの認知発達の観点からみて適切であることを，ピアジェは「妥当である」と表現している。

12節　発達の速さ

段階の継続期間や段階移行の速さに関していえば，環境（たとえば，活動が豊かか，貧しいか，自発的経験が多いか，少ないか，あるいは，教育的文化的環境の違いなど）に応じて，あることができる平均年齢が早められたり遅れた

解説9 数の保存課題

ここで問題にしている保存反応は数の保存課題といわれ，図11-1のような手順で行なわれる（Piaget & Inhelder, 1941b）。

[対応づけ課題]
確認と対応づけ：白いおはじきを1列に並べて，子どもに提示し，それと同数の赤いおはじきを並べるように求める。

[保存課題]
確認：子どもが右図のように並べたら，あるいは，子どもが対応づけに成功しなかった場合は，実験者が赤いおはじきを白と視覚的1対1対応になるように並べてから，列Aと列Bとは同数であることを子どもに確認する。

変換：子どもの見ている前で，列Bのおはじきを拡げて（あるいは，つめて）列B'のようにする（列Aはそのまま）。

質問：白いおはじきと赤いおはじきとではどちらの方が数が多いか，それとも同じ数かを問う。

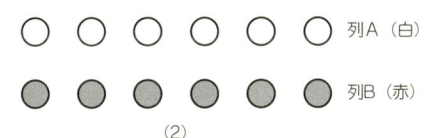

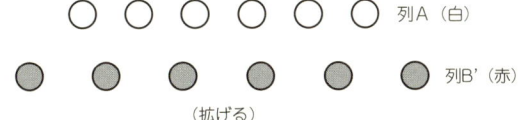

■図11-1　数の保存課題

[発達段階]
段階1：質問に対して非保存判断をする（一般に，拡げた列B'の方が数が多いと判断する）ばかりではなく，対応課題にも成功せず，一般には列Aよりつめて，列Aと同じ長さになるような列を作って，同数並べたという（図11-2参照）。
段階2：(2)のように，赤いおはじきを白と視覚的に1対1対応に並べることができるようになるが，(3)のように視覚的1対1対応をくずされると，非保存反応をする。
段階3：保存判断への移行期の反応。列Bの変形の仕方に応じて，保存判断をしたり，非保存判断したりし，判断に動揺がみられる。保存判断しても，実験者の反対示唆に対して判断を容易に変える。
段階4：保存認識の獲得。列Bのいかなる変形に対しても，直ちに保存判断をするようになる。また，実験者の反対示唆に対しても意見を変えない。

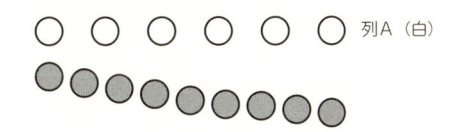

■図11-2　対応づけ課題の失敗例

解説10 カウンティングと数の保存概念

ここでピアジェが主張したいことは以下の通りである。数の保存課題において，非保存の子どもは，一般に，長い列の方が数が多いと判断するので，子どもの誤反応は知覚的判断に引きずられただけで，概念的には前操作期の子どもでも数の保存概念をもっているはずだと思われるかもしれない。しかし，数の保存課題は数に関する概念的課題であって知覚的課題

りすることが，しばしば観察される。しかし，それでも段階継起の順序は一定であろう 解説11 。だが，研究者の中には，無制限の加速が可能であり，望ましいと信じている者さえいる。ブルーナー（Bruner, 1960）*4 は，うまい教育的介入をすれば，どんなことでもどんな年齢の子どもにでも教えることができるという主張すらしている 解説12 （もっとも，現在の彼はもはやこのことを信じていないようであるが）。

　しかしながら，この点については，グルーバー*5 による2種類の研究○3 を参照する必要がある 解説13 。1つは，子猫の発達に関する研究である。そこでは，物の永続性に関して，人間の乳児と同じ初期発達段階が子猫にも見出されること，そして乳児が9か月かかるところを子猫は3か月で達成することが示され

★4　Jerome. S. Bruner [1915-]：ミラー（Miller, G. A.）と並んで，アメリカの認知心理学開拓者の一人。第2次世界大戦後，伝統的な心理学にとらわれない認知観でニュールック心理学の旗手となった。ハーバード大学認知研究センターで幼児・児童の認知発達研究を，イギリスのオックスフォード大学で乳幼児の言語・コミュニケーション研究を行ない，当時の心理学界に大きな影響を与えた。1980年代に入ってからはフォークサイコロジーという文化心理学的研究を行なっている。ピアジェとの関係でいえば，ハーバード大学認知研究センターでの諸研究はピアジェ理論の影響（あるいは，それに対する対抗意識）が強く，このセンターでの研究成果をまとめた Bruner et al. (1967) はピアジェに捧げられている。しかし Bruner et al. (1967) はピアジェに捧げられているにもかかわらず，ピアジェを批判しているだけではなく（これはピアジェにとって歓迎すべきことであろう），ピアジェ理論をひどく歪めて理解しているためか，ピアジェは本文で何度も批判的な文脈でブルーナーに言及している。

★5　Howard. E. Gruber [1922-2005]：創造性の研究者として有名なアメリカの認知心理学者。1967年ラトガーズ大学に認知研究センターを創設し，思考研究を行なった。ピアジェの信頼が厚く，ピアジェ亡き後にジュネーブ大学に在職したこともある。ピアジェ著作のアンソロジーともいうべき "The Essential Piaget"（1977）をボネシュ（Vonèche, J. J.）と共同編集で出版している。

○3　2種類の研究：2種類の研究というのは，猫における物の永続性についての研究（Gruber et al., 1971）とダーウィンの創造性についての研究（Gruber, 1974/1981）である。なお，ピアジェは Gruber (1974/1981) に序文を寄せている。

☞ 解説13 は p.69

ではない。そのことが明瞭に示されるのは，非保存反応をした子どもに，実際におはじきを数えさせたときである。5歳ぐらいの前操作期の子どもでも，親や教師に数の数え方を教えられていることが多いので，10個ぐらいまでの数は数えることができる。そこで，列Aと列B'の個数を数えさせ，両列とも6個あることを確認してから，再び数の保存の質問を行なうと，それでも「長い列の方がおはじきが多い」と非保存判断をする者が多いのである。このことは，「数えることができる」ということは必ずしも「基数としての数概念をもっている」ということを意味しないことを物語っている。本文で「時宜を得ない教育的干渉もまた存在する」といっているのは，基数としての数概念をまだ獲得していない子どもにカウンティングを教えようとするような教育をさしている。

解説11 パフォーマンスとしての子どもの反応とコンピテンスとしての発達段階

ピアジェの発達段階は知的操作（あるいはシェム）の形式的構造とその構築過程の分析に基づいて構想されたものである。そのためか，発達段階を何か梯子のように剛直なもの，融通にかけるものと誤ってとらえられる傾向が強い。しかしながら，段階を特徴づける知的構造は主体が客体に働きかける諸行為（シェムや概念）の均衡システムであって，けっして建築物にみられるような堅固な要素（レンガや鉄筋）のシステムではないことに注意しなければならない。それゆえ，子どもの反応の解釈と発達段階への位置づけにあたっては，以下の注意が必要である。

① ピアジェの発達段階は，一定の認知的撹乱に対して認知システムがとりうる理想的均衡形態の形式的構造を基準にしたコンピテンス・モデルであって，実際の子どもの反応を基準にしたパフォーマンス・モデルではない。
② したがって，ピアジェの発達段階にとって重要なことは段階継起の順序性であって，反応出現の順序性でも段階出現の年齢的対応でもない。表A1において，ピアジェの認知発達の段階と慣習的段階区分とを対応させたが，これは大雑把な目安であって，何歳になったから何々段階にいなければならないとか，5歳児だからまだ具体的操作課題に正反応できないなどと主張しているわけではない。
③ ピアジェの発達段階は一定の認知的撹乱に対して認知システムがとりうる理想的均衡形態を基準にしたコンピテンス・モデルであるのに対し，パフォーマンスとしての個々の反応は子どもの認知システムと個々の課題との相互作用の結果であるから，コンピテンスはパフォーマンスを直接予測するものではなく，当該の子どもの主要な反応傾向を確率論的に予測できるにすぎない。
④ したがって，課題形式が同じであっても，その内容，文脈，質問方法が異なれば，主体にとっての認知的撹乱は大きく変動しうるので，一定の発達段階にあるとされる子どもであっても，パフォーマンスとして常に同じ反応をするとは限らず，認知的撹乱が小さい場合は，年少児であっても年長児のような高度な反応をしたり，認知的撹乱を拡大してやれば，年長児であっても年少児のようなプリミティブな反応をすることがありうる。それゆえ，認知的課題に対する実際の子どもの反応はきわめて多様であるにしても，そのこと自体がピアジェの発達段階論を危うくするものではない。

解説12 ブルーナーの主張

ブルーナーを日本で有名にしたのは"The process of education"（Bruner, 1960）を通してである。1957年のスプートニク・ショック（科学先進国と自認していたアメリカに先駆けて，当時のソビエト連邦による人工衛星打ち上げが成功したこと）をきっかけに，アメリカで大きな教育改革運動が起こり，この改革運動に参加した者が1959年ウッズホールに一同に会して，教育方法の改善に関する会議を行なった。この会議の議長を務めたのがブルーナ

た。ところが，子猫の場合それ以上は進歩しない。したがってここから，人間の子どもの遅々とした発達が，のちに長足の進歩を遂げるために役立つのではないかと問うてみることができるだろう 解説14 。

　グルーバーによるもう1つの研究は，ダーウィン★6が進化論を構想するまでの歩みに関するものである。ダーウィンのいくつかの主要観念は彼の初期の着想からの論理的帰結であったにもかかわらず，彼がそれらを発見したのは驚くほど後年になってからである。この創造に至る，著しく遅々とした歩みは，稔り豊かさの条件の1つであろうか，それとも嘆かわしい偶然にすぎないのであろうか。これは認知発達における重大な未解決問題であるが，ここで一応もっともと思われる仮説を提出しておきたい。それは，ある段階から次の段階への移行速度は，それぞれの主体にとって，遅すぎも速すぎもしない**最適速度**（optimal rate）をもっており，新しい組織化（構造化）の安定性と豊饒さは，体制内の相互連関関係に依存していて，それは即時に得られるわけでもないし，その内的組合せ能力を失わないようにしようとすれば，際限なく延ばすこともできない，という仮説である。

★6　Charles Darwin [1809-1882]：イギリスの生物学者・博物学者で，自然淘汰を中核とする進化論の提唱者。博物学者としてビーグル号に乗船し世界一周の航海に参加して世界各地の生物相を観察したことが，自然淘汰による進化論を着想するきっかけを与えたといわれる。彼の進化論は『種の起源』（1859）にまとめられている。

ーであり，ウッズホール会議での提言をまとめたのがBruner（1960）である。ブルーナーはBruner（1960）p.33において"Any subject can be taught effectively in some intellectually honest form to any child at any stage of development."という仮説を提唱した。ピアジェが指摘しているのはこの仮説である。

解説13 創造的研究活動をするための3つの方法

ここでピアジェは，ダーウィンの創造性に関するグルーバーの研究に言及しているわけであるが，ピアジェ自身が創造的な研究活動をするための3つの方法をあげているところがある。興味深いのでそれをここで紹介しておく（Bringuier, 1977／邦訳, 1985, p.180）。

第1に，自分の取り組んでいる分野の本は何も読まず，後で読むようにすること
第2に，隣接分野の本を最大限読むこと
第3に，叩く相手をもつこと

第1の方法は，ピアジェのような天才にして初めて可能となる方法であって，通常の心理学者にはとても実践できないことであろう。第2の方法に関して，ピアジェは知能の心理学的研究に必要な隣接分野として，生物学，数学・論理学，それに社会学を含めている。ピアジェの著作は心理学に属する研究であっても，伝統的な心理学の枠組みにとらわれない議論に満ちているのは，この方法に基づいているからであろう。第3の方法に関して，ピアジェは自分が叩く相手は論理実証主義であったと言っている。しかし，ピアジェは論理実証主義のような経験論的発想に対する批判と同時に，10節で指摘しているように，チョムスキーの普遍文法論のような生得論的発想に対する批判も行なっていて，ピアジェが叩く相手は1人ではなく，2人なのである。そのため，ピアジェの批判的議論は常に両面作戦を展開することを強いられている。逆に言えば，第3の道を行くピアジェの発生的構築説は常に経験論と生得論とに挟撃される運命にある。

解説14 ピアジェの早期教育批判

この指摘はピアジェの早期教育批判として重要である。ピアジェはアメリカで講演する機会をしばしばもっているが，その際必ずと言っていいほどピアジェが受ける質問は「どこまでも発達段階を加速することができるのですか」というものである。それに対する，ピアジェの回答は「そのような加速から何か有益なことが得られるのですか」と逆に尋ねることであるという（Piaget, 1971）。

本文にある，物の永続性の発達に関する猫と人間の比較はピアジェの早期教育批判を補強する格好の事例となっている。物の永続性の発達に関する第Ⅲ段階（隠されたものを探索するようになる時期。2節 解説8 (p.15)を参照のこと）に達するのが，人間の乳児は9か月，子猫は3か月で，所要時間からいえば人間より子猫のほうが早く発達する。ところが，人間の乳児は9か月以降さらに発達して，物の永続性の発達に関する第Ⅳ段階（物の目に見えない移動を考慮して探すことができる段階）まで到達するのに対し，子猫は3か月以降，第Ⅲ段階を超えて発達することがないのである。

このことをもう少し一般化していえば，豊かな精神発達を遂げるためには，そこに至るまでに十分な準備と長期にわたる錬成が必要であり，精神発達の緩慢さは後の豊かな発達のための必要条件であって，必ずしも否定的に捉える必要はないとピアジェは指摘しているのである。いわば「大器晩成」という発想である。なお，14節における「子どもが独力で発見できたはずのものを時期尚早に教えるたびに，子どもはそれを創造する機会を失い，それを完全に理解することを妨げていることも忘れてはならない」（p.80）という指摘と本節の指摘とは同じ発想に基づいていることに注意されたい。

IV 発達と学習の関係

13節　学習の定義

　もし認知的獲得のあらゆる形式に対して**学習**（learning）という名前を与えるなら，明らかに発達は学習の総和や継起でしかない 解説1 。しかし一般的に，学習というこの言葉はもっぱら外部からの獲得を指し示すときに使われる。外部からの獲得というのは，主体が（古典的条件づけ●1 のように）外的事象の繰り返しの結果として反応を再生したり，（道具的条件づけ●2 のように）何らかの装置によって作り出される規則的事象を利用して，繰り返し可能な反応を発見したりすることである。いずれにせよ，ここでは主体自身がその反応を，組織化活動によって一歩一歩構造化したり，再組織化する必要はない。学習をこのように定義するにしても，発達は学習による獲得の累積にすぎないのか（これが正しいなら，主体は客体に全面的に依存していることになる），それとも学習と発達とは，獲得のはっきりと異なった2つの源泉なのか，あるいはさらに，学習によるどんな獲得も実際は発達の一区域ないしは一局面に他ならないのか，という問題が提起される。この最後の考え方では，学習は実験的に切り取られた発達の一局面であるから，学習によって「正常な」（normal）クレオドから部分的に逸脱することがあっても，大局的には現在の主体の発達水準に

●1　**古典的条件づけ**：生得的な刺激-反応パターンにおいて，無条件刺激を提示するに先立って条件刺激を繰り返し提示すると，無条件刺激がなくても条件刺激だけで同じ反応が生起するようになること。たとえば，パブロフの犬が餌（無条件刺激）がなくてもベルの音（条件刺激）だけで唾液分泌反応をするようになる場合など。レスポンデント条件づけともいわれる。

●2　**道具的条件づけ**：自発的に行なった行動が主体にとって何らかの報酬をもたらしたとき，その反応が生起する頻度が増すようになること。たとえば，レバーを押せば餌が出る装置のついた飼育箱の中で，はじめはレバーのはたらきを知らなかったラットがしだいにレバーを繰り返し押すようになることなど。オペラント条件づけともいわれる。

解説1 発達と学習

　発達と学習の関係を考えるにあたって注意しなければならないことは，ピアジェにとって学習は認識形成の多様な諸様式の中の1つでしかないことである。認識獲得における学習の位置づけを議論した論文の中で，ピアジェは学習を次のように定義しているので以下にそのまま掲載する（Piaget, 1959）。

　"学習とは経験の結果としての新しい認識の獲得である。ただし，ここでいう経験は任意の経験ではなく，次の2条件を満たす必要がある。1つは，時間の中で展開される経験であること，もう1つは経験の過程のすべてが統制されているわけではないことである。"

　さらに，ピアジェは認識形成の諸様式を分類整理し，学習をその中の一形式として表13-1のように位置づけている。

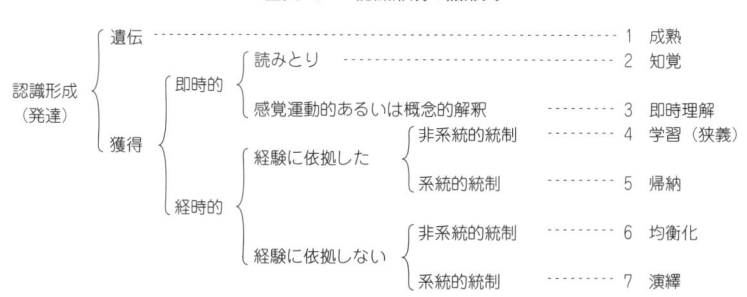

■表13-1　認識形成の諸形式

```
                    ┌ 遺伝 ──────────────── 1 成熟
                    │      ┌ 読みとり ──────── 2 知覚
認識形成 ┤          │ 即時的┤
 (発達)  │          │      └ 感覚運動的あるいは概念的解釈 ─── 3 即時理解
         │          │                 ┌ 経験に依拠した ┬ 非系統的統制 ─── 4 学習（狭義）
         └ 獲得 ┤                      │                 └ 系統的統制 ───── 5 帰納
                    │ 経時的┤
                    │                 └ 経験に依拠しない ┬ 非系統的統制 ─── 6 均衡化
                    │                                      └ 系統的統制 ───── 7 演繹
```

（注）広義の学習は4と6との組合せである。

　この表が示すように，ピアジェにとって学習（狭義）は7種類もある認識形成様式の1つにすぎず，成熟による認識形成を除いた認識の獲得様式に限っても6種類のうちの1つにすぎない。さらに経験に依拠する認識獲得様式に限っても学習は4種類（2，3，4，5）のうちの1つにすぎない。すなわち，経験に依拠する認識の獲得がすなわち学習となるわけではなく，上の定義が示すように学習としての経験には重要な限定条件がついている。したがって，ピアジェが学習について言及するとき，このような限定された意味で用いられていることに注意しなければならない。なお，この表のもっと詳しい解説については中垣（1982）を参照のこと。

従属していることになる。

　実験的事実を検討するに先立って，ピアジェの理論をハルの学習理論の枠組みに還元しようとした，ある有能な行動主義者（バーライン）の試みに言及しておきたい。といっても，この還元を行なうために，バーライン（Berlyne & Piaget, 1960）★1 はハルの理論に2つの新しい概念を導入せねばならなかった 解説2 。第1の概念は，ハルが予見はしたが使用しなかった「刺激-反応般化」（stimulus-response generalization）の概念である。第2の，より根本的な概念は，反応の繰り返しだけでなく，「操作」と同じような仕方で可逆的変換を行なう「変換反応」（transformational responses）の概念である。均衡化あるいは調整といった諸要因に関しては，バーラインは外的強化の概念を拡張して，驚きの感情や整合-不整合の感情といった「内的強化」（internal reinforcements）の考え方を導入している。

　ハルの理論をこのように修正すると，その理論的構造は大幅に変わってしまうが，そのような修正を施せばそれで十分かというと，そういうわけでもない。実際，バーラインの「変換反応」といわれるものが，対象の観察可能な外的変形を写し取ったものにすぎないのか，それとも主体自身が対象にはたらきかけることによって対象を変換するのか，という重大な問題がここには残されているからである。この問題に対するわれわれの理論の要点は，認識が主体と対象との**相互作用**に由来するということである。この相互作用は，対象がそれだけで提供しうるよりも**いっそう豊かな**（richer）ものである。他方，ハルの理論のような学習理論では，認識は現実を豊かにすることのない，直接的な「機能的模写」となってしまう。認知発達を説明するために解決しなければならないことは**創造**（invention）の問題 解説3 であって，単なる模写（copy）の問題

★1　Daniel Berlyne [1924-1976]：カナダ・トロント大学の教授で，ハルの行動理論に立つ心理学者。国際発生的認識論センターで1958年から1959年に行なわれた数の構築に関する研究に参加し，順序，クラス，保存といったピアジェ理論の中核となる観念の獲得を新行動主義の立場から説明しようとした。EEG 12（1960）はそのときの研究成果をまとめたものである。彼の研究に対するピアジェの評価はEEG 12（1960）の第3章の「バーラインによるネオ・ハル的試論の心理学的，認識論的重要性」にまとめられている。本節後半はこの所論の簡潔な要約となっている。

解説2 バーラインによる，ハル学習理論へのピアジェ理論の還元

ピアジェは「ピアジェ理論をハルの学習理論の枠組みに還元しようとして，バーラインはハルの理論に2つの新しい概念を導入した」と指摘しているが，正確には3つの概念を導入している。刺激−反応般化，変換反応，内的強化という3概念である。

(1)「刺激−反応般化」というのは刺激般化でも反応般化でもなく，刺激とそれに対する反応をともに含んだ行為の般化というメカニズムであり，ピアジェの「同化」概念に相当する概念である。

(2)「変換反応」というのは従来の学習理論でいうところの「反応」（対象の諸特性を忠実に写し取る模写反応）とは違って，ある模写反応を別の模写反応に変換したり，模写反応そのものに作用して高次反応を形成するメカニズムであり，ピアジェの「操作的活動」概念，可逆的になった場合は「操作」概念に相当する概念である。

(3)「内的強化」というのは，本文にもあるように，従来の学習理論でいうところの（外的）強化の概念を拡張して，知的好奇心や問題解決といった心理的満足だけでも強化の役割を果たすことを認める考え方であり，ピアジェの「均衡化」概念の情意的側面に相当する概念である。

以上のように，ピアジェから見れば，バーラインの試みは自分の理論をハルの学習理論で読み替えられるところは読み替え，どうしても読み替えられないところはピアジェの理論的概念を学習理論の概念に置き換えただけで，ピアジェ理論をハルの学習理論の枠組みに還元することには成功していないのである。表面的にはピアジェ理論をハルの学習理論に還元することができたように見えるものの，バーラインの試みは本質的に相容れない理論的諸概念間の読み替えと置き換えに終始したものなので，ピアジェ理論のバーラインによる還元理論では，認知発達における創造性が説明できないことをピアジェは指摘している。

解説3 発明，発見，創造

inventionの通常の訳は「発明」であるが，ここではあえて「創造」と訳した。ここでいわれている認知発達上のinventionとは，個人にとって新しい認識が獲得されることである。たとえば，物質量の保存課題（14節 解説7 (p.79) 参照）において非保存反応をしていた子どもAが保存反応をするようになったとき，Aは物質量の保存認識を獲得したといわれる。

この保存認識は大人や年長者にはすでに知られている認識なので，「Aも物質量の保存認識を発見した discover」といいたくなるが，物質量の保存概念はその認識がすでに対象的世界に存在していて個人が物理的経験を通じて見出したというようなものではなく，認識主体の推論形式から導かれる一種の論理的要請（21節 解説5 (p.119) 参照）なので，「発見」という表現は適切ではない。

しかし，日本語で「発明」といえば，印刷術の発明とか自動車の発明といわれるようにそれまでの時代になかったものが初めて作り出されるときに使用されるので，大人や年長者にはすでに知られている認識をAが新たに獲得したからといって「Aは物質量の保存認識を発明した」というのも変である。そのためここでは「創造」と訳したが，これでもピアジェのinventionの意味をくみ尽くしていない。というのは，日本語で「創造」といえば創造主体の自由な発想，創意が強調されるが，物質量の保存認識はそれ以外の考え方はあり得ない必然的認識であり，自由度のない認識だからである。つまり，ピアジェがここでinventionといっているのは，拘束された創造であり，規範的創造の意味である。数学者が数学的認識論においてプラトン風の実在論に傾きがちなのは，数学的創造のこの拘束性に強く印象づけられて，数学的実在の数学者自身による創造が十分に意識化されることがないためであろう。

ではない。そしてバーラインの刺激-反応般化も変換反応の導入も，新しさ（novelty），つまり創造の問題を説明することはできないのである。それに対して，同化，調節，操作的構造（それは単なる発見ではなく，主体の活動の結果として創造される）といった諸観念は，あらゆる生きた思考の特徴である創造的構築を志向しているのである。

　学習と発達に関する問題の理論的序論を終えるにあたって，指摘しておきたいことがある。世界を変革しようとする偉大な国の国民である，アメリカとソビエトの多くの心理学者が，認識を外的実在の受動的模写に還元する学習理論を生み出した（ハルやパブロフなど）ということは，何とも意外なことである。というのは，人間の思考はこれまで絶えず現実を変換し実在を越えてきたからである。実際，数学の広大な領域（たとえば，連続体仮説（continuum hypothesis）●3 にかかわるような領域）は物理的実在の中にその対応物をもたないし，数学的手法はすべて，新しい組合せを作り出すことによって，与えられた実在をより豊かにしていくことなのである。学習の適切な捉え方を提示しようと思えば，単に反応を繰り返したり現実を写し取ったりする方法だけではなく，主体がいかにして構造を構築し創造しようとしていくのかを説明すべきではないか。

> ●3　**連続体仮説**：無限集合の濃度（基数）に関する仮説で，「可付番濃度（たとえば，自然数の濃度）より大きく，連続体の濃度（たとえば，実数の濃度）より小さな濃度は存在しないであろう」という予測であるが，まだ完全な形では証明されていない。なお，この点については，29節も参照のこと。

14節　論理の学習と学習の論理

　数年前，国際発生的認識論研究センターにおいて，学習に関して次の2つの問題 解説4 が提起された。

　A．論理構造はどんな条件のもとで学習されうるのか，そしてその条件は経験的事象を学習する際の条件と同一であるのか，という問題。

　B．経験的事象（確率論的な，あるいは，ランダムな，シークエンス）の場

[解説 4] **学習に関する2つの問題**

 2つの問題というのは，**論理の学習**に関する問題Ａと**学習の論理**に関する問題Ｂのことである。しかし，これらの問題を解決することにどれだけの意義があるのかは本文だけでは必ずしも明確ではないので，その認識論的・心理学的意義を述べておく。

 問題Ａに関して，もし論理構造がどのような条件のもとでも学習しえないものなら，論理の発達は純粋な内生的自己展開として，心理学的には成熟説，認識論的には先験論を裏づけることになる。反対に，もし論理構造の学習が経験的事象の学習と同じような仕方で行なわれるのであれば，心理学的には学習説，認識論的には経験論を裏づけることになるであろう。それに対して，論理構造の学習を認めるにしても，学習されるべき論理構造と学習者がすでに獲得している論理構造との間に何らかのつながりが存在し，後者から前者への移行条件として操作的練習のような経験的要因の介在を必要とするならば，心理学的には相互作用説，認識論的には弁証法的構築説を裏づけることになるであろう。

 問題Ｂに関して，経験的事象を学習する場合に学習者の側の論理を必要としないのであれば，発達における学習の主導的役割を認めることになるであろうし，その反対に経験的事象の学習でさえ学習者の側の論理を必要とするというのであれば，学習における発達の主導的役割を認めることになるであろう。なお，本文にある「確率論的」というのは何か特別な事象をさしているのではなく，日常生活のほとんどの事象がそれに含まれる。経験的事象にはほとんど常に不確定な要因が入り込んでいるので，それを確率論的シークエンスと表現しているのである。

合でさえも，それを学習するためには論理を必要とするのか，という問題。ただし，ここでいう論理とは，たとえば，行為の協応の論理 [解説5]（この論理は感覚運動的シェムが組織化されるとすぐその存在が確認される）に類似したものである [解説6]。

前者の問題については，グレコ（Gréco, P.），モルフ（Morf, A.），スメズランド（Smedslund, J.）の研究（EEG Vols.7-10, 1959）○1 が次のことを明らかにした。すなわち，論理構造を構築し，それを自分のものにすることを学習するためには，主体はもっと初歩的な別の論理構造から出発して，それを分化させたり補完したりしなければならない。言い換えれば，論理構造の学習というのは発達の一局面に他ならず，そこでは経験によって発達が促されたり，加速されたりすることなのである。それに対して，外的強化による学習（たとえば，主体が本来自分でやるべきであった演繹の結果を観察させたり，回答の正誤を言葉で知らせること）は論理的思考に非常に貧しい結果しか引き起こさない。

たとえば，スメズランドは重さの保存 [解説7] の学習実験において，粘土玉の形を変えてもその重さは変わらないことを，天秤で何度も確かめさせることによって，重さの保存が容易に学習されることを見出した。これは，物理的確認が問題であったからであり，重さの保存を繰り返し観察することによってその一般化が促されたからである。ところが観察による同様の強化手続きは，「A = BかつB = CならばA = C」という，重さの同値性の推移律 [解説8] を獲

> ○1　**国際発生的認識論研究センターにおける学習研究**：これらはEEG Vols.7-10（1959）にまとめられている。本文で言及されているグレコの研究は，EEG 7: *Apprentissage et connaissance*（『学習と認識』）の中に，モルフとスメズランドの論文はEEG9: *L'apprentissage des structures logiques*（『論理構造の学習』）の中に収められているので，詳しいことはそれを参照のこと。それぞれの論文のタイトルは次の通りである。
> ・グレコ論文；L'apprentissage dans une situation à structure opératoire concrète: Les inversions successives de l'ordre linéaire par des rotations de 180°「具体的操作の構造をもつ場面での学習―180度回転による線型順序の継起的反転」
> ・モルフ論文；Apprentissage d'une structure logique concrète (inclusion): effets et limites「具体的論理（包含関係）の構造の学習：効果と限界」
> ・スメズランド論文；Apprentissage des notions de la conservation et de la transitivité du poids「重さの保存と推移律の観念の学習」

☞ [解説8] は p.83

解説5 行為の論理

ピアジェは感覚運動的知能の時期にも行為の論理 Logic of action が存在し、それが表象的知能の時期に成立する知的操作の論理の源泉になると考えている。たとえば、欲しい物が直接手に届かないところにあるとき、それが風呂敷の上に置かれていれば、風呂敷を引っ張ってから手を伸ばして物を取ることが1歳頃にはできるようになる。この行為において、物をつかむという目的のシェムと風呂敷を引くという手段のシェムとの協応にはシェムの順序づけの論理を認めることができる。また、乳児がガラガラや鈴などを持てば振って遊ぶが、それ以外のものは手にしても振らなくなったとき、身の回りのものを音が出る物と音が出ない物とに行為的に区別しているので、この行為には分類の論理が含まれている。あるいは、物が入った小箱がカバーAの下を通過し、次にカバーBの下を通過した後、小箱の中を見ても物がないという事態において、まず場所Aで物を探し、なければ次に場所Bで物を探す（あるいはこの逆の順序）ことが1歳半を過ぎればできるようになる。この行為には、場所Aに物がなければ場所Bにあるはずであるという選言の論理を認めることができる。

解説6 学習に必要な論理

「問題A：論理の学習」といったときの論理というのは推移率（A＞B，B＞C，故にA＞C）とか包含の量化（A+A'=B，故にB＞A）といったような、形式化可能ないわゆる論理学的関係である。それに対し、「問題B：学習の論理」といったときの論理というのはいわゆる論理学的関係だけをさすのではない。経験的事象の学習活動に含まれる行為や思考には行為シェム・概念的シェムによる、経験の組織化があり、それは経験を超えたものであり、将来の論理学的関係の源泉になるものであるから、そのような経験の組織化要因をさして「学習の論理」とよんでいるのである。

解説7 物質量・重さ・体積の保存課題

粘土球を用いた保存課題には物質量、重さ、体積にかかわる3つの保存課題がある（Piaget & Inhelder, 1941a）。本節で問題にしているのは重さの保存課題であるが、ここでは図14-1に物質量の保存課題、図14-2に重さの保存課題、図14-3に体積の保存課題を紹介しておく。

3つの課題とも保存判断に至るまでの過程はほぼ同じで、初期には粘土玉を変形すると量が変わったかのように「増えた」「減った」とか、「重くなる」「軽くなる」といった非保存判断をする。そのうちに変形の仕方によって保存判断をしたり、非保存判断になったりと判断が動揺する、あるいは、最初保存判断しても実験者の反対示唆（たとえば、物質量の保存課題で、保存判断した子どもに対し、「こっち（ソーセージ型）のほうが長くなったから、こっちのほうが粘土が多いんじゃないの？」と子どもの判断を惑わすような示唆をすること）によって簡単に判断を変えてしまう時期がくる。そして、最後に粘土玉のどのような変形であろうと保存判断できるし、実験者の反対示唆に対しても保存判断を維持できるようになる（物質量保存の経験可能性については、21節 解説5 (p.119) を参照のこと。また、3種の保存認識に到達する時期がずれることは水平的デカラージュの典型例となっているが、この点については、29節 解説8 (p.163) を参照のこと）。

得させるにはけっして十分ではなかった。言い換えれば，保存の論理構造はこの保存の物理的内容と同じ方法で獲得されるわけではなかった（スメズランドは，推移律の成立と操作的保存の間に相関があること 解説9 を確かめていた）。

モルフはこれと類似の現象をクラスの包含関係における量化 解説10 の学習についても見出した。B ＝ A ＋ A'ならばA＜Bであるのに，子どもの自発的傾向では，注意がいったん（全体Bの）諸部分に向けられると，クラスBを1つの全体として維持することができず，部分クラスAとその補クラスA'とを比べてしまう。

これと対照的に，クラスの交わり（intersection）について先行訓練を促すと，包含関係の学習は促進される。確かに，オランダの心理学者コーンスタム（Kohnstamm, 1956）は，純粋に教授学的かつ言語的な方法で，部分より全体のほうが量的に大きいこと（B＞A）を年少の子どもにも教えることができることを示そうとした○[2]。そのとき以来，学校教育的手法で何事も教えることができると信ずる教育心理学者は楽天家であり，学校教材の理解においてさえそれを理解しうるためには十分な自生的発達こそが必要だと主張するジュネーブ学派の心理学者は悲観論者であるとみなされている。しかしながら，現在ローランド（Laurendeau, M.）とピナール（Pinard, A.）がモントリオールで行なっている，コーンスタムの実験の追試は，事態がそれほど単純ではないことを示している（言語的に訓練された子どもはAとA'の関係に関して非常に多くの誤りをおかす）。伝統的方法を重んじる学校教師が自分たちの方法を信ずる人を楽天家とよぶことは容易に理解できるが，われわれの見解では，真の楽天主義というものは子どもの創造的能力を信ずることであろう。また，子どもが独力で発見できたはずのものを時期尚早に教えるたびに，子どもはそれを創造する機会を失い，それを完全に理解することを妨げていることも忘れてはならない（もちろん，こういったからといって，生徒の創造活動を促すような実験

○2 コーンスタムの論文：Kohnstamm（1956）の論文を入手できなかったので，包含関係の量化について具体的にどのような教授・学習を行なったのかは不明であるが，「純粋に教授学的かつ言語的な方法で」と書いているところをみると，下位クラスAと上位クラスBの要素数をそれぞれ数えさせてクラスの大小関係を直接比較させたものと思われる。

☞ 解説9 解説10 は p.83

確認：同形同大（同じ素材）の2つの粘土玉A，Bを子どもに提示し，A，Bには同じだけ粘土があることを子どもに確認させる。

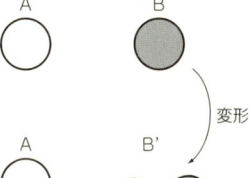

変換：子どもの見ている前で，一方の粘土玉BをソーセージB'（あるいはホットケーキ形）に変形する（Aはそのまま）。

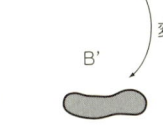

質問：AとB'とではどちらのほうが粘土が多いか，それとも同じだけ粘土があるかどうかを問う。

■図14-1　物質量の保存課題

確認：同形同大（同じ素材）の2つの粘土玉A，Bが同じ重さであることを子どもに上皿天秤で確認させる。

変換：子どもの見ている前で，粘土玉BをB'に変形する（Aはそのまま）。

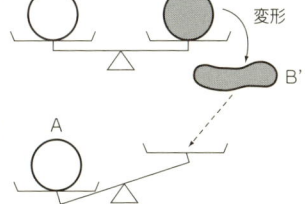

質問：B'を天秤の皿に載せたら，再びつりあうかどうか，つまり，AとB'とは同じ重さかどうかを問う。

■図14-2　重さの保存課題

確認：同形同大（同じ素材）の2つの粘土玉A，Bを子どもに提示し，同じ大きさであることを確認させる。また，同じ大きさの容器に同じ高さまで水が入っていることも確認させる。

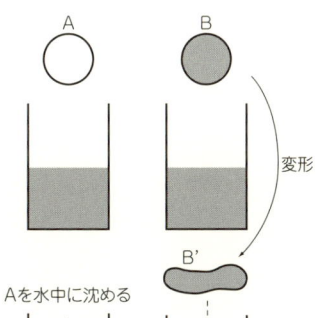

変換：子どもの見ている前で，BをB'に変形する（Aはそのまま）。Aを一方の容器の水に沈めて水位が上昇したことを子どもに確認させる。

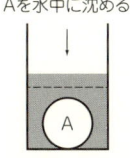

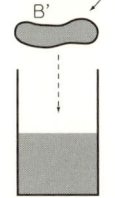

質問：B'をもう1つの容器に沈めたら，水位はAの容器より上昇するか，それより低いか，それとも同じ高さになるかを問う。

■図14-3　体積の保存課題

諸装置を教師が工夫すべきでないといっているわけではない)。

本節冒頭に示した第2の問題についていえば，マタロン (Matalon, B.) とアポステル (Apostel, L.) は，すべての学習は，経験論者のいう学習も含めて，論理を必要としていることを示し，さらにアポステルは学習過程の代数学とそれに必要な基本的操作を分析することも始めた○3。なお，ここでいう論理とは，外界のデータの単なる読み取りとは違った，主体の行為による組織化という意味での論理である。

> ○3 **マタロンとアポステルの学習研究**：マタロンの学習研究はEEG10 (1959) に，アポステルの学習研究はEEG8 (1959) に次のタイトルで載っている。
> ・マタロン論文; Apprentissage en situations aléatoires et systématiques 「偶然的事態および系統的事態における学習」
> ・アポステル論文；Logique et apprentissage 「論理と学習」

15節　保存概念の学習実験

国際発生的認識論研究センターでのこのような学習研究に続いて，ジュネーブではイネルデが協同研究者ボヴェ，サンクレールとともに (Inhelder, Bovet, & Sinclair, 1967)，さらにモントリオールではローランドーと協同研究者フルニエ＝コニナール (Fournier-Choninard, E.) とカルボノー (Carbonneau, R.) がより詳細な実験を行なった (Laurendeau & Pinard, 1966)。これらの研究の目的は，操作の獲得を促進する諸要因を取り出し，その要因がその操作の「自然な」構築（たとえば，自生的発達で獲得された保存）に含まれる諸要因とどのような関係にあるのかを調べることであった。

たとえば，イネルデ，ボヴェ，サンクレール（とフォ (Fot, C.)）らのジュネーブ学派の学習実験 **解説11** の1つは次のようなものである（図1 (p.84) を参照のこと）。まず，子どもに同量の液体で満たされた透明な容器（図1の最上段の2容器A，A'）を示す。

次に，その容器の底についている水栓コックを通して，中段のガラス容器B，

☞ **解説11** は p.85

解説8　重さの同値性の推移律課題

この課題は図14-4のような手続きで実施される（通常は，重さの保存課題と重さの推移律課題とはほぼ同時期に獲得される）。

確認1：3つの粘土玉（ここでは，Aは球形，Bはソーセージ型，Cはせんべい型）を提示し，まずAとBとを天秤に載せて，同じ重さであることを確認する（確認1）。

確認2：次に，AとBとを取り去って，BとCとを天秤に載せて，やはり同じ重さであることを確認する（確認2）。

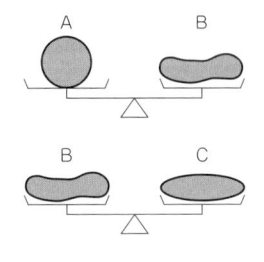

■図14-4　重さの同値性の推移律課題

質問：天秤から粘土を取り去ってから，AとCとはどちらが重いか，それとも同じ重さかと問う。

［発達段階］
前操作期　A＝B，B＝CからA＝Cを演繹できず，Aのほうが重いとか，Cのほうが多いとか見かけで判断する。
移行期　　A，B，Cが同質なときは，A＝B，B＝CからA＝Cと判断できるが，異質な素材が含まれていると，見かけの大きさが違うので，大きさに引きずられた判断をする。
操作期　　A，B，Cの素材のいかんにかかわらず，重さのみに基づいて常にA＝Cと判断する。

解説9　推移律と操作的保存との相関

子どもの自生的な発達においては「推移律の成立と操作的保存の間に相関がある」ことをわざわざピアジェが断っているのは，学習実験による獲得との違いを強調したいからである。すなわち，自生的発達においては重さの推移律と重さの保存とはおおよそ同時期に獲得されるので，両者の学習は同じ程度の困難を伴うと予想される。しかし，実際は，学習実験においては重さの保存は容易に学習されるのに，重さの推移律の学習は困難であった。ということは，学習実験において学習された重さの保存というものは経験の一般化による帰納的なものであり，自生的発達において獲得された重さの保存とはその論理的ステータスにおいて違っているのではないか，ということをピアジェはここで示唆したいのである。

解説10　クラス包含の量化課題

この課題は図14-5のような手続きで実施される（Piaget & Inhelder, 1941b）。この課題は上位クラスB（＝A＋A'）と下位クラスAとを比較する課題である。これがクラス包含の量化課題とよばれるのは，全体クラスは部分クラスより大きいという内包的な量的関係を問う課題だからである。クラスAとB（＝A＋A'）とが比較できるためにはA＝B－A'というように全体クラスBを破壊することなく部分クラスAを取り出す必要があり，そのためにはB＝A＋A'とA＝B－A'との可逆的関係を理解する必要がある。したがって，包含の量化課題もまた単なる対象的関係の読み取り課題なのではなく，クラスの合成・分割にかかわる知的操作課題なのである（15節　解説14（p.87）も参照のこと）。

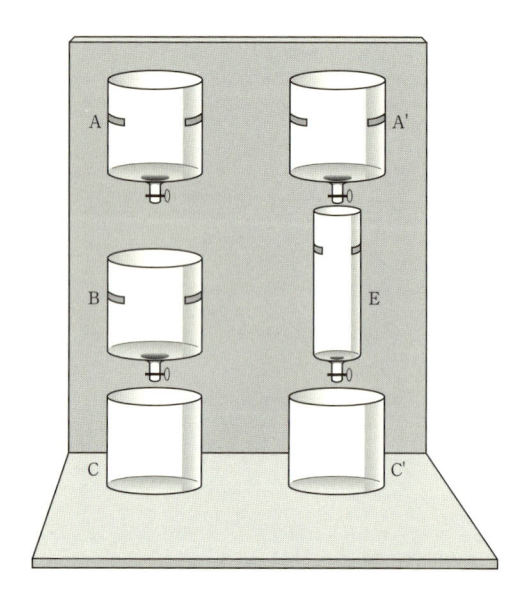

図1　液量保存概念の学習実験装置

Eに液体を流し移す。ガラス容器の液体は，同じ方法でさらに下にある別の容器C，C'に流し移される。中段の容器Eの高さと幅はいろいろであるが，最下段の容器は，高さも幅も最上段の容器と同一である。この装置を使えば，液量の比較と液体の高さや幅の比較とを同時に行なうことができるので，最終的には，最初の液量と最後の液量とが等しい理由を子どもが理解できるようになるはずである 解説12。

　この実験によって発見されたことは，訓練を始める前の認知的水準に応じて学習の結果が著しく違うということである（なお，子どもの認知的水準は，それぞれの子どもがどんな同化シェムを使うことができるかに従って分類されていた）。前操作的水準にあることがはっきりとしている子どもは誰一人として，物理的量の保存という基本的観念の基礎にある論理的操作を学習することに成功しなかった。大部分の子ども（87.5％）は実質的に何の進歩も示さず，少数の者（12.5％）は保存を主張したり否定したりする動揺によって特徴づけられる過渡的水準に進んだ。この不安定さの原因は，中心化が継起的諸状態を個別的に取り扱うため，中心化相互の協応がまだ部分的で移ろいやすいという事実

Ⅳ　発達と学習の関係 —— 85

確認：赤いおはじきA（図ではA＝7）と白いおはじきA'（図ではA'＝2），計9個の丸いおはじき（B＝A＋A'）を右図のように適当に配置し，赤いおはじきA，白いおはじきA'，丸いおはじきBがそれぞれどのおはじきから成り立っているかを子どもに確認する。

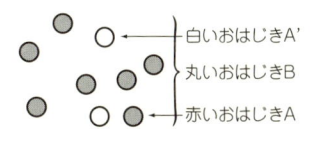

　　　　　　　　　　　　白いおはじきA'
　　　　　　　　　　　　丸いおはじきB
　　　　　　　　　　　　赤いおはじきA

質問：丸いおはじき（B）と赤いおはじき（A）とではどちらのほうが多いか，それとも同じかと問う。

■図14-5　クラス包含の量化課題

［発達段階］
　前操作期　AとBとの比較を求められているのに，AとA'とを比べて，A＞Bと判断する。
　移行期　　おはじきの配置に応じて，A＞Bと判断したり，A＜Bと判断したりする。あるいは，A＞Bと判断しても，A，Bの個数を数えさせるとA＜Bに訂正したりする。
　操作期　　AはまたBでもあることから，ただちにA＜Bと判断できる。

解説11　ジュネーブ学派の学習実験

ジュネーブ学派の学習実験の特徴を要約すれば以下のようになる。

A．学習過程において子どもは訓練者が与えるものを受動的に受け取るのではなく，子ども自身が学習事態に能動的に参与し，知的操作を含んだ活動に従事できるように配慮していること。
B．正解を直接教えることによって，子どもの正しい反応を強化しようとするのではなく，子ども自身が首尾一貫した推論システムを構築することによっておのずと正解に至るように学習過程を工夫していること。そのため一般に次のような方法がとられている。
　①まず子どもの（誤った考え方に基づく）予測と実際の結果が明白に食い違う実験事態に直面させる。
　②それによって，子どもの現在の推論システムのどこに問題があるのかに気づかせる。
　③次にその問題を解消し，整合的な推論システムを構築するのに必要な手がかりを訓練によって提供し，子どもの思考の再構築を促す。
C．したがって，この訓練は，プログラム学習のように，厳密な学習プログラムに則して行なわれるのではなく，大まかなプログラムの枠内で，できる限り子どもの自発的な思考や行動を尊重し，それを学習過程の中に生かしていくこと。

なお，本節に紹介されている保存概念の学習実験も含めた，ジュネーブ学派の学習実験は単行本（Inhelder et al., 1974）にまとめられている。

解説12　液量の保存概念の学習実験

この学習実験の概要は次の通りである。
　［実験装置］図1（p.84）に示すような実験装置を用意する。A，A'，B，C，C'はみな同じ大きさのガラス容器で，Eだけが太さが異なるガラス容器となっている（図ではBより細長い容器が用いられているが，必要に応じていろいろな太さの容器に取り換えることができる。

に求められる 解説13。このことは，液量を次々と移し換えても何も創造されないし何も破壊されないということを観察することと，この観察事実から保存の原理を推論することとはまったく違った問題であることを示している。

　だが，はじめからすでに過渡期にある子どもでは，訓練を行なった場合，状況が違ってくる。この場合，実験後保存に達しない者は23％だけで，77％の者は程度の多少はあれ，訓練のおかげで真の操作的構造に基づく保存に到達した。たしかに，後者の半分ほどの者（38.5％）にとって，学習結果は事前テストの時にすでに始まっていた構造化の延長にすぎないが，他の半分の者については，実験中に保存が漸次的に構築されるのが容易に観察できた。彼らの推論はその後も維持され，真の安定性（すなわち，2回の事後テストでも後退した反応を示さなかった）を獲得し，保存を一般化することもできた（すなわち，粘土玉の変形による物質量保存の実験は上記の学習状況と外見的にほとんど類似していないのに，粘土玉の変形にも保存観念を適用した）。しかし，ずっとゆっくりとではあっても「自生的に」保存を獲得した子どもが与える保存の論拠と比べてみると，その論拠は学習によって保存概念を獲得した子どもの論拠とまったく同じであるとはいえないことがわかった。保存の学習者は構造を構築しはしたが，その構造化は操作的柔軟性をまだ完全に発揮できるほどのものではなかった。操作が完全に柔軟であれば一般的可逆性を伴うものであるが，彼らの与える保存の論拠の大部分は，実験場面で芽生えてきた同一性と補償性によるものであって，打ち消し（cancellation）に基づいた可逆性 解説14 に訴える論拠はほとんどなかったのである 解説15。

　他方，はじめから基本的な操作的水準（その水準は液量保存の獲得によって特徴づけられる）にいるものの，重さの保存というさらに複雑な観念（それは自生的発達では，液量の保存より一般に2〜3年後に現われる）はまだ獲得していない子どもの場合には，学習実験での進歩はずっと完全なものであった。この場合，実験状況が子どもの受動的な観察だけでなく，一連の操作的訓練（operational exercises；たとえば，天秤皿上の位置に関係なく物の重さは同じであることをいろいろな大きさの物体について確かめたり，さらに，異質な物体からなる集合体の重さを相互に比較して，その等価性や非等価性を確かめたりすること）を含むときにはそれだけ進歩は本物となる。この種の訓練を受

☞ 解説15 は p.89

C，C'以外の容器の底にはコックがついており，それを開くと容器に入った液体が流出し，その真下にある容器に流入するようになっている。図に見えている容器以外に，AとA'に一定量の液体をはかりとるための升の役目をするフラスコFを用意する。

[実験参加児] 5〜7歳の子どもに事前テストとして液量と粘土量の保存テストを実施する。このテストで液量の保存概念のあった者を除いた子どもが学習実験に参加した。子どもは次に示す学習手続きに従って訓練を受け，その終了直後および3週間後に事後テストを受ける（事後テストの課題は事前テストとまったく同じ）。

[学習手続き] まず子どもが実験装置の各部分のはたらきを知り，装置に慣れ親しむための訓練を行なう。すなわち，Fによって一定量の液体をとり，それをAに移す。次にAのコックを開いてBに移し換え，さらにBのコックを開いてCに移し換える。最後にCの液体を再びFに戻す（この過程をF→A→B→C→Fのように書くことにする）。そして液体を注ぎ換えるごとに，その状況を観察させ流出後の状況を予測させる。また，最後にFに回収された液体がはじめにはかりとった液体と同量であることも確認する。右側の容器についても同じことを行なう。これらの操作は訓練期間を通じてすべて子ども自身に行なわせる。

次に本格的な訓練に入る。まずFによってA，A'に同量の水を入れる。次に，左右同時にA→B→F，A'→E→Fを行ない液体の循環過程に注目させる。特にBとEで左右の液面の高さは異なってくるが，それでも出発点で等量であれば到達点でも等量となることを確認させる。次にFによってA，A'に同量の水を入れてからA→B→C，A'→E→C'を左右交互に行なう。すなわち，まずA→Bの後，Bと同量になるまでA'の液体をEに注ぎ込むように子どもに要求する。保存概念を獲得していない子どもは液面の高さで液量を判断するので，Eの液面がBと同じ高さになった時点でA'のコックを閉じてしまう。そのため，A'には液体が少し残されることになる。次にB→CのあとE→C'を行なうとどうなるかを予測させる。EにはBと同量の液体が入っていると子どもは思い込んでいるので，C'はCと同じ高さになると予測する。しかし実際に流出させてみると，C'の液面はCの液面に達しないので子どもは驚く。その時，なぜC'はCより少なくなっているのかを考えさせる。子どもがその理由を正しく説明できなければ，液体の循環過程を遡って考えさせる。たとえば，BとEとにはそもそも同じだけ液体が入っていたのかどうか，A'にはどうして液体が残っているのか，A'に残された液体と現在C'<Cとなっていることとの関連は何か，等々。このような学習過程をEにおいていろいろな太さの容器を用いて繰り返す。

解説13　中心化相互の協応

「中心化相互の協応がまだ部分的で移ろいやすい」というのは次のことをさしている。すなわち，液量を判断する際に非保存の子どもは一般に容器の幅を無視して水位によって判断する。このとき，子どもの液量判断は水位に中心化しているという。しかし，常に水位によって判断するわけではなく，実験状況によっては水位を無視し容器の幅に注目することもある。その場合，子どもの液量判断は容器の幅に中心化しているという。「中心化相互の協応がない」というのは水位に中心化したときには容器の幅を考慮せず，容器の幅に中心化したときには水位を考慮しないということを意味している。また，「協応がまだ部分的で移ろいやすい」というのは一時的には液体の水位と幅を同時に考慮して保存判断をすることがあるものの，この判断は不安定で，実験状況しだいで水位による液量判断に戻ったりすることを意味している。

解説14　2つの可逆性

「打ち消しに基づいた可逆性」というのは，注ぎ換えた液体をもとに戻すとか，加えたも

けた後，86％の子どもは重さの保存に到達し（3回の訓練セッションで），そのうちの64％は重さの推移律に関しても操作的に処理できるようになった。さらに，推移律の成立を完全な可逆性に基づいた論拠で正当化したことから，それを論理的に自明であると感じていることも示された。それゆえ，この種の獲得は，（スメズランドの実験の場合のように）保存の経験的証拠を見せられてそれに服するようになった前操作的水準の子どもが示す経験論的解決とは，はっきりと異なっている。

　このような実験から得られる本質的教訓は，学習が成功するかどうかは子どもの発達水準に依存しているということである。子どもが操作的水準に近いところにいるなら，つまり量的関係を理解できる状態に子どもがいるなら，実験中に大きさや量を比較させるだけで，子どもに補償や保存の概念を獲得させることが十分可能である。しかし，操作的量化が困難であればあるほど，一連の学習機会を子どもは役立てることができず，保存概念に到達することがそれだけむずかしくなる。

　次に，ローランドによって行なわれた諸実験の1つを引用しよう。その実験は漸進的脱中心化と均衡化を誘発しようとするもので，それから得られた結果を，外的強化に基づくスキナー型オペラント学習によって得られた結果と比較したものである。1つのグループの子どもたちは，1つの容器から形の異なる容器に水を注ぎ換えたときの水位を予測するよう問われる。次に，予測が正しかったかどうかを見るために，液体を実際に注いでみて子どもに正しい水位を示す。それから保存について子どもに質問する。彼らが保存を否定したときには，水位を等しくするのに必要な量の液体を加えるように要求する。この手続きを次々と形の異なる容器で繰り返していき，最後には一方が非常に広くて低く，もう一方が高くて細い容器になるところまでやる。すると水位が等しければ同量の液体であるというわけではないことが一目瞭然となる。この実験の第3期では，順々に高くなると同時に細くなっていく12個の容器が用いられる。ただし，中間の容器（6と7）の大きさは同じである。子どもはこの2つの同じ大きさの容器に自分で同量だと思うまで液体を注ぐ。次に容器6，7から容器5，8にそれぞれ液体を移し換える。次に最初の手順を繰り返して容器6，7を同量の液体で満たし，それを容器4，9へと注ぎ換える（以下同様）。この手

のを取り除くといった，最初に行なった変換操作（順操作）を取り消す操作（逆操作）のこと，あるいは，逆操作の順操作に対する関係のことである。順操作と逆操作を合成すると何も変換しない操作である同一操作となる。たとえば，2つのクラスA（脊椎動物）とA'（無脊椎動物）の加法操作によってクラスB（動物）が得られるが，クラスB（動物）からクラスA'（無脊椎動物）を取り除く減法操作によってクラスA（脊椎動物）を得ることができる。この場合A＋A'＝Bという関係からA＝B－A'という関係が理解できるとき，思考の（打消しに基づいた）可逆性があるという。

　ところで，「打消しに基づいた可逆性」とわざわざここで断っているのは，ピアジェは思考の可逆性を2タイプに区別しているからである。もう1つの可逆性は"相補性に基づく"可逆性で，本節で「推移律の成立を完全な可逆性に基づいた論拠で正当化する」というとき，これは相補性に基づく可逆性のことをさしている。たとえば，3つの粘土球A，B，Cの重さの関係A＞B，B＞Cの確認からA＞Cを推論するとき，BがAに対してはより軽いと同時にCに対してはより重いことを論拠として援用する場合である。この論拠を援用できるのは，「より重い」という関係と「より軽い」という関係とが逆の関係にあり，「AがBより重い」という関係は「BはAより軽い」という関係と同じであることが理解されているからである。一般に，関係A＞BとB＞A（あるいは，関係A＞BとA＜B）とは相補的な関係にあるといい，関係A＞Bとその逆（相補的関係）B＞Aとの合成は，差異の解消としての同値関係A＝Bを生む（なお，不等号＞は同値関係も含むものとする）。ピアジェはこうした関係の理解もまた，思考の可逆性の現われの1つであるとしている。

　28節本文で「4元群INRCは否定Nと相反Rとを1つの全体に結合することから生ずる。しかし，すでに否定はA－A＝0という形でクラスの群性体に存在しており，相反は関係の群性体にA＝BならB＝Aという形で存在している」(p.158)といっているが，否定がここでいう「打消しに基づいた可逆性」のことであり，相反がここでいう「相補性に基づく可逆性」のことである。INRC群はクラスの群性体に存在している可逆性と関係の群性体に存在している可逆性という2タイプの可逆性を1つの全体構造に統合しているという意味で，具体的操作より豊かな構造であると同時に，「INRC群もやはり先に築かれた操作の上に築かれる操作的構造なのである」。

解説15　保存判断の3つの論拠

　液量の保存課題において保存判断する子どもにその理由を問うた場合，子どもの与える論拠はおおむね3タイプに分類される。
　①同一性（「移し換えただけだから」「取りも付け加えもしてないから」など）
　②補償性（「（水位が）高くなったけど，（容器が）細いから」など）
　③可逆性（「（液体をもとの容器に）戻せば，さっきと同じ高さになるから」など）
　本文でピアジェがいっていることは，自生的に保存を獲得した子どもは上記3タイプの理由を与えるのに対し，学習によって保存概念を獲得した子どもは①，②の理由づけしか出てこないので，学習による保存概念の獲得と自生的な保存概念の獲得とをまったく同一視するわけにはいかないということである。ピアジェは③の可逆性による理由づけが，保存判断を支える操作的構造が成立していることを示す最も肝要な指標であるとみなしていることがわかる。

続きによって，5-6歳の子どもでも液量の保存認識に関してはっきりとした改善がみられ，この改善は1週間後と3か月後に行なわれた事後テストによっても裏づけられた。

別のグループの子どもたちも，同じように水位を予測させることから始められた。しかし，その後は保存について質問（全部で約20回の質問）されるだけで，正しく答えるたびに適当なほうびが与えられた。こうすると，子どもは急速に正しく答えることができるようになり，2，3日後でもそうすることができた。しかし，事後テストの結果からこの学習がきわめて限定的なものであり不安定であることがわかった。

要約すると，学習は発達のメカニズムに依存しているように思われる。すなわち，学習が発達のメカニズムの諸側面を利用する限りにおいて，この場合でいえば，量化の諸手段（これ自体は自生的発達がもたらすものである）を利用する限りにおいて，安定した学習が成立するように思われる。

V 認知的機能における操作性の側面と形象性の側面

16節　形象性の側面と記号論的機能

　第Ⅲ章で記述した発達段階は知能の発達段階に他ならず，Ⅳ章で考察した学習の諸側面もこれらの段階にのみ関係している。

　精神発達の完全な構図 【解説1】 を得たいと思うならば，認知機能の操作性の側面ばかりでなく，その形象性の側面をも考察しなければならない。そこで，実在の変換を試みる，次のような主体の活動を**操作性**（operative）とよぶことにしよう。

(a) 諸行為のすべて（ただし純粋に調節を意図した，模倣や描画のような行為は除く）

(b) 操作そのもの

　このように，操作（operation）のみにかかわる「操作的」（operational）より，「操作性」（operative）はもっと広い用語である○1。それに対して，実在を変換しようとするのではなく，それをありのまま再現することだけを試みる次のような活動を**形象性**（figurative）とよぶことにしよう 【解説2】。

(a) 知覚

> ○1　「**操作性**」と「**操作的**」：ピアジェはopératif（仏），operative（英）とopératoire（仏），operational（英）とをはっきりと使い分けているので前者を「操作性の」，後者を「操作的」と訳し分けた。したがって，操作性の活動の高次の形態として，思考活動が可逆的になったとき，つまり，操作が成立したとき，操作性の活動は操作的活動になる。ピアジェが表象的知能の時期（10節 p.56を参照のこと）を，操作の成立する具体的操作期とそれ以前の前操作期という2つの下位時期に分けたのも，認知発達における操作的活動の重要性を勘案してのことである。
>
> 　従来，操作性の活動と操作的活動とを区別することには注意が払われてこなかった。そのため操作が前操作的思考や感覚運動的知能にも存在しているかのような印象を読者に与えていたと思われるので，特に注意が必要である。ただし，figuratif（仏），figurative（英）に対応するfiguratoire（仏），figurational（英）という言葉はないので，前者を訳すとき一般的には「形象的」と訳し，operatif と対比して用いられているときのみ「形象性の」と訳した。

Ⅴ　認知的機能における操作性の側面と形象性の側面 —— 93

解説1　行為の分析と行為の内化としての思考

　精神発達の完全な構図を得るためには心理学の研究対象である行為の分析から始めなければならない。行為というのは，有機体の諸器官が環境との相互作用を担っているように，行為主体と対象との相互作用における媒体となるものである。ただし，器官においては環境との間に物質的・エネルギー的交換があるのに対し，行為においては主体と対象との間に機能的交換がある。しかし，一般に行為（conduct）といわれるようなものの中には，瞬きとかあくびのように主体と対象との機能的交換の役割を果たさないような行為もある。そこで，主体と対象との機能的交換として定義された行為（action）を狭義の行為とし，一般に行為（conduct）といわれるものをここでは広義の行為としよう。心理学の研究対象はこの狭義の行為（action）であり，訳文・解説でも特に断りのない限り，狭義の意味で「行為」を用いる。

　心理学の研究対象としての行為（action）は外的に展開される外的行為と外的には展開されない内的行為に分けられる。外的行為は第三者にも観察可能な行為で，行動主義者のいういわゆる「行動」に相当する。一方，内的行為は第三者には直接観察不可能な行為で，一般に「思考」とよばれている。以上の行為の分析を要約すると，次のようになるであろう。

■表16-1　行為の分析

行為（広義）
{
　行為（狭義）{ 内的行為（＝思考）
　　　　　　　　外的行為（＝行動）
　その他の行為
}

　ピアジェの考え方として重要な点は，思考（内的行為）を外的行為が内化されたものと捉えていることである。ただし，「思考は外的行為の内化である」といっても，外言と内言の関係のように，外的に展開していた行為を，思考においては頭の中で縮約的に行なうことができるようになるという意味ではない。ここでいう内化というのは，外界の信号や標識にかかわって展開していた諸行為がその制約から解放されて自律的に協応可能となったという意味である。つまり，内化といっても外側のものが内側に移行したのではなく，もともと内側にありながら外側のものを手がかりに組織されていたものが，外側のものを頼りにしなくても自律的な組織化が可能になったという意味である。このようにピアジェは思考と（外的）行為との関係について，前者は後者の内化であるという意味において両者を連続的に，前者は後者から自律化するという意味において両者を不連続的に捉えるという弁証法的見方をしている。

解説2　認知機能の分類Ⅰ：操作性と形象性

　ピアジェは，主体と客体との相互作用の媒体である行為を，その構造的側面である認知的機能とそのエネルギー的側面である情意的機能とに分けた。さらに，本文にもあるように，認知機能を大きく操作性の機能（側面）と形象性の機能（側面）とに二分している。ピアジェにとって，**対象を認識する**ということは，対象にはたらきかけ，それを変換することによって対象の変換メカニズムを捉えることであるから，対象変換活動としての操作性の機能は，認識活動の本質的側面であり，一般に**知能**とよばれているものに相当している。したがって，めだった操作性の活動としては感覚運動的知能，前操作的思考，操作的思考などを区別することができる。本文では操作性の活動を(a)諸行為のすべてと(b)操作そのものとに二分しているが，これでは，(b)も認知的機能にかかわらない活動もすべて(a)に含まれてしまうので，適切な区分とはいえない。むしろ，(a)は物理的変換を伴うものであろうと，メンタ

(b) 広義の模倣（図示的模倣，つまり描画を含む）
(c) イメージ的表象のような心像

認知の形象性の側面と操作性の側面との関係を議論する前に，形象性の側面の，記号論的機能（fonction sémiotique，一般的には象徴的機能（fonction symbolique）とよばれる）に対する関係を簡単に分析しておかねばならない。パース[★1]は記号論的機能を考察して，標識（indexes）（知覚），像（icons）（イメージ），および象徴（symbols）という3種の能記を区別し，言語を象徴の中に含めていた。われわれとしては言語学でより広範に使用されているソシュール[★2]の用語法を使用したい。それは心理学的には以下のように特徴づけられる[解説3]。

A. 標識は所記（significants）から分化していない能記（signifiers）[○2]である。なぜなら標識は所記の一部や所記の因果的結果だからである（たとえ

> [★1] Charles S. Pierce [1839-1914]：アメリカの哲学者・論理学者で，アメリカ・プラグマティズムの創始者として有名。本文での議論との関連でいえば，言語を象徴に含めるアメリカ言語学の伝統を作った人物として位置づけられている。

> [★2] Ferdinand de Saussure [1859-1914]：スイスの言語学者で，晩年までジュネーブ大学で言語学を講義した。没後に，ジュネーブ大学での講義録やソシュール自身の手稿を集めて編纂された『一般言語学講義』（初版1916）は言語学界のみならず，人文科学全般に大きな影響を与えた。本文での議論との関連でいえば，ピアジェの記号論的機能の分類はソシュールのそれに倣っており，英米の言語学の伝統には従っていないことに留意する必要がある。

> [○2] 能記と所記：能記，所記という訳語はソシュールの『一般言語学講義』を邦訳した小林英夫の造語である。言語記号に限って議論するのであれば，記号表現，記号内容と訳したほうがわかりやすいかもしれない。しかし，ピアジェはソシュールの用語を用いながらも，能記と所記との関係を意味作用全般に拡張して使用しているので，ここでは本文のように訳した。日本語訳と英語，フランス語との対応は表16-3の通りである。

■表16-3 能記・所記の英語，フランス語対応表

フランス語（原典）	英訳	日本語訳	原語の直訳
signifiant	signifier	能記	意味するもの
signifié	significant	所記	意味されるもの

ルなレベルにとどまるものであろうと，知的操作以外で対象の変換にかかわる活動とすべきであろう。なお，ピアジェの精神発達の段階区分は操作性の側面に基づくものであることに注意しなければならない。

操作性の機能が認識活動の本質的側面であるとはいえ，対象に実際に（あるいは思考のうえで）はたらきかけるためには，対象の状態をありのままに捉える（あるいはイメージとして再現する）機能が必要不可欠である。その機能を担うのが認知機能の形象性の側面である。

以上を要約すれば表16-2のようになるであろう。

■表16-2　認知機能の分類Ⅰ

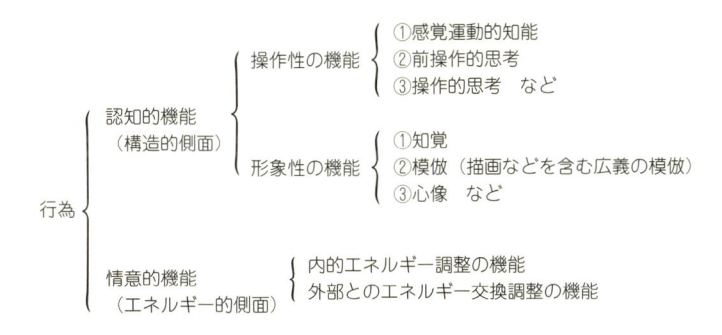

```
                        ┌ 操作性の機能 ┌ ①感覚運動的知能
                        │              │ ②前操作的思考
       ┌ 認知的機能     │              └ ③操作的思考　など
       │ （構造的側面） │
       │                │              ┌ ①知覚
       │                └ 形象性の機能 │ ②模倣（描画などを含む広義の模倣）
 行為 ─┤                               └ ③心像　など
       │
       │ 情意的機能      ┌ 内的エネルギー調整の機能
       └ （エネルギー的側面） └ 外部とのエネルギー交換調整の機能
```

解説3　認知機能の分類Ⅱ：能記の体系

対象を認識するということは対象に意味を付与することである（5節 解説1（p.29）を参照のこと）から，認知的行為には常に意味作用（signification）が伴っている。この観点より，つまり意味するもの（能記）と意味されるもの（所記）との関係の観点から認知機能を分類すると表16-4のようになる。

ピアジェは能記が所記から分化していない場合の意味作用の形式を**信号論的機能**（fonction signalisatrice），分化した形式を**記号論的機能**（fonction sémiotique）とよんでいる。信号論的機能を担う能記としては信号と標識を区別することができる。記号論的機能を担う能記としては，本文にもあるように，象徴と記号とを区別することができる。

このように，認知的機能を能記の体系として分類することができるのであるが，注意しなければならないのは，この体系は同時に発達的なものでもあるという点である。すなわち，能記が所記から未分化である信号論的機能は感覚運動的時期からみられる。特に信号は原始的反射にみられるように生得的に，あるいは，条件づけ反応にみられるように生後すぐに利用できるようになる（表10-1（p.59）の段階1）。それに対し，刺激が通常それによって引き起こされる行為から切り離されて一定の事物に関連づけられる標識が利用できるようになるのは，感覚運動的時期における感覚運動的知能の段階（表10-1の段階2）においてである。能記が所記から分化した記号論的機能が成立するのは，シェムが十分に内化して表象的機能が成立する前操作的知能の段階（表10-1の段階3）を待たなければならない。ただし，記号論的機能の中では，社会的である記号（自然言語）のほうが個人的でもありうる象徴より常に遅れて獲得されそうであるが，初期の言語は象徴的意味合いを含んでいて行為的文脈で使用されるので，現象的にどちらかが発達的に先行して獲得されるということはない。

記号（sign），象徴（symbol），標識（index），信号（signal）などの用語は原語と日本語との対応が比較的はっきりしていて，訳語を決めるうえであまり問題は生じない。だが各用

ば，乳児にとって人の声を聞くことは何者かがそこにいるということの標識である）。
B．**象徴**は所記から分化してはいるが，所記と何らかの類似性を保持している能記である（たとえば，象徴遊びにおいて，白い石はパンを，草は野菜を表わすように）。
C．**記号**（signs）もまた所記から分化しているが，慣習的であるため多かれ少なかれ恣意的（arbitrary）な能記である。象徴は象徴遊びや夢の場合のように純粋に個人のものでありうるのに対し，記号は常に社会的である。

そこで，存在しない対象や知覚されない事象を，象徴や記号つまり所記から分化した能記によって表示する，生後2年目に獲得される能力を，記号論的機能（象徴的機能ともいわれるが，記号論的機能のほうがより広い意味をもつ○3）とよぶことにしよう 解説4 。こうして記号論的機能は，言語に加えて，象徴遊び，心像，描画および延滞模倣（目の前にモデルが存在しないときの模倣）を含み，これらはほとんど同時に出現する（描画はほんの少し遅れて現われる）のに対し，標識は（条件づけにおける「信号」（signal）を含めて）生後の数週間からすでにその役割を果たしている。標識から象徴，記号への移行（言い換えれば，記号論的機能を特徴づける能記と所記との分化の始まり）はおそらく模倣の進歩に求められる。というのは，感覚運動期の模倣はすでに具体的行為による一種の表象となっているからである。模倣が延滞化し，イメージとして内面化してくると，それは象徴の源泉となり，言語獲得を可能にする交換の道具となる（もし言語が条件づけによるものでしかないのであれば，生後2か月から言語が現われるはずであろう）。

記号論的機能をこのように特徴づけると，それは部分的に認識の形象的活動を含んでおり，形象的機能も部分的に記号論的機能を含んでいる。このように両者の領域には共通部分が存在するが，両者は同じものではないし，一方が他方を含む関係にあるのでもない 解説5 。事実，知覚は形象的活動であるが，そ

> ○3 **記号論的機能と象徴的機能**：本文では「記号論的機能のほうが象徴的機能より広い意味をもつ」と述べているが，これはあくまでもピアジェの用語法に従ったときにいえることであって，ここでいう記号論的機能とは，一般にいわれる象徴的機能と同義である。

☞ 解説5 はp.99

■表16-4　認知機能の分類 II

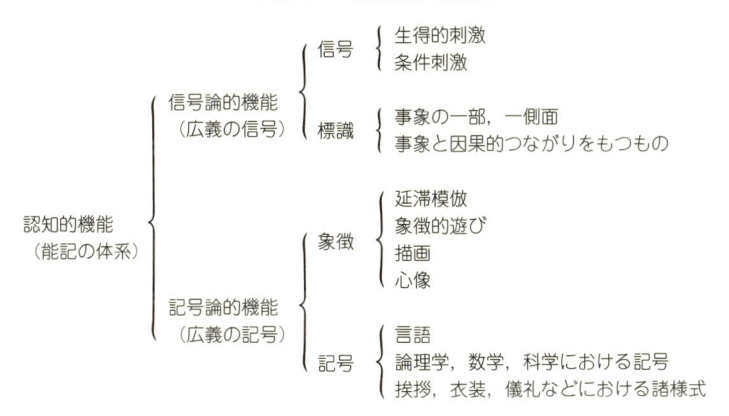

認知的機能 （能記の体系）	信号論的機能 （広義の信号）	信号	生得的刺激 条件刺激
		標識	事象の一部，一側面 事象と因果的つながりをもつもの
	記号論的機能 （広義の記号）	象徴	延滞模倣 象徴的遊び 描画 心像
		記号	言語 論理学，数学，科学における記号 挨拶，衣装，儀礼などにおける諸様式

語が何を意味するかについては，訳語の日常的意味で原語を理解すると大変な混乱に陥ってしまうので注意しなければならない。ピアジェの分類では，言語は象徴ではなくて記号であり，交通信号，道路標識は信号でも標識でもなく，記号（一部は象徴も含んでいる）である。また雨雲は雨の記号でも象徴でも信号でもなく標識である。結局，訳語からその意味を捉えようとするのではなく，能記と所記の関係から各用語を理解することが肝要であろう。

解説4　表象──この崇高なもの──

　本文においてピアジェは表象についてまとまった議論をしていないので，ピアジェの表象観をここで要約をしておきたい。ピアジェは表象を広義と狭義の2つの意味で定義している（Piaget, 1945）。広義には思考一般と同義であり，概念システムとして組織化された知能のことをさす。10節で「表象的知能の時期」といったときの表象はこの意味で用いられている（ただし，「形式的操作の時期」とも区別しているので，思考一般とまったく同義とはいえない）。狭義には知覚的に直接与えられていない事物や事象を喚起する（現在化する；re-present）ことのできる延滞模倣，シンボル，心像，記憶イメージなどを用いた思考活動のことである。両者をあえて区別する必要があるときは前者を概念的表象，後者をイメージ的表象とよぶ。イメージ的表象は，延滞模倣，シンボル，心像など象徴を能記として使っているにしても，その所記は概念，あるいは概念化された事物や事象から来ているので，概念的表象に含まれる。もし言語（もっと一般的にいえば，記号）にもっぱら依拠した思考を言語的表象とよぶことにすれば，次の等式が得られるであろう。

　　　　言語的表象＋イメージ的表象＝概念的表象（思考一般）

　表象的機能は，高等霊長類にその萌芽が認められるとはいえ，人間の精神生活とその他の動物のそれとを根本的に隔てる人間的な精神機能である。このことは感覚運動的知能に欠けていて表象的知能によって可能になることを考慮すれば明瞭となる（Piaget, 1947）。

　第1に，感覚運動的な適応は「現在」「ここ」という知覚の場に限られているが，表象のおかげで近隣空間，近接時間という制約を逃れて，過去を再構成したり，未来の計画を立てたり，遠隔地での事象を考慮することができるようになり，適応の場が格段に拡大される。

　第2に，感覚運動的な適応では次々に展開される活動の諸相を協応させるだけであったのに対し，表象によって活動の諸相の全体を同時に喚起できるようになるので，活動の時間的制約から解放されて適応の速度が一挙にスピードアップする。

れは標識のみを利用し表象的能記を使用しないので，記号論的機能には属さない。言語は記号論的機能に属しているものの，部分的にしか形象的でない（幼い子どもほどその言語は形象的であるが，年長になるほど，とりわけ形式的操作においては形象性を失っていく）。それに対して，模倣，心像および描画は形象的かつ記号論的である。

17節　知覚

知覚に関しては，筆者の著作『知覚のメカニズム』（Piaget, 1961）の，シーグリム（Seargrim, G. N.）による優れた英訳（英訳は1969年に出版された）があるので，ここではごく簡単にふれておこう。とはいえ，知覚に関して次のことをここで指摘しておきたい 解説6 。われわれが子どもの知覚を研究しているうちにわかってきたことは，「場の効果」（field effects）[1]（ここでは，ゲシュタルト理論でいう場（field）のこと「ではなく」，視線運動の中心化（centration）という意味での場のことである）と知覚活動（perceptual activities）[2]とを区別しなければならないということである。知覚活動というのは，視覚的な転送（transport），関係づけ（relating），（位置と方向に関す

> [1] **場の効果**：単一の中心化による知覚，つまり視覚の場合でいえば，視線の運動が想定しえないほどの短時間の提示による知覚またはその効果をさす。この場合，凝視点付近の図形は過大視されるのに対し，凝視点から遠い周辺部の図形は収縮して知覚されるため，錯視が生じる。この効果に基づく錯視を一次的錯視といい，ミュラー＝リエルの錯視やデルブフの錯視のような幾何学的錯視の大部分がこれに含まれる。
>
> [2] **知覚活動**：場の効果による歪みを補正しようとする知覚的な探索活動のことである。この活動は年齢とともに系統的となるので，場の効果による一次的錯視は年齢とともに量的に減少するが，知覚活動の過剰な補正作用のために，年齢とともにかえって量的に増大する錯視もある。二次的錯視というのは，こうした知覚活動（正確には，知覚活動と場の効果との干渉作用）に基づく錯視のことで，重さの錯覚，T字型図形の錯視，大きさの恒常性（超恒常性）などはこれに含まれる。

V　認知的機能における操作性の側面と形象性の側面 —— 99

　第3に，感覚運動的な適応では実用的目的を達成するという「成功」をめざしていたにすぎないのに対し，活動の諸相の全体を表象できるようになったおかげで，成功のプロセスを反省し失敗の原因を探索して，活動の展開を「理解」することが可能となる。
　第4に，感覚運動的時期における認知的交換はもっぱら自己と世界との間に限られていたのに対し，表象は記号論的機能を利用しているので，個人間相互のコミュニケーションや思考内容の交換を通して，知能の社会化と知識の客観化が可能となる。
　このように，表象的機能は人間を人間的たらしめる高次な精神機能であるにしても，あるいは，高次な精神機能であるがゆえに，表象的知能期の始まりにおいて，表象的世界への適応にはさまざまな困難が生じる。ピアジェが「表象に関するさまざまな問題が生じてくる」（8節p.44と B1解説 参照）というとき，この困難を指摘している。最近さかんに研究されている「心の理論」は幼児の表象的適応の困難を別の形で明らかにしている。
　なお，記号論的機能と表象的機能とは，それがもたらす成果という点ではどちらも思考を可能にしているので，同じ機能を果たしている。しかし，記号論的機能は意味作用のうち能記の方に重点を置いて，所記に対する能記の分化度という観点から信号論的機能と対比して用いられるのに対し，表象的機能は意味作用のうち所記（概念的シェム）の方に重点を置いて，シェムの構造と適応の場という観点から，感覚運動的シェムと対比して用いられる。

解説5 形象的機能と記号論的機能の関係
　ピアジェは，Piaget & Inhelder（1968, p.16）において，両者の関係を図16-1のように図示している。言語に矢印がついているのは，言語の獲得期において犬のことを"ワンワン"といったり，自動車のことを"ブーブー"といったりするように，ことばはまだ多分に形象性を帯びているが，発達とともに言語記号の形象性はしだいに落ちていくことを示している。

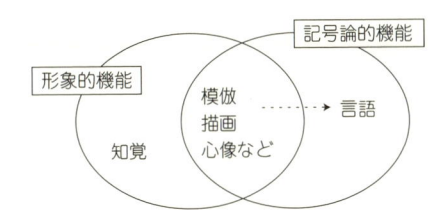

■図16-1　形象的機能と記号論的機能の関係

解説6 知覚と行為
　ピアジェは，知識獲得において，知覚に対する行為の優位を主張している。物を知覚すれば対象に働きかけなくてもそれが何であるかすぐにわかるように思えるので，知覚による知識獲得は行為の介入しない受動的な認識のように思われる。しかし，実際は知覚することにはピアジェのいう知覚活動が介在し，さらにその知覚活動も感覚運動的活動全体の中に埋め込まれているので，知覚を知覚主体の行為から切り離すことができないのである。

る）照合（placing in reference）といった知覚的探索のことである。

　場の効果は，量的には年齢とともに減少する（これはミュラー＝リエルの錯視[3]のような幾何光学的な一次的錯視の場合にあてはまる）ものの，その質的特徴は依然として保持されている。したがってその効果の年齢的進行は**段階的ではない**。たとえば，視覚的中心化という概念（それは，ヴァン＝バン（Vinh-Bang）との共同研究で，眼球運動を調べて明らかになった）と，「遭遇」（encounters）と「連結」（couplings）（これらは次々と中心化が行なわれることによって生ずる）の確率論的モデル 解説7 に基づいて，平面上の一次的錯視に関する一般法則を見出し，各錯視に対して正負の錯視量を極大にする点を理論的に計算することができたのである。ところで，この理論的極大点は実験的に検証され，錯視量は年齢とともに減少するものの，正負の極大値をとる点は，モデルが示すとおり，どの年齢においても同じであった。

　それに対して，知覚活動は年齢とともに変化し，おおまかな段階を区別する

●3　**ミュラー＝リエルの錯視**：幾何学的錯視の一種。2本の同じ長さの棒A，Bに矢羽をつける。図のように，Aには外向きの矢羽を，Bには内向きの矢羽をつけると，AはBより長く見えるという錯視。

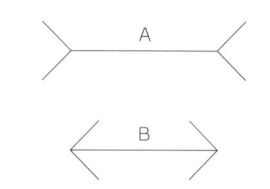

■図17-1　ミュラー＝リエルの錯視

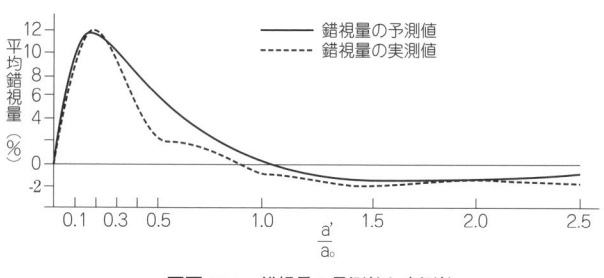

■図17-3　錯視量の予測値と実測値

V 認知的機能における操作性の側面と形象性の側面 — 101

解説7 遭遇と連結の確率論的モデル

「遭遇」というのは，注視された対象の諸要素と感覚受容器の諸要素との出合いのことである。さらに，視野に2つの対象があった場合，2つの対象に対してそれぞれ遭遇が生じる。「連結」というのはこの2つの遭遇間の対応のことである。遭遇や連結という概念は，視覚の確率論的モデルを与えるために想定された概念であって，その生理学的・物理学的基礎については不問のままである。

遭遇と連結に関する確率論的モデルについては，モデル構成の一般的原理を示すのではなく，その具体例をあげることにとどめる。たとえば，デルブフの錯視は同心円の一方の円の存在による，他方の円の過大視（または過小視）である。図17-2に示すように，同心円A_0（直径a_0），B（直径a_0+2a'）と円A（直径a）があるとすると，同心円の内側の円A_0は外側の円Bの影響で実際の大きさとは違って知覚される。円Aの大きさがaのとき，円A_0とちょうど同じ大きさに知覚されたとすると，錯視量は次の式で計算できる。

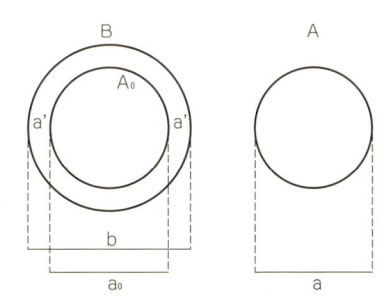

■図17-2 デルブフの錯視図

$$P(実測値) = \frac{a - a_0}{a_0}$$

a'（同心円のリングの幅）を色々と変えてaを測定することによって，a'/a_0の変化に基づくP値のグラフが得られる。

一方，ピアジェは錯視の確率論的モデルより，錯視量を与える次の公式を導いている。

$$a_0 \geqq a' のとき \quad P(予測値) = \frac{2a_0 a'(a_0 - a')}{(a_0 + 2a')^3}$$

$$a_0 < a' のとき \quad P(予測値) = \frac{2a_0^2 (a_0 - a')}{(a_0 + 2a')^3}$$

このモデルによれば，$a'=\frac{1}{6}a$のとき錯視量は極大値0.117，$a'=\frac{7}{4}a$のとき極小値0.016となる。モデルによる予測値と実験による実測値のグラフを描くと図17-3（p.100）のようになり，モデルはかなりよい精度で実測値を予測していることがわかる。

ことができる。たとえば，ミュラー＝リエルの錯視や菱形の錯視（長いほうの対角線の過小評価）を同じ調査協力者に20回，30回と提示すると，学習効果が現われる。ネルティング（Noelting, G.）とゴナイム（Gonheim, S.）は，この学習効果が7歳以降年齢とともに増大するものの，7歳以前には効果が現われないということを示した。したがって，この知覚学習（この学習は，調査協力者とて自分の下した評価の正誤を知りえないので，強化によるものではなく，自己調整や自律的均衡化に基づくものである）は，年齢とともに洗練されてくる知覚活動に依存しているといえよう。

さらに，われわれは（ダズタン（Dadsetan, P.）と共同で）たとえば，傾いた三角形の中に水平な線を描き，子どもがそれをどのように評価するかを研究した。その結果，水平性の評価 解説8 は，対応する空間操作に直接相関してお

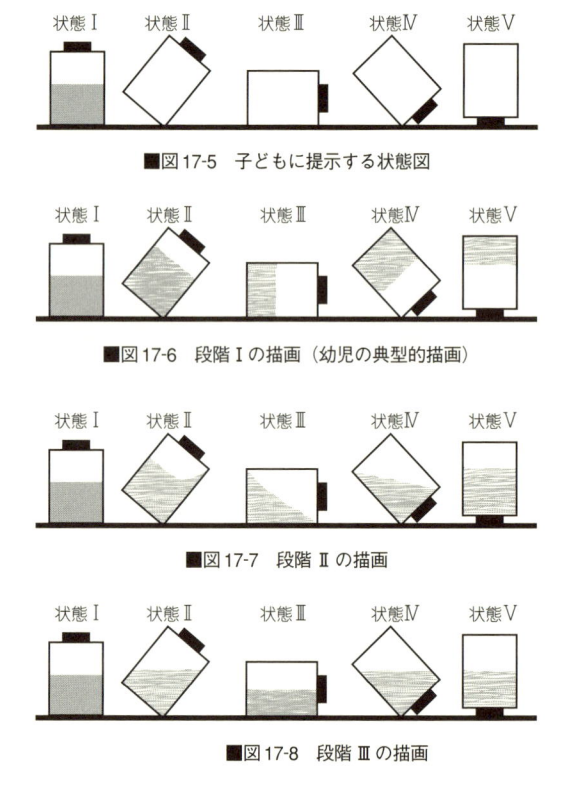

■図17-5 子どもに提示する状態図

■図17-6 段階Ⅰの描画（幼児の典型的描画）

■図17-7 段階Ⅱの描画

■図17-8 段階Ⅲの描画

解説8 水平性の評価における知覚と概念

①水平性の知覚

図17-4のように直角二等辺三角形の内部に1本の線分が描かれていて，その線が水平かどうかを知覚的に評価させる。線分を含む三角形自身が傾いているため，線分の傾きは一般に三角形の斜辺の傾きに引き寄せられて知覚される。したがって，主観的に水平であると知覚された線分は，実際には斜辺とより大きな角度をなす方向に傾いていることになる（図17-4の場合は，右上がりの線分となる）。

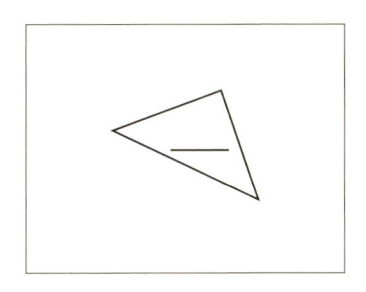

■図17-4　水平性の知覚実験図

②水平性の概念

子どもの水平性の概念を調べるには水面の水平性課題を用いる（Piaget & Inhelder, 1948, 第8章）。この課題は以下の通りである（7節 解説18 (p.45) も参照のこと）。

　確認：透明な直方体のビンに半分ほど水を入れ，それを水平なテーブルの上におく。このときの水面の状態を図17-5 (p.102)，状態 I のように描かせる（画用紙には図17-5のように，傾けられたビンの外枠がすでに描かれており，子どもは水とその水面をそこに描き込むだけである）。
　変換：水の入ったビンを不透明の紙（または布）でおおい，中の水が見えないようにしてから，子どもの目の前で実際にビンを傾ける。
　質問：ビンを45度間隔で（あるいは30度間隔で）傾けていきながら，そのつど「いま，中の水はどうなっているでしょうか。ここに水の状態を描いてください」と中の水の状態，特に水面の描画を求める。

［発達段階］
　段階 I　図17-6のように，容器の傾きにかかわらず，容器の底に平行な水面を描き，水の位置も底に張り付いたように状態 I と同じままに描く（もっと初歩的な反応として水面を直線状に描かず，容器の中に水の存在を示すだけの殴り書きですませる段階もあるが，ここではその段階の描画は省略している）。
　段階 II　図17-7のように，状態 V のような特別な位置に容器が置かれているときはテーブル面に平行な水面を描くが，傾けられた容器の場合はビンの外枠にとらわれた描画をする。
　段階 III　図17-8のように，容器の傾きいかんにかかわらず，ビンの外枠にとらわれないでテーブル面に平行な水面を描く。

り，その評価が真に改善されるのは9-10歳頃であることがわかった。知覚と知能の関係を研究したすべての場合でそうだったように，知覚活動における運動を方向づけるのは知能なのである。もちろん，ここで知能が知覚を方向づけるというのは，知能が知覚的メカニズムの内部に入り込むことによってではなく，何を見なければならないか，適正な知覚的評価を行なうためにはどんな標識が役立つかを知能が指示することによってである。

18節　心像

われわれはイネルデやその他多くの協力者とともに，知能に対する心像（mental images）の関係を特に考慮して（たとえば，形の異なる容器に液体を注ぐと液量はどうなるかという保存実験では，実際に結果を見てみる前に子どもにその予測をさせるなどして），心像を広範に研究した（Piaget & Inhelder, 1966a）。われわれの得た第1の結論は，心像は知覚に由来するのではないこと（心像は1歳半頃になってようやく記号論的機能とともに現われる），心像は知覚とはまったく異なった法則に従っているということである 解説9 。心像はおそらく模倣の内面化（intériorisation）の結果であり，初期段階の象徴遊びを観察すれば，そう考えざるをえないように思われる（象徴遊びとしてのごっこ遊びや想像の遊びは，身振りと行為による模倣的象徴から，内面化された模倣である心像へのあらゆる移行段階を示している）。

さらに，「再生的」心像（reproductive images；熟知してはいるが，現在の知覚の場にはない事物をイメージすること）と「予期的」心像（anticipatory images；新しい組合せの結果をイメージすること）とを区別するならば，われわれの結果は次のようになる。

　A．7歳以前には再生的心像しかなく，しかもいずれもきわめて静止的である。たとえば，立てられた棒が倒れて水平状態になるとする。このとき，鉛直から水平へ移行途上にある棒の位置をイメージすることに，幼児は一貫して困難を示す 解説10 。

☞ 解説10 は p.107

③水平性の知覚と概念の発達的関係

両者は表 17-1 のような発達的関係を示す。このような発達的関係から，水平性の知覚と概念の関係に関して，知覚から概念が引き出されるのではなく，逆に概念的活動としての知能（この場合は，空間の構造化にかかわる操作的シェム）が知覚活動に方向づけを与えているとピアジェは考えている。

■表17-1　水平性の知覚と概念の発達的関係

	水平性の知覚の発達	水平性の概念の発達
段階Ⅰ：7歳頃まで	年齢とともに錯視量は増大していく。5歳児のほうがまわりの三角形の存在に惑わされることなく，視線の方向のみで水平性を評価するので，7歳児より相対的に正確に水平性を評価する。	水面を直線として表象できる子どもであっても，典型的描画は図 17-6 のように，常にビンの底面に平行に水面を描く。この反応は状態Vのようにビンが逆立ちした状態でも維持される。
段階Ⅱ：7-9歳頃	傾いた三角形に強く影響されるが，三角形のさらに外側にある空間的枠組みを参照しないので，水平性の錯視は最大となる。	もはや，水面を常に底面に平行に描くことはしないが，ビンの外側の不動の座標軸を考慮しないので，図 17-7 のようにビンの枠組みにとらわれた水面を描く。
段階Ⅲ：9歳以降	三角形の外側にある，より安定した空間的枠組みを参照しはじめるので，錯視量は年齢とともに再び減少しはじめる。	ビンの枠組みから独立した不動の座標軸である水平性の概念ができるため，ビンの枠組みにとらわれず，その外側の空間的枠組み（ビンの置かれたテーブルの面など）を参照して正しく水面を描くことができる（図 17-8 を参照のこと）。

解説9　心像の知覚起源説に対する批判

ピアジェは心像の模倣起源説の立場から知覚起源説を批判している。本文で指摘されていることも含めて，その主要な論点は次のように要約できるであろう（Piaget & Inhelder, 1966a）。

①発生的見地からみて，もし心像が知覚的残像のようなものとして知覚の延長線上に位置づけられるのであれば，生まれてすぐ心像が生じてもよさそうなものである。しかし実際には，心像が獲得されるのは感覚運動期の終わりの1歳頃である。少なくとも，それ以前は，心像の存在を想定しなければ説明できないような徴候は何も観察されていない。
　また，心像形成が可能となってからでも，心像の知覚起源説に立てば，日常よく知覚する事態ほど，より正確な心像が得られそうなものである。しかし，運動や変換の心像はどんなありふれた事態であっても，7-8歳以降にならないと正確な心像が形成されない。

②構造的見地からみて，心像は知覚とはかなり違った特徴をもっている。たとえば，知覚的歪曲（錯視）は知覚構造の基本的特徴であるが，これは場の効果と遭遇の確率論的性格に由来するものである。それに対し，心像的歪曲は，疑似保存に典型的にみられるように，対象についての主体の理解の水準（操作性の水準）を形象的に示すことに由来しており，知覚的歪曲との間には構造的に共通なところがない。

③生理学的見地からみて，自己の身体運動の心像を想起しようとすると，その運動を実際に行なったときと同じ脳波や筋電図が得られるという。このことは，心像は感覚的成分のみならず，運動的成分を伴っており，その想起は実際に行なわれる運動の素描であることを物語っている。さらに心像の感覚的成分に関しても，それは知覚活動の模倣に由来すると考えることができる。すなわち，心像の運動的側面も感覚的側面も模倣的性格をもっているのである。

B．7-8歳以降になると予期的心像が現われる。予期的心像は新しい組合せを必要とするイメージを扱うだけではなく，どんな変換の表象にも必要であると思われる。たとえその変換をよく知っていても，その表象は常に新しい予期を必要としているかのようである。

しかしこの研究は，とりわけ，心像の進化と知能の進化との密接な相互依存性を明らかにした。予期的心像はそれに対応する操作に支えられてはじめて可能になるのである。液量の保存に関する実験では，年少の子どもは最初「擬似保存」（pseudo-conservation）●4の段階にあり，移し換えた液体の水位は細い容器でも太い容器でも同じであると予想する（彼らが液量の保存を否定するのは，水位が同じにならないことを実際に確かめてからである）。あるいは，子どもの中には水位が上昇することを知っている者（約23％）がいるが，この知識は（経験に基づく）再生的心像によるもので，彼らは水位が上昇することから液量が保存されないと結論する 解説11 （2つの容器の中に「同じ量」だけ注ぐように求めると，彼らは同じ水位まで液体を注ぐ）。

●4 **擬似保存**：液量の保存課題（10節 解説7 (p.61)を参照のこと）では，容器の水を幅の異なる別の容器に移し換えてからもとの液体より量が増えたかどうかを問うが，実際に移し換える前に移し換えたとすれば水位と液量がどうなるかを予測させることもできる。年少児の多くは幅の異なる容器に移し換えても水位は変わらず，したがって，液量も変わらないと予測する。これが擬似保存とよばれる反応である。この反応が"擬似"保存とよばれるのは，実際に水を移し換えて水位が変化するのを確かめると，今度は液量の非保存を主張するようになるからである。詳しくは本節 解説11 を参照のこと。

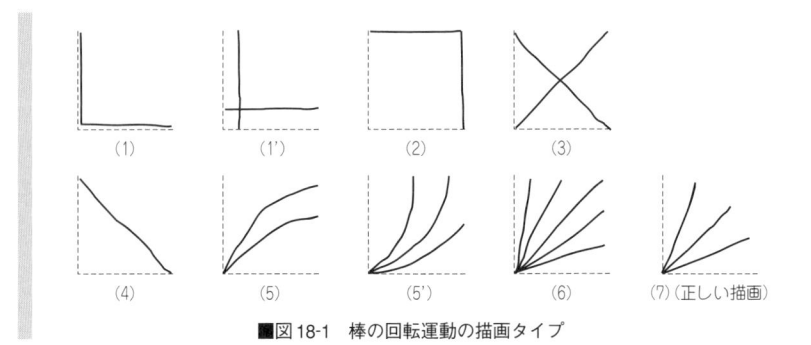

(1)　(1')　(2)　(3)

(4)　(5)　(5')　(6)　(7)（正しい描画）

■図18-1　棒の回転運動の描画タイプ

V　認知的機能における操作性の側面と形象性の側面 —— 107

解説10　棒の回転運動の心像課題

この課題は運動の再生心像を調べるための課題である（Piaget & Inhelder, 1966a, 第3章3節）。

課題：下端の固定された鉛直な棒が，固定点を回転軸として90°回転し水平となるとき，その途中経過を描画させる（描画課題）。回転軸が固定されていることを強調するために，固定点を見せるだけではなく，最初に出発点（鉛直状態）と到達点（水平状態）における棒の位置を見せ，それを描画させてから，その途中の状態を想像させる。描画以外にも，すでに描画された想像図の中から適切なものを選択させる選択課題，自由に動かせる棒を使って鉛直棒の動きを模倣させる模倣課題も行なった。

反応：描画課題に対する子どもの反応は多様であるが，それを類型化すると7つに分けることができる。反応タイプを原始的な順に図示すると図18-1のようになる。（点線は出発点と到達点における棒の位置を示している）。

反応分布：描画課題に対する反応タイプの分布と描画課題，選択課題，模倣課題の正反応率（％）は表18-1の通りである。

■表18-1　反応タイプの分布と正反応率（％）

反応タイプ （人数）	描画なし	タイプ(1),(2)	タイプ(3)	タイプ(4)	タイプ(5),(5')	タイプ(6)	正しい描画	正しい選択	正しい模倣
4-5歳（18）	5	24	5	8	5	30	23	21	7
6歳（17）	0	29	18	0	6	0	47	46	43
7歳（17）	0	0	18	11	0	6	65	81	87
8-9歳（11）	0	9	9	0	0	0	82	82	82

この課題に類似した事態は日常生活でいつも観察されることであるから，ここで要求されている心像は，再生的心像である。ピアジェがこの実験例を本文で引用したのは，たとえ日常的に見慣れた再生的心像であっても，運動や変換を対象とする場合には7歳以降にならないと正しく心像化できないことを示すためである。

解説11　心像と操作との関係

水の移し換えによる水位の予期的心像と液量の保存概念との関係を調べるために，ピアジェは次のような実験を行なっている（Piaget & Inhelder, 1966a, 第8章1節）。

課題：同じ子ども（4歳から8歳までの68名）に次の2つの課題を行なう。

①心像課題　同形同大の2つのガラスコップA1，A2に同量の水を入れる。A1はそのままにして，A2の水をより太いコップBまたはより細いコップBに移し換えると水位はどうなるかを予想させる。

②操作課題　通常の液量の保存課題と同じである（10節　解説7（p.61）を参照のこと）。

反応：心像課題と操作課題に対する子どもの反応は次の4つのタイプに分けられる。それぞれの反応タイプの分布は表18-2の通りであった。

・タイプa　心像課題では容器の大きさにかかわらずA1と同じ高さを予想し，操作課題

要するに，心像はしばしば操作を助けるにしても，操作の起源ではない。反対に，心像は一般に操作が構成されるにつれて，操作によって統制されるようになる（そして操作の構成は，すでにみてきたように，段階ごとに一歩一歩たどることができる）。

19節　記憶

　心像を研究しているうちに，われわれは記憶の発達を調べる必要にせまられた 解説12 。記憶は非常に異なった2つの側面をもっている。一面では，記憶は過去の認識という意味で認識であり，したがって知能の「シェム」を利用している。この点に関してはすぐ後でその一例を示す。他面では，記憶は抽象的な認識ではなくて，特定の具体的事物や事象を対象としている。このため，心像とりわけ「記憶的イメージ」（memory images）のような象徴が記憶のはたらきに必要である。ところで，イメージ自身も図式化（schematized）されているが，それはシェムとはまったく異なった意味においてである。というのは，イメージはいかに概略的（schematic）であっても，それ自体はシェム（schemes）ではないからである。イメージの図式性を指示するために「シェマ」（schema，複数形はschemata）という用語を使おう（☞シェムとシェマの違いについては，2節も参照のこと）。シェマは単純化されたイメージ（たとえば，町の地図）であるのに対し，シェムは行為において繰り返され一般化されうるものをさす（たとえば，棒やその他の道具で物を「押す」とき，「押しのシェム」というのは押すという行為に共通するところのものである）。

　われわれの研究の主要な結果は，こうした考え方に立って，知能の操作的シェムの進歩のおかげで数か月後に記憶が進歩する可能性を，一般的ではないにしろ示したことであった。たとえば，われわれは（サンクレールやその他の協力者と共同で）9cmから16cmまでの10本の棒が長さの順にすでに並べられている系列を，3歳から8歳までの子どもに提示し，単にその系列をよく見るように求めた。そして1週間後と6か月後に，記憶に基づいて以前に見た系列を

では非保存を示す前操作的反応。このタイプの子どもは水位によって液量を判断するので，心像課題において移し換え後も液量が保存されるかどうかを問うと，保存を予想する。このタイプが疑似保存段階の反応である。
・タイプb　心像課題では水位を正しく予想できるが，操作課題では非保存を主張するタイプ。このタイプの反応の存在は，水の移し換えによる水位の変化という合法則性を知っていても，それが（細いコップ）×（高い水位）=（同量の液量）という保存を構成する補償関係の理解を必ずしも伴うものではないことを物語っている。本節で約23％いると指摘されている反応はこのタイプである。
・タイプc　心像課題では誤った予測をするにもかかわらず，操作課題では保存を主張する。ただし，実際にはタイプcはほとんどいなかった。
・タイプd　心像課題，操作課題とも正しい反応を示すタイプ。

■表18-2　反応タイプの分布

反応タイプ	タイプa	タイプb	タイプc	タイプd
	心像−・操作−	心像＋・操作−	心像−・操作＋	心像＋・操作＋
分布（％）	30	22.5	5	42.5

　以上の結果から，液量の保存に到達するためには，注ぎ換えに伴う形象の変化を正しく予期できるだけでは不十分であって，形象の変化を理解するに必要な変換操作の介入を待たなければならないこと，つまり，心像と操作との関係でいえば，心像（水位の正しい予想）は操作（保存）の獲得のための必要条件であるにしても十分条件ではないことがわかる。

解説12　ピアジェの記憶観
　常識的見解では，フロイドやベルグソンもそう考えたように，記憶というものは知能と並ぶ根本的な精神能力の1つとして捉えられている。この見解では，知能は現在および未来の新しい事態へ適応することをめざしているのに対し，記憶は体験された過去の一切を保存することを役割としている。
　それに対して，ピアジェは記憶を過去の認識としての知能であると捉える。知能一般が現実の能動的構造化であるのと同様に，記憶もまた過去の能動的構造化，より正確にいえば主体による過去の能動的再構築なのである。したがって，常識的見解では，記憶というものが記銘の段階で詳細に至るまで組織化されており，後はその把持と再活性化だけが問題となるかのように捉えられているのに対し，ピアジェの見解では，記銘から再生に至る記憶の全過程に主体の能動的構築活動が認められている。
　ところで，知能による現実の構造化はシェムによって行なわれるのであるから，主体の能動的構築活動を担うものはシェム生成活動であり，記憶はこのシェム生成活動に全面的に依拠している。そこで，ピアジェは一般に記憶とよばれている再認記憶や再生記憶（想起や再構成）を**狭義の記憶**とよび，これにシェムの生成活動をも含めて**広義の記憶**とよんでいる。両者の関係は複雑ではあるが，基本的には，再認や想起という狭義の記憶は，シェムの生成活動の形象的側面として位置づけられる。なお，記憶に関するピアジェの研究はPiaget & Inhelder（1968）にまとめられている。

描くように子どもに求めた。

　第1の興味深い結果は，年少児は1週間後に長さの順に並べられた諸要素の系列を思い出すのではなく，彼らの操作性の水準に対応するシェム 解説13 に系列を同化した結果を覚えているということである。そのため，記憶の発達は次の諸段階を経る 解説14 。

（a）数本の等しい長さの要素を描く段階
（b）長い要素と短い要素の集まりを描く段階
（c）長短の要素とその中間の要素の集まりを描く段階
（d）全体的には正しいが，要素が少なすぎる系列を描く段階
（e）完全な系列を描く段階

　第2の注目すべき結果は，6か月後になると（新たに系列を提示することはまったくしていないのに）75％の子どもの記憶が改善したことである。水準（a）の者は（b）に上昇し，水準（b）の者の多くは（c）に上昇し，ある者は（d）にさえ上昇したし，水準（c）の者は（d）や（e）に上昇した等々である。もちろん，他の実験の結果はそれほど劇的ではなく，モデルがシェム化されがたい（less schematizable；図式化が困難という意味ではなく，シェムへの同化が困難という意味である）ほどその進歩は少ない。しかし，記憶の改善という事実の存在は，記憶の構造が操作の構造に部分的に依存していることを示しているように思われる。

V 認知的機能における操作性の側面と形象性の側面 —— 111

解説13 棒の系列化課題
操作性の水準に対応するシェムは棒の系列化課題で調べることができる。これは非対称的な加法的操作の水準を調べる課題である（Inhelder & Piaget, 1959）。

課題：一定の間隔で長くなっていく10本の棒（9cmから16.2cmまで0.8cm間隔で10本）を用意する。子どもに与えられる課題はこの10本の棒を長い順（または短い順）に並べることである。
発達段階：子どもの反応を発達段階の順に要約すると次のようになる。
　段階Ⅰ（4歳以前）　順序づけの試みがまったくみられない段階
　段階Ⅱ（4～6歳）　全体の系列化には成功しないが，部分的に順序づけの試みがみられる段階。この段階はさらに次のように細分される。
　　段階ⅡA　長い棒と短い棒の対をいくつか作るが，対どうしは関係づけられない段階
　　段階ⅡB　長い棒，中くらいの棒，短い棒の3本からなる系列をいくつか作るが，その系列どうしは相互に関係づけられない段階。
　　段階ⅡC　4本から6本までの棒で正しい系列を作るが，それ以上は継続することができない段階（先端だけ順序よく系列化したり，先端を屋根型に揃えて並べる段階もあるが，ここでは省略した）。
　段階Ⅲ（6, 7歳）　試行錯誤による系列化の成功。ただし，新しい要素をできあがった系列に挿入するように求めると，それをただちに位置づける方法を知らない。
　段階Ⅳ（7歳以降）　操作的な系列化。すなわち，10本の棒の中から1番長い棒をまず選び，次に残りの棒の中で1番長い棒を選ぶというように，系統立った方法で系列化を行ない，試行錯誤がほとんどない。この段階では，新しい要素の追加もただちにできるし，A＞B，B＞Cを確認すれば，A，Cを比べてみなくてもA＞Cを演繹できるようになる，つまり推移律が可能となる。

解説14 系列的布置の記憶課題
この課題は記憶の操作的シェムへの依存性を調べるための課題である（Piaget & Inhelder, 1968, 第1章）。

課題：系列化テストで用いられるのと同じ10本の棒を，すでに正しく系列化された状態で子どもに見せる。この場合，子どもに系列化を試みさせることもしないし，実験者が系列化しているところを見せることもしない。子どもに与える課題は，見たものを後で思い出せるようにその系列的布置をよく見るように要求することのみである。そして1週間後と6か月後に，以前見たものを描画するように求める。

[１週間後の描画] 子どもの描画はその子どもの系列化操作の水準によく対応していた。

(a) 数本の等しい長さの棒を描く段階。これは系列化課題（本節 解説13 (p.111) 参照）の操作的水準でいえば，段階Ⅰに対応している。

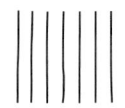

(a) の描画例

(b) 長い要素と短い要素の集まりを描く段階。これは，操作的水準の段階ⅡAに対応している。

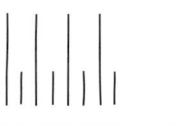

(b) の描画例1　　(b) の描画例2

(c) 長短の要素とその中間の要素の集まりを描く段階。これは，操作的水準の段階ⅡBに対応している。

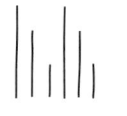

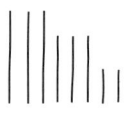

(c) の描画例1　　(c) の描画例2

(d) 全体的には正しいが，要素が少なすぎる系列を描く段階。これは，操作的水準の段階ⅡCに対応している。

(d) の描画例1　　(d) の描画例2

(e) 完全な系列を描く段階。操作的水準でいえば，段階Ⅲないし段階Ⅳに対応している。

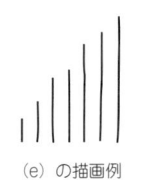

(e) の描画例

■図19-1　記憶による系列の描画（一週間後）

[６か月後の描画] 最初の系列的布置の提示の後，再びそれを見ることがなかったにもかかわらず，多くの調査協力児において，６か月後の描画は１週間後の描画よりすぐれており，記憶の改善を示していた。

VI　発達の古典的諸要因

20節　第1の要因：成熟

　発達の法則が存在すること，発達は各段階が次の段階の構築に必要であるというような継起的順序に従うことを，われわれはみてきた。しかしこうした根本的事実を説明するという問題がわれわれにはまだ残されている。成熟，物理的環境での経験，社会的環境の作用という，発達の3つの古典的要因のうち，後の2つの要因では発達の継起的性格を説明することはできないであろう。また，知能の発達は本能の基底にあるような遺伝的プログラムを含んでいないので，成熟の要因だけでは発達を説明するのに不十分であろう。それゆえ，ここに第4の要因として均衡化（equilibration），あるいは自己調整（self-regulation）を付け加えねばならない（この要因は上述の3要因の協応にも必要である）。

　まず，成熟についていえば，知的操作と脳の関係についてはほとんど何も知られていないが，成熟が知能の発達に関与していることは明らかである。特に，段階の継起的性格は，段階が部分的にせよ生物学的なものであることを示す重要な手がかりであり，発達に対する遺伝子型および後成的発生型（epigenotype）の断えざる寄与を物語るものである。

　しかし，このことは人間の知的発達の基底に遺伝的プログラムの存在を想定することができるという意味ではない。（ローレンツ★1 解説1 が人間の思考のアプリオリな（a priori）性格を主張したにもかかわらず）「生得的観念」（innate ideas）は存在しないのである。論理でさえ，生得的ではなく漸進的な後成的構築によってのみ生ずる。したがって，成熟の本質は，単に発達の可能

★1　Konrad Lorenz [1903-1989]：オーストリアの動物行動学者で，特にコクマルガラスやハイイロガンの長期にわたる観察研究，そこで見出されたインプリンティング（刻印づけ）という特異的学習の発見で有名である。トゲウオの産卵行動の研究で有名なティンバーゲン（Tinbergen, J.），ミツバチの情報伝達行動の研究で有名なフォン・フリッシュ（von Frisch, K.）とともに，動物行動学（ethology）という学問分野を新たに切り開いた功績で，1973年ノーベル医学・生理学賞を受賞した。

解説1 ピアジェのローレンツ批判

　ローレンツは人間の基本的な認知構造は生得的であると考えている。水鳥は遊泳する以前に水かきを，馬は闊歩する以前に蹄をもって生まれるように，人間の思考も実際に思考できるようになる以前に思考に必要な諸観念，つまり生得的観念を持ち合わせていると考えた。しかし，人間には認識の諸カテゴリーがあらゆる経験に先立って生物学的に付与されているとすると，カントの先験論的認識論に整合的な適応の生物学となるにしても，（個人の経験に先立つ）認識のカテゴリーが系統発生的にいかに獲得されたのかという問題に対しては，ネオダーウィニズムの進化論に忠実であろうとすれば，水かきや蹄の獲得と同じように，生得的観念もまた突然変異と自然淘汰によって獲得されたと考えざるを得ない。
　しかしながら，遺伝子は種に応じて変異するし，突然変異という偶然によって獲得された以上，ローレンツが言うところの生得的観念は「そう考えることがその種の生存にたまたま有利であった考え方」という以上のものではなくなる。このことをローレンツも認め，「生得的作業仮説」とよんでいるが，ローレンツのこのような考え方は人間の論理数学的認識がもつ内在的必然性と統一性をいかに説明するかという問題を放棄している（あるいは，ローレンツの考え方では内在的必然性と統一性を説明できない）とピアジェは批判するのである。ピアジェはここで，個々の生物種がもつ諸特性の遺伝にかかわる特殊的遺伝に加えて，特殊的遺伝そのものを可能にする生命システム固有の自己組織化，特にその発達過程に内在する自己調整要因によって，論理数学的認識がもつ内在的必然性と統一性を説明しようとする（Piaget, 1970a。この点については，**24**節，**25**節も参照）。
　なお，ピアジェのローレンツ批判は同時に，ネオダーウィニズム批判にもなっていることに注意されたい。なぜなら，認識の「生得的作業仮説」という考え方はネオダーウィニズムの進化論から導かれる自然な帰結だから，「生得的作業仮説」という考え方に問題があるとすれば，それはネオダーウィニズムの進化論そのものに問題があるからに他ならないからである。実際，ピアジェはネオダーウィニズムにも批判的で，進化の新しいメカニズムとして行動の重要性を強調している（Piaget, 1976）。

性を新たに切り開くこと，つまりその可能性が提供される以前には無理であった構造形成に接近しうるようにすることである。しかしながら，可能性が提供されることとそれを現実化することとの間には，練習や経験や社会的相互作用といった，他の多くの諸要因が介在しなければならない 解説2 。

知能の構造における遺伝的可能性とその現実化との間にあるギャップを示すよい例として，ピッツとマカロック（Pitts & McCulloch, 1947）が神経結合の中に発見したブール的構造および論理的構造がある 解説3 。神経結合においては，ニューロンが命題論理に類似した規則に従って，情報を処理するオペレーターの役割を果たしている。しかし，思考の水準では命題論理は12-15歳頃になってようやく現われる。したがって，「ニューロンの論理」と思考の論理とは直接的な関係をもたない。この例やその他多くの例が示しているように，発達過程は単なる漸進的成熟としてではなく，一連の構築として捉えられねばならない。その系列における各構築は前段階とは異なった水準で前段階の構築を繰り返しながらも，それをはるかに越えていくのである。

当初，ニューロンの論理が可能となるのは神経活動の水準だけである。しかしこの活動のおかげで，今度は，行動の水準で感覚運動的組織化が可能となる。ところがこの組織化（これは，神経活動のいくつかの構造を保持しているので部分的に神経活動と同型（isomorphic）である）は，はじめは神経活動よりずっと単純な行為間の結びつきしかできない。というのも，この行為は活動とその対象を関係づけねばならず，もはや内的伝達だけではすまされないからである。そのあと感覚運動的組織化によって，思考とその象徴的手段が構成され，この構成のおかげで新しい論理の構築が可能となる。この論理は感覚運動的組織化と部分的に同型であるが，この論理によってこれまで扱えなかった新しい課題に取り組むことが可能となる，といったサイクルが繰り返されていく。

したがって12-15歳に構築される命題論理はニューロンの論理からの直接的帰結ではけっしてなく，一連の継起的構築の結果である。この構築体は遺伝的な神経構造の中に前もって形成されているのではなく，この出発点となる構造のおかげで，その後の構築の可能性が切り開かれるのである。それゆえ，われわれの立場は，一連の成熟（それは前成的メカニズムによって，すべてを説明しようとする）というモデルからはるかにかけ離れており，純粋に内生的なモ

解説2 成熟要因説の限界

発達要因として成熟のみに訴えることの問題点は,次の2点に要約される。

① 成熟要因が発達段階の継起的順序性を説明するのに好都合であるにしても,もし発達が成熟のみに規定されているならば,各段階の出現時期も遺伝的に規定された時間的プログラムに従っているはずである。しかし,現実の観察は,ある操作や論理の獲得の時期は文化的教育的環境の違いによって大いに異なることを示している。たとえば,モシェニ(Mosheni, 1966)によるイランの都市部と農村部との比較研究では,主要な具体的操作に関するテストにおいて農村の子どもは都市の子どもより2-3年もの系統的な遅れを示しており,この遅れは個人差として説明しうる範囲をはるかに超えている。もっと高次な形式的操作に関するテストではこの遅れはさらに著しくなり,孤立した社会では大人でさえ大部分の者が形式的操作を獲得していないということさえありうる。こうした事実は,知的操作の発達を成熟要因のみに訴えて説明するわけにはいかないことを物語っていると思われる。

② 発達要因として成熟説に訴えることの問題点を別の角度からも指摘しておかなければならない。なぜなら,仮に成熟説が正しいとしても,生得的とみなされた行動様式は生物学のレベルにおいていったいどこから由来したのかという問題が残るからである。この生得的行動様式は遺伝子の突然変異による内生的起源のものであろうか,それとも環境の影響による獲得形質の遺伝的くり込み(遺伝的同化など)によるものであろうか。こうして,心理学(精神発達)のレベルにおいて提起された"成熟か経験か"という問題は,生物学のレベルにおける"突然変異か獲得形質の遺伝か"という問題にそのまま移し込まれることになる。つまり,発達要因として生得性に訴えることは,けっして問題の解決にはならず,問題を心理学から生物学へ単にずらしただけにすぎない。それはちょうど,生命の起源を他の天体から生物が飛来したことに求めるようなものである。

解説3 ブール的構造,論理的構造

本文で,神経結合の中にブール的構造(23節●5(p.139)参照)および論理的構造が見出されたというのは,神経回路網を流れる電気信号の伝達のされ方をみると,ニューロン自身がオペレーターとなって一定の規則に従って電気信号を変換しており,電気信号の変換規則がブール的構造や論理的構造(AND回路,OR回路,IF回路など)と同型な構造をもつものがあることを指摘している。

デルに代わって，一連の現実的構築（それが一定の順序で継起することは，その順序性が前もって決定されていることを意味するのではなく，それ以上の意味合いがある）というモデルに置き換えられねばならない。

21節　第2の要因：物理的経験

　認知発達を説明するために伝統的に引き合いに出される第2の要因は，外部の物理的環境との接触を通して獲得される**経験**である。この要因は本質的に異質な諸成分を含んでいて，少なくとも3つの意味（あるいは，3つのカテゴリー）が存在し，その中の2つは対立する極をなしている 解説4 。

A. 第1のカテゴリーは，単なる**練習**（exercise）である。この場合，行為ははたらきかけられる対象の存在を当然必要とするが，このことは，認識がどんなものであれ，はたらきかけられる対象から抽出されるということを意味するわけではない。実際，練習は単純な反射や一群の複雑な反射の安定強化（consolidation）に積極的な効果をもっており，吸乳にみられるように生後すぐにおいても，吸啜反射が繰り返されるにつれて吸乳が上手になることが観察されている。このことは知的操作の練習についてもあてはまり，この場合も操作は対象に適用されるものの，対象から引き出されるわけではない。それに対して，探索的な知覚活動や実験的行為では，それによって主体の活動を安定強化しながらも，外部から新しい情報を得ることができる。このように考えると練習といわれるものの中には，活動の相対立する2つの極①，②を区別することができる。

　①対象への調節という極。それは対象の特性を獲得する唯一の源泉である。
　②機能的同化という極。それは能動的繰り返しによる活動の安定強化である。

　練習は，後者の極において，均衡化すなわち自己調整の要因とよばれるものとして機能し，この要因は外的環境の知識の増大より，むしろ主体の

解説4 経験の3つのカテゴリー

本節で書かれていることを要約すれば、次のようになるであろう。経験の3つのカテゴリーのうち、「練習」といわれているものは、対象への調節という極と機能的同化という極があり、前者が優位であれば、それは物理的経験に合流し、後者が優位であれば、論理数学的経験に合流するので、結局、経験は物理的経験と論理数学的経験とに2分できることになる。しかし、物理的経験は論理数学的経験から独立に存在しうるものではなく、常に論理数学的経験に浸透されているし、さらに論理数学的経験は均衡化要因が第三者に直接観察できる形で現われてきたものに他ならない。以上の関係をまとめると表21-1のようになる。

■表21-1 経験のカテゴリー

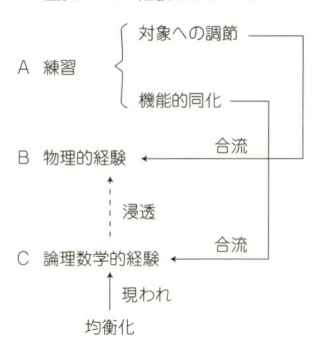

A 練習	{ 対象への調節 機能的同化	→ 合流 ↓
B 物理的経験	← 合流	
	↕ 浸透	
C 論理数学的経験	← 合流	
	↑ 現われ	
	均衡化	

解説5 物理的経験説の限界

素朴な古典的経験論では、あらゆる認識が対象的世界から引き出されると考える。したがって、経験論でいう**経験**とは、ピアジェの経験のカテゴリーでいえば、物理的経験にほぼ相当するであろう。言い換えれば、古典的経験論は認知発達の要因を物理的経験に求めているのである。

それでは、物理的経験だけで認知発達を説明することができるのであろうか。特に論理数学的認識の獲得を物理的経験によって説明できるのであろうか。この点に関して、物理的経験説の問題点は次の3つに要約されるであろう。

①まず第1に、論理数学的認識は対象の諸特性から引き出されるのではなく、対象にはたらきかける主体の諸行為の一般的協応から抽象されるということである。本文にもあるように後者は、少なくとも発達の初期には、論理数学的経験という形をとる。この経験も、物理的環境との接触という意味においては、やはり経験ではあるが、対象固有の諸特性にかかわっているのではなく、対象は行為の支えとして必要とされるだけであるという意味において、これは経験論でいう経験ではない。

②第2に、必然性の意識の問題である。われわれがある論理数学的認識をただ知識として知るのではなく、納得してそれを理解するとき、その認識には必然性（自明性）の意識を伴うが、この意識はどこからくるのであろうか。たとえば、ユークリッド幾何学において「三角形の内角の和は180度である」という定理がある。経験論者は三角形という対象の特性から引き出された認識だと言うであろう。たしかに、分度器を用いて三角形の3つの内角を測り、その和が180度であることをいくつか（n個）の三角形で確かめることはできるであろう。しかし、この経験はn+1個目の三角形についても定理が妥当するということを少しも保証していない。せいぜい言えることは、これまでの経験を一般化して「おそらくどの三角形の内角の和も180度であろう」ということである。つまり、物理的経験による確認では、蓋然的信念には到り得ても、論理数学的認識に伴う必然性の意識をうまく説明することはできない。

③第3の問題点は、論理数学的認識は物理的経験を越えているということである。三角形の内角の和の定理の場合でもそうであるが、ここではもっと興味深い例として物質量の保存を取り上げよう。物質量の保存という認識の獲得を物理的経験によって、どのように説明できるであろうか。粘土玉のさまざまな変形を繰り返し、その結果を知覚的に確認することによって物質量の保存の概念を獲得するのであろうか。現実の観察は、こう

活動に基づく構造化に関係している。

対象を取り扱うことによって新しい認識を獲得するという，本来の意味での経験（もはや単なる練習ではない）に関して，われわれは再び2つの対立する極（カテゴリーBとC）を区別することができる。

B．第2のカテゴリーは，われわれが**物理的経験**（physical experience）とよんでいるもので，対象そのものから単純な抽象過程によって情報を引き出すときの経験である 解説5 。この抽象では新しく発見された特性を他の特性から分離し，後者の特性は無視される。たとえば，子どもが対象の色などを無視して，ものの重さを発見したり，同じ材質でできた対象であれば体積が増すほど重くなることを発見したりするのは物理的経験のおかげである。

C．第3のカテゴリーは，われわれが**論理数学的経験**（logicomathematical experience）解説6 とよんでいるものである。このカテゴリーは単なる練習（カテゴリーA），物理的経験（カテゴリーB）に加えて，第3の根本的カテゴリーであるにもかかわらず，奇妙なことに，ほとんど忘れられてきた。この経験は，論理的演繹や計算がまだできない水準において，あるいは，主体が新しい演繹の手段を見出すに先立って試行錯誤するような諸問題に直面したときにおいて，重要な役割を演じている。この型の経験もまた対象にはたらきかけることから成り立っている。というのは，（現実的なものであれ，想像上のものであれ）このはたらきかけがなければ，外的世界と接触できないため，経験は存在しえないことになるからである。しかしながら，経験に由来するこの認識は対象の物理的特性ではなく，対象に対して行使される行為からの抽象に基づいている。対象からの抽象と対象にはたらきかける行為からの抽象とは同じことではまったくない。この後者の認識があたかも対象から引き出されるようにみえるのは，対象を取り扱う際に行為によって導入された特性（この特性は行為する前から対象に属していたのではない）を対象上に発見するからである。

たとえば，子どもは小石を数えるとき，1列に並べて右から左へ数えても，左から右へ数えても，さらに円状に並べて数えてもいつも同じ数になる，ということを大いなる驚きをもって発見する。この子どもは，数える

☞ 解説5 は p.119

した説明のように，物質量の保存を認めなかった子どもが，自発的で系統的な経験（実験）を繰り返すことによって，しだいに保存を信じるようになるという経過をたどるのではなく，それまで保存を認めなかった子どもが，短い移行期を経て，物質量の保存を自明のものとして信ずるようになることである。

さて，子どもの物理的経験に訴えて説明をする場合，そもそも子どもは物質量の保存をどのように「経験」するのであろうかという点が問題になる（保存課題の手続きに関しては14節 解説7 (p.79) を参照のこと）。2つの同じ大きさの球形の粘土玉があって，一方を球形からホットケーキ型に変形したとしよう。このとき，変形後も2つの粘土玉の物質量が等しいことを子どもはどのようにして確認しうるのであろうか。知覚的には，「ホットケーキ型のほうが球状のほうより大きく拡がっているから多くなった」とか，「円盤状に薄くなったから少なくなった」などと判断するほうが自然であり，知覚的に保存を保証してくれるものは何もない。では，何らかの計量手段によって保存を確認できるのであろうか。なるほど，重さは天秤を使って，（液体の）体積はメスシリンダーを使って，変形による保存を確認することができるであろう。しかし，物質量（quantité de matière）というのは，重さや体積のような計量可能な物理的量概念が確立される以前に獲得される量概念である。すなわち，重さの保存や体積の保存が成立する以前に物質量の保存が獲得される。したがって，大人が考えるように，重さの保存や体積の保存から物質量の保存を根拠づけるということができないのである。実際，6-7歳の子どもは物質量の保存を認めても重さの保存を認めるとは限らず，天秤で変形後も重さが変わらないことを確認しても物質量の保存を認めるとは限らないのである。

このように，物質量というのはその保存を直接確認する手段がない計量不可能な量であり，重さや体積といった物理的量概念が成立するための前提となる量概念である。この意味で，物質量の保存は認識主体の推論形式から導かれる一種の論理的要請である。したがって，このように知覚的にも概念的にも保存を確認する手段がない物質量の保存の獲得を，物質的経験によって説明できるとは思えない。物質量の保存というのは，経験論者のいう意味では「経験」しようのない認識である。物質量の保存課題は，経験論からピアジェ理論を峻別する，いわばパラダイム的な課題なのである。

解説6 論理数学的経験

本節本文にあるように，論理数学的経験は，対象の物理的特性ではなく，対象にはたらきかける行為の特性から認識を抽象するときに用いられる。ピアジェが「論理的演繹や計算がまだできない水準において重要な役割を演ずる」としたのは，たとえば，本文にあるように，物の数はそれを数える順序とは独立であることを幼児が発見するときのように，具体物を行為の支えとして利用した場合である。あるいは，小学校1年生が"算数セット"のおはじきやカードを使って算数を学習している事態を思い起こせばわかりやすいであろう。もう1つ「新しい演繹の手段を見出すに先立って試行錯誤するとき重要な役割を演ずる」としたのは，たとえば，数学者が新しい定理を証明しようと，机上で（数学的シンボルを対象に）四苦八苦しているときの数学者の経験などをさしている。いずれの場合も，それによって獲得された論理数学的認識は対象の特性から抽象されたものではない。

解説7 社会的学習説の限界

認知発達を説明する要因として，20節で成熟説の限界を，本節（21節）で物理的経験説の限界を指摘した。それでは，認知発達を社会的学習によって説明することができるであろうか。社会的学習は広義の教育的伝達である。義務教育で9年の，大学教育まで含めて16年

順序と和が独立であることを経験的に発見したのである。しかし，子どもが小石をある方法で配列し（つまり順序づけ）それらを合計する以前に，順序や和という特性が小石の中にあったわけではないのであるから，この経験は論理数学的経験であって，物理的経験ではない。子どもが発見したものは，順序づける行為と合計する行為（したがって，のちに操作となる2つの行為）との間の関係という，子どもにとっての新しい関係であり，小石に属する特性ではない，あるいは，以上のものである。

　このように，経験的要因といっても実は複雑なものであって，常に2つの極（対象から引き出される獲得と，主体の構築的活動）を含んでいることがわかる。物理的経験（カテゴリーB）でさえけっして純粋ではありえない。なぜなら物理的経験は，常に論理数学的枠組みを必要としているからである。その枠組みが，知覚の幾何学的ゲシュタルトのように，きわめて初歩的なものであってもそうである。このことは物理学的認識の源泉である特定の行為（たとえば「重さを量る」というような行為）が，論理数学的認識の源泉である，行為のより一般的な協応（順序づけたり，合計したりすること）からけっして独立してはいないということを意味している。

22節　第3の要因：社会的環境

　第3の古典的発達要因は，社会的環境の影響である。発達の諸段階（これについては10節を参照のこと）へ到達する平均年齢が子どもの文化的教育的環境に応じて加速したり遅滞したりするという事実を考慮するならば，この要因の重要性がただちに明らかとなる。しかしながら一方で，段階がどんな環境においても同じ継起的順序に従うという事実は，まさに社会的環境ですべてを説明することはできない，ということを示すのにも十分である。なぜなら，この継起的順序の恒常性を社会的環境のせいにするわけにはいかないからである 解説7 。

　実際，この点に関しては，社会的教育の影響も物理的経験も同じ立場にある。なぜなら，主体が経験を同化しうる限りにおいて，経験は主体に何らかの効果

☞ 解説7 は p.121

の学校教育が制度化されているわれわれの社会において，認知発達が教育的伝達によって可能になるという考えは至極当然のことのように思われるかもしれない。しかしながら社会的学習だけで認知発達を説明することができるであろうか。特に論理数学的認識の獲得を教育的伝達によって説明できるであろうか。この点に関して，社会的学習説（教育的伝達説）の問題点は次の3つに要約されるであろう。

①第1の問題点は，教えられたことがそのまま学習されるわけではないという点である。教えられた事柄は，あるいはもっと一般的に，意図的であろうとなかろうと社会的に提示されたモデルは学習者がそれを同化しうる限りにおいて，自分のものとして獲得することができるのである。「一を聞いて十を知る人もいれば，十を聞いて一しかわからない人もいる」といわれるのは，このことを象徴的に表現したものである。

②第2の問題点は，論理数学的認識の場合，そこには教育的伝達を越えたものが含まれている点である。前節の三角形の内角を例にとれば，教師は「三角形の内角の和は180度である」という認識の証明法を教えることはできるかもしれない。しかし，証明法を教えることができてもこの幾何学的認識獲得に伴う必然性の意識を教えることはどんなにベテランの教師であろうと不可能である。また，教師は「自然数に限界がない」ということを数学的帰謬法（背理法）を使って教えることはできるかもしれない。しかし，この自然数認識に伴う数構築の無限の可能性の意識を教えることは，どんなにベテランの教師であろうと不可能である。論理数学的認識に伴う必然性や可能性の意識は伝達内容に含まれているのではなく，主体の獲得した認知構造に内在的なものだからである。論理数学的認識を公式や規則の習得とその適用の技法であると捉えるなら，必然性の意識を伴うかどうかは関係のないことになろうが，学習者自身が論理数学的構造を構築することをめざすのであれば，論理数学的認識に必然性の意識が伴うかどうかが，その認識を本当に理解したかどうかの指標となるのである。

③第3の問題点は，伝達者である教師，モデル提示者である大人のもっている論理数学的認識はどこからきたのかという点である。その認識はもちろん，教師にとっての親の世代からきたものであり，その世代の認識はそのまた親の世代からきたものというように考えざるを得ないであろう。しかし，論理数学的認識の起源を原生動物まで遡らせるのでなければ，どこかの時点で誰かがその認識を自発的に獲得したとせざるをえない。つまり，教育的伝達による認識の獲得という説明もまた，現代の子どもの認識獲得の問題を過去の世代の認識獲得の問題にずらしているだけであって，問題そのものを解決したことにはならない。

解説8　子どものアニミズム

本節本文において指摘されている「主体がすでに適切な同化手段…を獲得している場合しか，主体は経験を同化しえない」ということをよく示す事例は7節 解説18 (p.45)で紹介した水位の水平性課題である。水位の水平性は誕生以来毎日のように観察していながら，それを適切に表象しうるためには9-10年の歳月を必要とする。これはその経験を同化するために必要な手段として空間の構造化の道具，この課題では特に，水平性・鉛直性にかかわる空間的シェムの構築が必要だからである。

とはいえ，子どもは水平とか鉛直といった言葉は日常ほとんど聞いたことがないであろう。しかし，経験の前提としての同化手段の必要性は日常的な言葉でも同様である。このことをよく示す事例は「子どものアニミズム」に見ることができる。ここでいうアニミズムは無生物に生命あるいはその属性を付与する心的傾向であるが，ピアジェ（Piaget, 1926）は「子どものアニミズム」の発達段階として4つの段階を明らかにしている。

を及ぼしうるのであって，主体がすでに適切な同化手段，つまり，構造（あるいはその原初的形態）を獲得している場合しか，主体は経験を同化しえないからである 解説8 。実際，たとえば学校で教えられたことも，子どもによって能動的に再構築される限りにおいて，もっと強くいえば，再創造される限りにおいて，はじめて真に同化されるのである。

言語と思考の関係という困難な問題は，こうした事態の複雑さを示す適切な例を提供してくれる。多くの研究者は，言語こそが表象や思考を構成する本質的要因である（この主張は第1の問題を提起する 解説9 ）と主張しているばかりでなく，言語は論理的操作そのもの（たとえば，分類，順序，命題操作）の起源であると主張している（この主張は第2の問題を提起する 解説10 ）。

第1の問題についていえば，行為が内化して表象や思考となるとき，言語が主導的な役割を果たすことは疑いようのない真実である。しかし，この過程に関与している要因として，言語的要因だけではなく，記号論的機能（あるいは象徴的機能）の全体にも注目しなければならない。言語はこの機能の一部にすぎないのであって，その他にも表象の手段としては延滞模倣，心像（内面化された模倣であって単なる知覚の延長ではない），象徴遊び（ごっこ遊び），描画（図示的模倣）等々がある。感覚運動的機能と記号論的機能との橋渡しをしているのはおそらく模倣一般である。したがって言語の役割がいかに重要であっても，言語は記号論的機能という，もっと一般的な視野のもとで考察されねばならない。たとえば，ろう唖者の研究は，分節言語の発達が阻害されたとき，他の象徴的手段がどれほどにまで到達しうるのかを示してくれるだろう（☞言語と記号論的機能については，16節 解説3 (p.95) を参照のこと）。

第2の問題に移ろう。言語と論理的操作との関係の問題に関して，論理的操作の起源は，言語よりもいっそう根が深くかつ発生的に言語に先行していること，つまり，その起源は言語そのものをも含めたあらゆる活動を支配する，行為の一般的協応の法則にあることを，われわれは常々主張してきた。論理の芽生えは感覚運動的シェムの協応（2節の移動群，物の永続性などを参照のこと）にすでに認められ，それはまだ言語的でも象徴的でもないが1つの知能形態として存在している。とはいえ，内化された思考の水準において，言語と論理的操作の関係をもっと精密にするという仕事がまだ残されている。

☞ 解説8 は p.123, 解説10 は p.127

・段階Ⅰ（6歳頃まで）：生命は活動性一般に同化され、人間に対して何らかの機能を果たしているものはすべて生きていると判断される。コップの水は「人が飲むものだから」生きている。紙は「絵が描ける」ので生きているし、椅子は「人が座れるもの」だから生きている。しかし、破れた紙や壊れた椅子は「生きていない」と判断される。
・段階Ⅱ（6-8歳）：生命は運動に同化され、一般に運動しているものは生きている、運動していないものは生きていないと判断される。テーブルや置物はもちろん生きていないけれど、自動車でも走っていれば「生きている」のに対し、駐車場に止まっていれば「生きていない」とされる。石ころや枯れ葉でも通常は生きていないが、石が転がったり、枯れ葉が風でとばされたりするとたちまち「生きている」ことになる。極端な場合は、寝ている赤ちゃんもまた「生きていない」と判断される。
・段階Ⅲ（8, 9歳-11, 12歳）：生命は固有運動に同化され、自発的に動いていると子どもがみなしているものにのみ生命が付与される。太陽や月はその典型的存在で、この段階でも一般に生きていると判断される。それに対し、自転車や自動車は人が運転しないと動かないので「生きていない」と判断される。川や火や風なども固有運動だとみなされれば「生きている」と判断される。
・段階Ⅳ（11, 12歳以降）：生命は生き物に同化される、つまり、生命が付与される対象は動物や植物に限定されるようになる。

以上が、「子どものアニミズム」の発達段階であるが、「生きている」という言葉そのものは幼児でも日常よく聞いているし、よく知っているにもかかわらず、「生きている」ものと生き物とが同じ外延をもつようになるのは実に11, 12年の歳月が必要なのである。幼児は、親や先生から「椅子や石ころが生きている」とは一度も聞かされたことがないにもかかわらず、生命を付与するのである。このことは、たとえ言葉としては生き物を表現する「生きている」を知っていたとしても、その言葉をどのように受け取るかは、子どものもっている同化シェムに依存していることを如実に示している。「子どものアニミズム」の場合は、意図的行為と機械的運動の区別を可能にする因果的シェムの構築が「生きている」ものを生き物に限定するために必要な同化手段を提供しているものと思われる。

なお、ピアジェのアニミズム研究に対しては批判的研究が多く、現在ではAID（Animate-Inanimate Distinction）に関しては幼児期早期から可能であるとする見解のほうが一般的である。しかし、このような見解が受け入れられるのは、子どもが「ある対象が生きている」ということと、「その対象を擬人的（あるいは擬動物的）に捉えている」ということとはほとんど同じことであるかのように、その後の研究者の多くが理解したことから来ているものと思われる。ピアジェの考え方に対する、研究者のこのような無理解もまた、ピアジェ理論を同化するために必要な手段を研究者が十分に持ち合わせていないことから来るのではあるまいか。数多くの「子どものアニミズム」研究の中でも、ピアジェのそれは80年後の現代でもなお最高峰の研究として位置づけることができる。

解説9　言語と思考Ⅰ：思考の形成において言語は本質的要因か

この点についてのピアジェの回答は「言語が人間の知能を根底から変革するにしても、思考の成立において不可欠なのは言語を含む象徴的機能一般であって、原理的には言語は思考成立の十分条件でも必要条件でもない」というものであろう。

第1の、そして最も決定的な証拠は、思考成立に必要な象徴的機能（ピアジェのいう記号論的機能）は言語のみによって提供されるのではなく、言語と同じ頃獲得される延滞模倣、心像、描画などさまざまな象徴形式を幼児が利用できることである。たしかに、言語はその一般性と柔軟性において象徴諸形式の中でも卓越した位置を占めるにせよ、原理的な話とし

この点に関して，最近，サンクレールによって心理学的かつ言語学的な一連の実験が行なわれた。その結果は非常に示唆的なものである。彼女は5-7歳児を2群（明らかに保存概念に到達していない前操作的水準のグループと保存を可能にする操作を明瞭に所有しているグループ）に分けて研究した。その際，彼女は保存以外の課題についても調べた。たとえば，長くて細い鉛筆と短くて太い鉛筆といった類の事物を比較するように子どもに求めた。すると，子どもの使用する言語が平均的にみて両群で顕著に異なっていることがわかった。前操作期のグループは「これは長い。これは短い。これは太い。これは細い」というように，比較する際に非関係的な名辞を主として使用する。それに対して，操作期のグループは「これはより短くてより太い」というような「ベクトル」（vectors）を主に使用する。ここからわかるように言語的水準と操作的水準の間には明確な関係がある（この関係は他の多くの事態にもあてはまる）。しかし，この関係はどのような意味においてそういえるのであろうか。この点を明確にするため，サンクレールは年少児のグループに年長児の使用する言語形式を使うことを教えた。この訓練がすんでから，再び前操作期の子どもの操作的水準を調べたところ，およそ10％の者しか進歩していないことがわかった。進歩の割合がこれほど小さかったことから判断すると，進歩した子どももおそらく過渡期の子ども，あるいは，すでに操作的水準の入り口まで来ている子どもであったかもしれない。このように，言語は操作的進歩の原動力ではなく，むしろ知能そのものに奉仕する手段であるようにわれわれには思われる(Sinclair, 1967)。

以上，20節-22節で検討したことをまとめると，伝統的諸要因（成熟，経験的獲得，社会的影響）は発達を説明するのには十分でないと思われる。それゆえ，われわれは第4の要因である**均衡化**（equilibration）に訴えねばならない。それは次の2つの理由に基づいている。第1の理由は，これら3つの異質な要因が相互に何らかの均衡関係になければ，継起的発達を説明できないということ，それゆえ，それらを整合的で矛盾を含まないように結びつけるような組織化要因を必要とすることである。第2の理由は，周知のように，どんな生物学的発達も自己調整的であり，この自己調整的過程は行動の水準と認知機能の構成の水準においてなおいっそう明瞭に認められることである。したがって，

ては，言語はあくまでも多様な象徴形式の1つにすぎないのである（このことは，言語の獲得をその生得的基盤との関連で理解しようとするより，象徴的機能一般の獲得という文脈の中で理解されるべきことを示唆している）。

第2の証拠は，言語をもたない高等霊長類であっても表象と思考の萌芽が認められ，この場合，種々の象徴や心像を用いて思考が可能になっているものと思われる。第3の証拠は，言語を使用できない聾唖児であっても（言語なき）思考が認められることである（Furth, 1966）。

解説10 言語と思考Ⅱ：言語は知的操作の起源であるか

この点についてのピアジェの回答は「言語は知的操作の起源ではなく，言語は知的操作獲得の必要条件であるにしても，その十分条件ではない」というものであろう。

その第1の証拠は，既存の言語体系には論理的操作を記述する言語表現がたっぷり用意されているにもかかわらず，そして，子どもは語彙としてはその言語表現を早くから知っているにもかかわらず，対応する論理的操作を獲得する時期は一定の文化圏内ではほぼ同じになることである。たとえば，幼児は動物の分類にかかわる語彙（品種としての'スピッツ'，種としての'いぬ'，哺乳類としての'けもの'，脊椎動物としての'どうぶつ'など）を知っており，それを早期から使っているものの，その子どもが分類操作を獲得するのは7, 8歳頃なのである。また，確率にかかわる知的操作は大人でもしばしば誤解するほど非常に高度なものであるが，語彙そのものは幼児にも知られている。ある幼稚園児は「確率ってどういうことか知ってる？」ときかれて，「知ってる，お天気のこと！」と得意げに答えたものである。

その第2の証拠は，知的操作を記述しそれを根拠づける言語表現がまったく同じであっても，操作がはたらく対象の違いによって，知的操作の獲得される時期が異なることである。たとえば，量の保存を可能にする知的操作を獲得する時期にはほぼ2年ずつのずれがあり，物質量の保存は7, 8歳頃，重さの保存は9, 10歳頃，体積の保存は11, 12歳頃である（14節 解説7（p.79）参照）。この3種の保存課題において，保存認識ありと認められるのは，子どもが保存判断を求められて「同じ」と答えることであり，その判断理由を求められて「取りも付け加えもしなかったから」と答えることである（保存の判断理由はこの同一性に基づくものだけではないが，一番多いタイプである（14節 解説15（p.89）参照））。つまり3種の保存課題において，必要とされる判断と判断理由は言語面に関する限りまったく同一であるにもかかわらず，知的操作が獲得される時期にずれがある（29節 解説8（p.163）参照）。このことは知的操作の獲得は言語獲得を超えたものであることをよく示している。

その第3の証拠は，知的操作の発達水準とその操作を記述する言語表現の発達水準とは一般に対応した発達を示すものの，後者を特別に訓練して高度な言語表現が可能になるようにしても，それに対応した知的操作の発達はほとんどみられないことである。本文に紹介されているように，自生的発達においては液量の保存課題の発達水準と液量保存における補償関係を記述するような言語表現（たとえば，「こちらの容器（の水）は細いけれど，（水位は）高い」）の使用水準とは密接な関係があることが確かめられたものの，非保存者を訓練して保存者が使うような言語表現を学習させても，液量の保存認識に必要な知的操作の水準を向上させることはほとんどできなかったのである。

ピアジェが言語の積極的な役割を認めるのは知的操作の源泉としてではなく，知的操作も行為としては個別的であり継起的であるにもかかわらず，それらに1つの言語表現を与えることによって，一般的で同時的な全体システムとしての操作にまとめ上げることが可能となるという象徴的凝縮の役割であり，知的操作を共通の言語で表現することによって個人間交

次に考察するように，われわれはこの要因を別に検討しなければならない 解説11 。

換と協働が可能となり，個人的な象徴使用では実現しえない知的操作の社会的練り上げが可能となるという社会的制御の役割である（Piaget, 1964）。

解説11 ピアジェの発達要因論

20節から22節までのピアジェの発達要因論を要約すると次のようになる。まず，発達要因は発達の内容を規定する側面と発達の形式を規定する側面という2側面に分けられる。前者が古典的な発達要因であり，後者がピアジェ理論特有の均衡化の要因である。発達要因はさらに生物学的活動，対物的行為，対人的行為という活動の3水準に分けられる。したがって，原理的には発達要因として2側面×3水準の6要因に分けられることになる。だが，ピアジェは発達要因を発達の内容を規定する3要因（古典的3大要因とされる①遺伝，②物理的経験，③社会的学習）に，発達の形式を規定する要因である④均衡化を加えた4要因に分類している。この場合，均衡化要因は生物学的レベルでは一般に「自己調整」とよばれるものをさしている。対物的行為においては，「個人内協応」として介在しているが，論理数学的経験（論理数学的経験については21節参照）といったように観察可能な形で現われることもある。対人的行為においては，「個人間協応」（社会的協働）といわれるものをさしている。しかし，実際には個人内協応と個人間協応とは分かちがたく，少なくとも表象的機能を獲得する2歳以降は同じ現実の2側面といえる（この点については，30節 解説2 (p.171)を参照）ので，ピアジェは両者をまとめて「行為の一般的協応」とよんでいる。

■表22-1 ピアジェ理論における4つの発達要因

発達要因の3水準と2側面	発達の内容を規定する側面	発達の形式を規定する側面	
生物学的活動	①遺伝（成熟）	生物学的自己調整	④均衡化
対物的行為	②物理的経験（通常の学習）	個人内協応（論理数学的経験を含む）	行為の一般的協応
対人的行為	③社会的学習（広義の教育的伝達）	個人間協応（社会的協働）	

VII 均衡化と認知構造

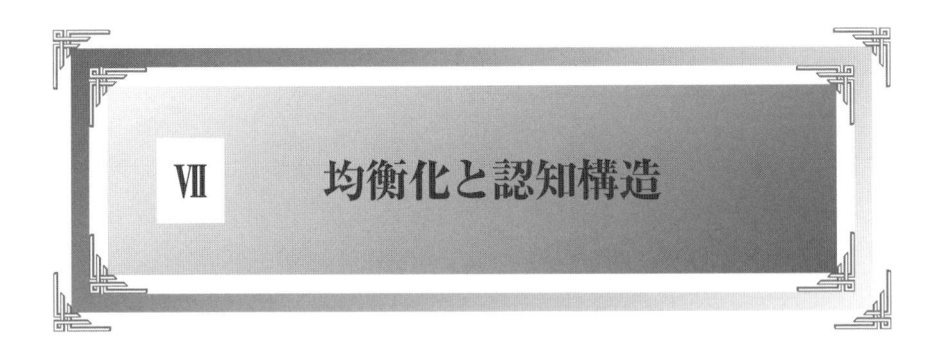

23節　操作的全体構造

　認知発達理論の最重要課題は**操作的全体構造**（structure opératoire d'ensemble）がいかに構成されるのかを理解することにある。われわれは第4の要因である漸進的均衡化の仮説のみがそれを説明できると信じている。このことを理解するために，まず操作的構造そのものを手短に解説しなければならない。

　構造（☞構造の定義については3節 解説11 (p.19) を参照のこと）という考え方は，古典的には，連想主義と要素論的な発想に反対したゲシュタルト理論によって導入されたものである 解説1 。しかしゲシュタルト心理学者はたった1つのタイプの構造しか考慮せず，それが知覚から知能に至るまでの心理過程全体に適用できるかのように考えていた。しかし，構造には2つの特徴があって，両者はまったく異なった特徴である。にもかかわらず，彼らは両者を区別しようとしなかった。

　第1の特徴は，すべての構造に共通したものである。すなわち構造が1つのシステムをなしているがゆえに，構造はすべて全体論的（holistic）法則をもっていて，これらの法則は全体を構成する諸要素の特性とは異なることである。第2の特徴は非加法的合成，つまり全体は部分の総和とは質的に異なっていることである（オッペルの錯視[1]の場合のように）。しかし知能の領域においては，第1の特徴を示すが第2の特徴は示さない構造が存在する。たとえば，整数の集合は全体論的というにふさわしい特性（「群」(group)[2]，「環」(ring)[3]といった構造）をもっているが，集合内での合成は厳密に加法的である。すなわち，2＋2は4であって，それ以上でもそれ以下でもない。

●1　**オッペル（Oppel）の錯視**：幾何学的錯視の1つで，オッペル・クントの錯視あるいは分割距離錯視ともよばれる。これは，客観的には同じ大きさの空間であっても，線分で分割された空間は何もない空間よりも広く見える，という錯視である。

VII 均衡化と認知構造

解説1　移動群の構造

　構造の具体例として，2節で紹介された移動群の構造を以下に示す。移動群というのは平行移動のベクトルを元とし，ベクトルの合成規則を内部演算とする集合がつくる群である。AからBへの移動をABと記すことにすると，移動群の諸公理は本文のようになり，それらに対応する心理学的意味を対比的に表にすると，表23-1のようになるであろう（なお，群の定義については本節●2（p.134）を参照のこと）。

　表23-1の形式化は観察者の頭の中での再構成ではなく，現実の幼児の行動に対応していることに，注意しなければならない。たとえば，1歳半ぐらいまでの幼児は「A地点から通路を通ってB地点に移動できれば，同じ通路を逆にたどってB地点からA地点に必ず戻れる」ということを知らない。もちろん，B地点からA地点が見えていてそこまで何の障害もなく直線的に歩いていけるのであればA地点に行けるであろうが，これは「後戻りした」というよりB地点からA地点への新たなる移動である。実際，A地点への直線的移動上に障害物があって直線的に後戻りできない場合，先ほどたどった通路を逆にたどってA地点に戻るという行動がとれない。たとえB地点から障害物越しにA地点が見えていてもである。こうした空間移動の困難は見知らぬ実験室的環境においてのみ起こるのではなく，自宅のような慣れ親しんだ環境においてもみられ，1歳半ぐらいまでの乳幼児にとっては，後戻りを含めた安定した空間移動は困難である。

■表23-1　移動群の規則とその心理学的意味

本文	移動群の規則	特徴	その心理学的意味
(a)	演算の成立 AB+BC=AC	道筋の合成可能性	AからBへ，BからCへ行くことができれば，必ずAからCへ行くことができること
(b)	逆元の存在 AB+BA=O	後戻りの可能性	AからBへ行くことができれば，逆をたどってBから出発点Aに戻ることができること
(c)	単位元の存在 AB+O=AB	道筋の安定性	AからBへ行く移動はそこから移動しない限り同一に保たれること
(d)	結合法則の成立 AC+CD=AB+BD	まわり道の可能性	AからDへ行くのに，Cを通って行くこともできれば，別の場所Bを通って行くこともできること

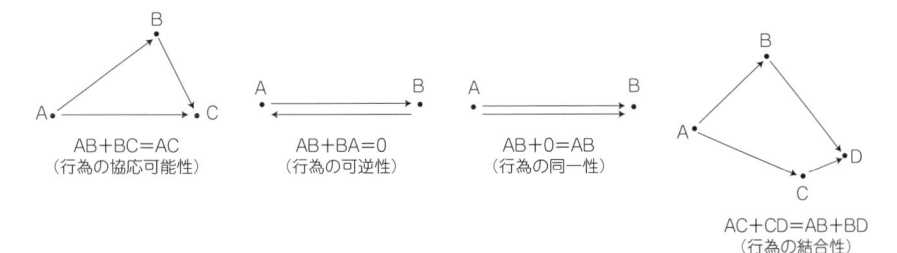

■図23-1　移動群規則のベクトル的表示（A・──▶・BはAからBへの移動を表わす）

それゆえ，われわれは知能に特有の諸構造を確定し分析することを試みてきた。それらは操作の織りなす構造である。操作というのは内化され可逆的となった行為であり，加法，つまり和をとることや，論理的乗法，つまりいくつかのクラスや関係を「同時に考慮して」合成することといった行為である。こうした構造はごく自然に自生的に発達する。たとえば，系列化すること（すなわち，大きさの順に対象を並べること），分類すること，1対1や1対多に対応づけること，乗法的マトリックス 解説2 を作ることなどはすべて7-11歳に現われる構造であり，この水準では具体物を直接扱うので，われわれは「具体的操作」とよんでいる 解説3 。11-12歳以降になると，4元群や組合せ法のような別の構造が出現するが，これについてはのちほど述べることにしよう。

　具体的操作の構造の法則を調べ，その法則を確定するためには，クラスの論理学と関係の論理学という記号言語を使用する必要がある。しかし，記号言語を使用したからといって研究が心理学の領域から離れてしまうわけではなく，これは，心理学者が標本の分散を計算し因子分析の公式を利用したからといって，彼が数学ではなく心理学をやっていることに変わりがないのと同じことで

●2　**群**：ここでは数学的構造の意味で用いられている。数学的な群Gとは，集合G = {a, b, c, ･･･} において1つの二項算法＊が定義され，この二項算法＊に関して次の3つの規則が成立するとき，集合Gは群をなすという。
　①結合律　任意の元a, b, cについて (a＊b)＊c = a＊(b＊c)。
　②同一律　任意の元aについてa＊e = e＊a = aとなる元eが存在する。
　③可逆律　任意の元aについてa＊b = b＊a = eとなる元bが存在する。
　なお，元eは群Gの単位元とよばれる。なお，移動群については前ページ 解説1 を参照のこと。

●3　**環**：環も数学的構造の1つである。環Rとは，集合R = {a, b, c, ･･･} において加法という二項算法＋と乗法とよばれる二項算法×という2つの二項算法が定義され，これらの二項算法に関して次の4つの規則が成立するとき，集合Rは環をなすという。
　①Rは加法に関して可換群をなす。
　②Rは乗法に関して結合律が成り立つ。
　③Rの乗法は加法に対して両側から分配律が成り立つ。すなわち，集合Rの任意の元a, b, cについて
　　　　$a \times (b + c) = a \times b + a \times c$
　　　　$(b + c) \times a = b \times a + c \times a$
　④集合Rの任意の元aについて，$a \times e = e \times a = a$ となる元eが存在する。

解説2 乗法的マトリックス

あるクラスの諸要素が2つ以上の基準で分類されるとき，複数の基準の同時適用による分類体系が（クラスの）乗法的マトリックスである。たとえば，クラスBの諸要素が色を基準としてB＝A1＋A1'，形を基準としてB＝A2＋A2'に下位分類されるとき，色と形を同時に適用するとB＝(A1＋A1')×(A2＋A2')＝A1A2＋A1'A2＋A1A2'＋A1'A2' という4つの下位クラスに変えられる。これが，クラスの二次元の乗法的マトリックスで，表23-2（p.139）群性体の種類でいえば，G4のことである。同じことは2種類の関係についても考えることができ，その場合は，関係の乗法的マトリックスG8となる。

解説3 具体的操作の特徴とその限界

具体的操作の獲得によって，論理的推論，保存認識の獲得，数量的思考が可能になる（B1解説 参照）。つまり，現実の表象において変換における不変なもの，秩序づけにおける不変な関係を取り出すことができる。これによって，子どもは現実を構造化し，現実を安定した秩序ある世界として捉えることができるようになる。しかしながら，具体的操作は，知覚可能で手で操作できるような具体物，あるいは，直接イメージできるものに対してはたらく「具体的な」操作であるため，形式的操作と比較すると以下のような制約がある。

①水平的デカラージュ：構造的には同じ操作を必要とする課題であっても，操作が適用される概念内容によって，構造化が容易であったり困難であったりする。これがいわゆる水平的デカラージュ（29節 解説8（p.163）参照）である。

②仮説演繹的思考の困難：具体的操作は具体なものから切り離された仮説に対してはたらかない。具体的操作段階の子どもでも，たとえば，同形同大の3種類の金属A，B，Cに対し，B＞A，A＞Cを確認すれば，BとCを直接比較しなくても推移律を使ってB＞Cを推論できる。しかし，「BはAより重く，AはCより重いとしたら，BとCはどちらの方が重いか」というように，推論の前提となる関係を仮説として与えると，その関係に対して推移律をはたらかせることが困難となる。

③形式的・命題的推論の困難：具体的操作期では，命題内容が現実と一致していればその命題が真(経験的真理)になることを認めるものの，命題の形式的構造によって命題が真(形式的真理)となりうることを知らない。たとえば，箱の中身に関する命題「この箱の中にはミカンが入っているか，または，ミカンが入っていません」が，箱の中身を確かめてみなくても真となることを認めることが困難である。

ある。構造を分析するため，われわれは心理学者が統計を利用するのと同じことをやらなければならないが，測定量を扱うわけではないので，どうしても抽象代数学や論理学のようなもっと一般的な計算手段を援用しなければならない。しかし，それらはあくまでも，内化された行為，あるいは，行為の一般的協応としての操作のような，真に心理学的な実体に到達せんがために必要な分析道具にすぎないのである。

分類（クラス化）のような全体構造には次のような法則があり，その法則は主体の行為に実際に介在している操作を簡潔に特徴づけている。

(1) クラスAと他のクラスA'を合併してクラスBが得られること。A + A' = B（それからさらにB + B' = Cを行なうこともできる）。

(2) BからAやA'を分離できること。B − A' = A。これはA + A' = Bの逆操作である。この可逆性は関係A＜Bを理解するために必要であることに注目しよう。ここに10本のサクラソウAと10本の他の花A'があるとしよう。このとき花全体B（A + A' = B）のほうがサクラソウAより多いということを7-8歳までの子どもはなかなか理解できない。なぜなら，全体Bを部分Aと比べることができるためには，2つの操作A + A' = BとA = B − A'を結びつける必要がある。ところが，子どもにはそれができないために全体Bは保存されず，Aは単にA'と比較されてしまう（☞このクラス包含の量化課題については14節 解説10 (p.83) を参照のこと）。

(3) A − A = 0とA + 0 = Aを理解できること。

(4) 同様に，トートロジーA + A = Aを数的繰り返し（itération）1 + 1 = 2から容易に区別できるであろう。

(5) 最後に（A + A'）+ B' = A +（A' + B'）= Cのように結合することができること。しかし（A + A）− A = 0とA +（A − A）= Aとは同じにはならない。

われわれは，上記のような初歩的な亜群（groupoïdes）[*1]を**群性体**（groupements）解説4 とよんでいる。群性体は数学的群より原始的であって，合成が隣接要素間のみで定義されており，一般的組合せ法という特性をもたず，結合律（associativity）[*2]が限定されているので，これははるかに制約の多いすっきりとしない構造である。

☞ 解説4 は p.139

☆1 群性体（この注で議論されている群性体は群性体G1単純分類である。☞本節 解説4 （p.139）を参照のこと）は可逆的となった束（lattice）●4, ●5としてみることができる。束においてA + A' = B（BはAとA'の上限である）ならば，B − A' = AのようにBに作用する操作によってAを取り戻すことができる。しかし，より一般的な場合，たとえばDはAとC'の上限であってもA ≠ D − C'となってAを取り戻すことができない。言い換えれば，3つ組A，A'，Bにおいて任意の2要素が一義的に第3項を決定するという意味において，つまり操作A + A'はAとA'のような隣接要素間においてのみ「可逆的」となるにすぎない（図2）。A，C'，Dについては，A + C' = D − B' − A'となり，上記の意味では可逆的ではない。

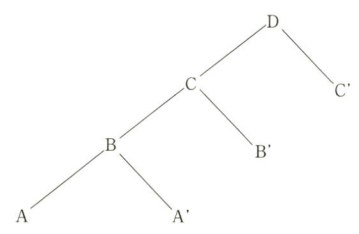

■図23-2　群性体の構造の束的側面

そこでわれわれは群性体を，合成性が隣接要素にのみ限定され（たとえば，A + C'は特殊な条件なしには定義しえない），特殊同一性A + A = A，A + B = Bによって制約されている群とみている。それゆえ，群性体は，分類のように入れ子になった要素の系列としてのみ規定される（図3）。それは次のような操作から成り立っている。
　(a) 順操作　　A + A' = B
　(b) 逆操作　　B − A' = A
　(c) 同一性操作　A + 0 = A；A − A = 0，
　(d) 特殊同一性　A + A = A；− A − A = − A；A + B = B

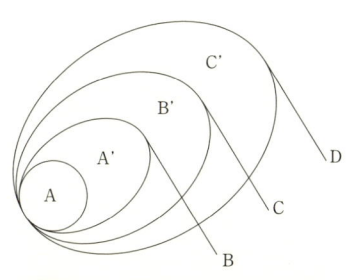

■図23-3　群性体の構造の群的側面

●4　束：束Lとは，集合L = {a，b，c，・・・}において次の関係が成り立つとき，集合Lは束をなすという。
　①集合Lは半順序集合であること。すなわち，反射律，反対称律，推移律を満たす順序関係RがLで定義されていること。

ところで，われわれはしばしば，どんな心理学的実体にも対応しない構造を捏造したという非難を受けてきた。しかしこのような構造は実際に存在している。というのはなによりも，構造というものが分類や系列化といった日常的行為において起こっていることを簡潔に記述しているからであり，さらには，全体構造の存在を証拠立てる，最も一般的な諸特徴のおかげで心理学的に構造が認められるからである。推移律（系列化の場合でいえば，A＜BかつB＜CならばA＜Cとなること）や保存概念の構成（部分A，A'の空間的配置が変えられたときの全体Bの保存，大きさや量の保存など）のような一般的特徴は全体構造の存在を物語っている。

24節　第4の要因：均衡化

　構造の存在が認められるならばその次に問題となるのは，知能の根本的構造およびそれから派生するすべての構造がどのように現われ進化するかを理解することである。構造は生得的なものではないので，成熟だけで説明することはできない。また，系列化，分類，1対1対応といった行動において，主体の活動は順序や全体性という新しい関係を対象に付け加えるのであるから，知能の構造は単純に物理的経験から引き出されるのでもない。論理数学的経験は主体自身の行為からその認識を引き出す（21節を参照のこと）。これは，その行為が自己調整的だということを意味している。たしかに，これらの構造は社会的教育的伝達の結果であると主張することもできるであろう。しかし，その場合においてもやはり子どもは伝達されたものを理解しなければならず，そのためには構造が必要である（22節を参照のこと）。そのうえ，社会的要因による説明は問題を別の問題に置き換えているにすぎない。社会集団の最初の成員はどのようにしてその構造を獲得したのであろうか。
　ところで，発達のあらゆる水準において，行為の協応は順序，包含，対応といった特性をすでに含んでいて，後に作られる構造を予示している 解説5 （たとえば，順序に対しては系列化を，包含に対しては分類を，対応に対しては乗

☞ 解説5 は p.141

②集合Lの任意の2元a，bの上限a∨bと下限a∧bがともにLに属していること

● 5　ブール的構造：ブール的構造というのはブール束がもつ構造のことである。ブール束というのは次の4つの特性をもつ束のことである（束については本節●4（p.137）を参照のこと）。
①束Bの任意の元aについてa∨0=aとなる最小元0がBの中に存在すること
②束Bの任意の元aについてa∧1=aとなる最大元1がBの中に存在すること
③束Bの任意の3元a，b，cについて次の分配法則を満たすこと
　　a∧（b∨c）＝（a∧b）∨（a∧c）
　　a∨（b∧c）＝（a∨b）∧（a∨c）
④束Bの任意の元aについてa∨¬a=1，a∧¬a=0となるような補元¬aが存在すること

|解説4| **群性体の種類とその心理学的意味**

　群性体の種類については，クラスを扱うか関係を扱うか，加法的操作か乗法的操作か，対称的か非対称的かという3つの次元に従って，表23-2のように8つの群性体を区別している（群性体の構造については本節☆1（p.137）を参照のこと）。なお，p.137の図23-2，図23-3のような二分法的な単純分類体系は，クラスを扱う加法的で非対称的な群性体G1である。

　具体的操作期の子どもの認知構造としてこのような群性体を取り出したことの心理学的意味は，青年期以降にみられる命題論理に先行する論理，具体的操作に特徴的な論理の存在を示すと同時に，群性体が命題論理に至る前構造として命題論理の獲得を説明する媒介項を提供していることである。

■表23-2　群性体の種類

		クラスの群性体	関係の群性体
加法的	非対称的	G1 単純分類	G5 系列化
	対称的	G2 代替的分類	G6 対称的関係
乗法的	1対多対応	G3 クラスの系統樹	G7 関係の系統樹
	1対1対応	G4 クラスの乗法的マトリックス	G8 関係の乗法的マトリックス

☆2　上記の群性体は隣接要素のみを結合するということによって，結合律（associativity）が制約されている。A＋C'は最も近い隣接クラスA，A'，B'からAとC'をともに含むDまで一歩一歩作用することによってのみ作られ，そのときA＋C'＝D－B'－A'となる。同様に，A－C'は（D－C'－B'－A'）＝Aであるから，A－C'＝（D－C'－B'－A'）－C'となってトートロジーを生み出すだけである。このような制約の帰結として，括弧内の要素が最初に「還元され」（reduced）たときに結合律が確かめられることになる。つまり，（A＋A'）＋B'＝B＋B'＝Cだが，A'＋B'はクラスとして定義されていないので，A＋（A'＋B'）は意味をもたない（還元ルールの詳細については，Piaget, 1959を参照のこと）。それに対し，整数の加法群においては任

法的構造を予示している)。しかしもっと重要なことは、あらゆる水準で観察される協応が修正を、つまり自己調整を含んでいることである。実際、有機的生命はあらゆる水準において調整的メカニズム 解説6 がはたらいていることによって特徴づけられる（このことはゲノムあるいは遺伝子プールから行動に至るまであてはまる）。ところで、調整は遡及（retroaction；負のフィードバック）の過程であるから、これは可逆性の始まりを意味している。調整は遡及過程における半可逆的な誤りの修正であるのに対し、操作は完全な可逆性によって誤りを前もって修正することである（つまり、操作はサイバネティクスの意味における「完全」調整である）。こうして、調整と操作との親戚関係が明白となる。

　このように、構造の構築が主として均衡化のはたらきによるということは大いにありうることと思われる。しかし均衡化といっても、それは対立する力の平衡という意味ではなく、自己調整という意味である。つまり均衡化とは外部からの撹乱（撹乱は現実のものであったり、予期されただけのものであったりする）に対する主体の一連の能動的反応であり、均衡状態においてはじめてシステムは可逆的となる。それゆえ、可逆性だけで十分であり均衡という考えは余計なものであるといって、われわれの考え方に異議を唱える者（たとえば、ブルーナー）は次のことを忘れている。すなわち、考慮されねばならないのは最終状態としての均衡ではなく、この状態へ至るまでの過程であるから、可逆性へと至る自己調整的過程としての**均衡化**（equilibration） 解説7 の中にこそ本質的なものがあることを忘れている。構造を特徴づける可逆性へと至る自己調整的過程こそ説明されねばならないのである。

25節　均衡化による発達の説明

　ところで、均衡化は発達を説明する要因である。というのは、これは増大する継起的確率過程（a process with increasing sequential probabilities） 解説8 に従っているからである。このことは1つの例[6]によってもっとよく理解する

☞ 解説8 は p.143

意の数を直接他の任意の数に加えたり，それから差し引くことができる。これはどの整数もそれを含む後続者（successors）から完全に解放されているからである。（英訳者の注）

解説5 構造の予示
「行為の協応は……構造を予示している」というのは，順序関係についていえば次のようになる。感覚運動的水準でも目的と手段とを協応させた適応的行動（たとえば，手の届かないところにあるものを，棒を使って近づけてから手に入れる行為など）がみられる。この行動が成功するためには，手段としての行為をまず行ない，次に目的としての行為を行なうことが必要であり，したがって，この協応には行為の順序関係が含まれている。行為の協応に含まれているこうした順序関係が後に獲得される具体的操作における，具体物の順序づけ行為（たとえば長さの違う棒の系列化）の構造と部分的に同型であり，後に獲得する順序構造の素描となっていることをピアジェは指摘しているのである。

解説6 調整的メカニズム
ピアジェは認知構造獲得の生物学的源泉を自己調整的メカニズムに求めているが，その理由は次の通りである（Piaget, 1970a）。

第1に，ゲノムから始まって，細胞，組織，器官に至るまで有機体のあらゆる水準において，そして，本能から始まって，行動，思考，認識に至るまで行為のあらゆる水準において，調整的システムが見出されるからである。したがって，自己調整は生物的組織化にも認知的組織化にも共通する，生命の最も普遍的な特徴に基づいているように思われる。

第2に，自己調整による説明は構造を構成するはたらきを問題としているからである。ということは，成熟説のように前成的に構成された出来合いの認知構造を見出すことを問題とするのではなく，認知構造がいかにして次々とより複雑な構造を作り上げていくのかという形成メカニズムを問題にすることができる。

第3に，論理数学的認識に伴う必然性の意識を，自己調整の高次形態として説明できるからである。この観点からみると，知的操作というのは調整メカニズムの最も洗練された形態としての「完全」調整と解釈できる。そして必然性の意識というのは，この操作的構造の閉鎖に伴う，一種の感情と解釈することができる。

ピアジェはすでにPiaget（1936）の時点で一般遺伝と特殊的遺伝とを区別している。特殊的遺伝というのは遺伝子にコード化されている個々の形質の遺伝であり，一般的遺伝というのは特殊的遺伝そのものを可能にする生命体に固有の組織化である。ここの文脈でいえば，「有機的生命のあらゆる水準においてはたらいている調整的メカニズム」というのは一般的遺伝に属するものである。ピアジェのこのような考え方はもっぱら認知発達理論に適用されているが，生物学の領域においては今日，発達と進化に関するDST理論（Developmental System Theory）として研究されている。

解説7 発達要因としての均衡化の要請
ピアジェは成熟，物理的経験，社会的環境という発達の古典的要因だけでは認知発達を説明するためには不十分であり，第4の要因として均衡化要因を要請する理由を22節最後のところですでにふれている。重複をいとわず，均衡化要因を要請する理由を要約すると，以下の3点にまとめることができるであろう。

①古典的諸要因の相互作用を調整する必要性：3つの古典的要因はそれぞれが独立に発達に対して作用するのであれば，それによってもたらされる発達は方向性のない，偶発的

ことができよう。たとえば，子どもの目の前で球状の粘土をソーセージ型に変形すると，子どもは変形しても粘土の物質量が保存されることをはじめは否定するが，最後にはこの保存の論理的必然性を主張するようになる。われわれはこの事実をいかに説明することができるであろうか。この点に関して，粘土量の保存に至る過程を次の4つの段階に区別するのがよい。それぞれの段階は，アプリオリに決まっているのではなく，現在の状況の結果として，あるいは，その直前の状況の結果として，**最も確からしくなる**（継起的確率過程）。

- 段階Ⅰ：はじめは1つの次元，たとえば，粘土の長さしか考慮しない（仮に10回のうち8回長さに注目するとしよう）。そのとき，粘土は長くなったので，ソーセージ型のほうが「粘土が多い」と言う。時どき，粘土の幅に注目して（仮に10回のうち2回幅に注目するとしよう），「細くなった」と言うが，長さがずっと増したことを忘れて，物質量は「減った」と結論する。なぜ彼はこのように推理するのであろうか。それは1つの次元しか考慮しない確率が高いからである。長さを考慮する確率が0.8で，幅を考慮する確率が0.2であるとすると，2つの次元が補償しあっていることが理解されない限り，両次元は独立であるから，長さと幅を同時に考慮する確率は $0.8 \times 0.2 = 0.16$ となる。

- 段階Ⅱ：ソーセージ型粘土をどんどん長くしていくと，あるいは，子どもが同じ論拠を繰り返すことにうんざりするようになると，子どもが他の次元（幅）に気づく確率はより高く**なり**（はじめから高かったわけではない），2つの判断の間を揺れ動く。

- 段階Ⅲ：動揺があれば，2つの次元の間に何らかの連動関係があること（ソーセージが長くなると，それは同時に細くなること）に子どもが気づく確率は最も高く**なる**（第3段階）。ここで2つの次元の間に連動関係があることに気づきはじめるやいなや，彼の推理は新しい特性を獲得する。すなわち推理はもはや単に**布置**（configuration）のみに頼るのではなく，**変形**（変換；transformation）をも考慮しはじめる。ソーセージ型粘土の場合でいえば，それは単に「長い」ものとしてではなく，「長くする」ことが

●6　1つの例：粘土玉を用いた物質量の保存課題のことである。この実験手続きについては14節 解説7 (p.79) を参照のこと。

なものになってしまうであろう。そうではなく，実際には発達にある方向性が見出されるのは，1つの要因の作用は常に他の2要因との相互作用の中で実現されるからである。とすれば，古典的諸要因の相互作用を調整し，発達に方向性をもたせる第4の要因が要請されることになる。
②自己調整的過程の普遍性：有機体のあらゆる水準において，そして，行動，思考，認識など行為のあらゆる水準において，自己調整的システムが見出されるのであるから，認知構造の構築としての認知発達についてもその説明要因として自己調整としての均衡化を援用せざるを得ない（本節も参照のこと）。特に，20節-22節でみたように，成熟，物理的経験，社会的環境という発達の古典的要因では，いずれも認知発達における規範の獲得（とそれに伴う必然性の意識）を十分に説明しえないのであるから，しかし，現実の認知発達においては，論理数学的規範，道徳的規範といった規範の成立は明らかであるから，それを説明するためだけにでも，もう1つの要因が要請されることになる。
③共通言語の必要性：成熟，物理的経験，社会的環境という発達の古典的要因は相互に異質の要因で共通性をもたないので，それらによって発達を記述しようとしても，異質な言語の並置と羅列に終わってしまう。古典的3要因の総和に還元できない発達の独自性を認めるのであれば，それを統合的に記述しうるための何らかの共通言語が不可欠となる。古典的3要因が発達の内容を規定する要因とすれば，この共通言語によって記述されるものは，古典的3要因のいずれにも内在している発達の形式を規定する要因でなければならない。これが確率論やゲーム理論の言語で記述されるべき均衡化要因である。25節の均衡化による発達の説明は，確率論的用語による説明の試みである（Piaget, 1960）。

解説8　継起的確率過程

段階Ⅰ→段階Ⅱ→段階Ⅲ→段階Ⅳ→…というような発達段階があるとしたとき，各段階を特徴づける行動が生起する確率は，主体が現在いる段階を特徴づける行動の生起確率が最大となり，現段階から離れた段階ほど現段階を特徴づける行動の生起確率は小さくなる。したがって発達段階の移行に伴って，各段階を特徴づける行動の生起確率もまた変化する。このように各段階を特徴づける行動の生起確率が順次変化していく過程を，継起的確率過程とよんでいる。

できるものとして捉えられるようになる。

段階Ⅳ：子どもの思考が変形をも考慮に入れるやいなや，次の段階が最も起こりやすくなる。この段階では，変形を逆にできること（可逆的であること），あるいは，気づきはじめた連動関係（段階Cを参照のこと）のおかげで，長くすることと細くすることという2つの連帯的変形が互いに補償しあうことを理解する（2つの理解が同時に生ずるか，順々に生ずるかは場合によるであろう）。

漸進的均衡化が説明的要因となっていること 解説9 はこのようにして理解することができる。段階Ⅰ（われわれの研究を追試した者はみなこの段階を見出した）は，子どもが1つの次元しか注目していないので，均衡状態にはない。物理的システムにおけるダランベール★2の原理を引き合いに出すと，この場合仮想仕事の諸成分（virtual components of work）の代数的総和がゼロにはならない 解説10 。なぜならこの段階では仮想仕事の一成分がまだ実現されていないからである。実現されていない仮想仕事の一成分とは，遅かれ早かれそうなるにせよ，もう一方の次元を考慮することである。それゆえ，ある段階から別の段階への移行は，その用語の最も古典的な意味において，たしかに均衡化なのである。しかし仮想仕事に相当するのは主体の活動であり，この活動のおのおのはその直前の活動を修正することにあるから，均衡化は一連の自己調整であり，はじめは遡及的な過程であったものも最終的には操作的可逆性に至る。そのとき，操作的可逆性は単に確からしいということを越えて確率1となる。つまり，論理的必然性を獲得する。

ここで操作的保存を例として述べてきたことは，どの操作的構造の構築にもあてはまるであろう。たとえば，系列化A＜B＜Cは，関係＜（「より小」）と関係＞（「より大」）との協応（順序づけられた系列の中で新しい要素EはD，C，B，Aより大きいと同時にF，G，Hより小さいという特性をもっている

★2　Jean-le-Rond d'Alembert [1717-1783]：フランスの数学者，物理学者であり，哲学者，文学者でもあるというフランス啓蒙思想家を代表する人物のひとり。ディドロ（Diderot, D.）と並んでフランス『大百科全書』の責任編集者として有名である。ダランベールの原理とは動力学の問題を，慣性力を導入することによって静力学の問題として扱えるようにする考え方である。

☞ 解説10 は p.148

解説9 発達を説明する要因としての均衡化

このような確率論的過程（均衡化）が「発達を説明する要因である」といっているのは，物理学におけるエントロピー増大の法則が何らかの物理的要因によって説明されるものではなく，純粋に確率論的過程によって説明されているのと同じ意味においてである。22節 解説11 （p.129）において，発達要因としての均衡化を発達の形式を規定する要因としたのはこの意味においてである。発達の古典的3大要因（成熟，物理的経験，社会的学習）では発達を説明するのには十分でないことを20節‐22節で検討した。そこで，ピアジェは第4の要因である均衡化に訴えるわけであるが，その理由は，本文22節で指摘されているように，第1に継起的発達を説明しうるためには，3つの異質な古典要因を整合的で矛盾を含まないように結びつける必要があり，そのためには何らかの組織化要因が要請されることであり，第2にどんな生物学的発達も自己調整的であり，このことは認知発達においてはなおいっそう明瞭に認められることであった。

ピアジェは自己調整的過程が明瞭に認められる例として，本節において物質量の保存を例にあげて説明しているが，わかりやすい事例をもう1つあげておく。図25-1のように，2つのくじ袋があり，袋Aには当たり1個と外れ1個，袋Bには当たり2個と外れ2個が入っていることが知られているとする。問題は袋から1個だけくじを引く場合，どちらの袋からくじを引いたほうが当たりやすいか，それとも，当たりやすさは同じかどうかを問う課題（以下では，「くじ引き課題」とよぶことにする）である（質問にあたっては，袋の中のくじをよくかきまぜてから，中を見ないで1つだけくじを取り出すという教示を行なう。中垣，1986，1997参照）。このくじ引き課題を小学生に実施すると「当たりやすさは同じ」と判断できるのは9歳頃であるが，いかにしてこのような確率の量化が可能となるのかを考えてみよう。

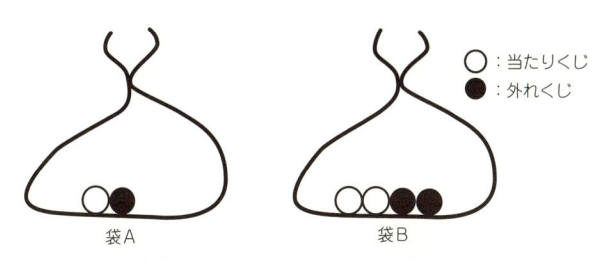

■図25-1　くじ引き課題における実験事態

まず，$1/2＝2/4$という確率量化を生得的要因で説明することができないことは明らかであろう。確率論的な考え方が生まれたのは早くとも17世紀になってからであり，人類史においてさえ確率の量化は近代の産物なのである。ましてや精神の個体発生においてそれをはじめからあったものとして位置づけることは不可能であろう。また，これを物理的経験によって説明できないことも明らかである。たとえば，くじ袋A，Bからそれぞれ100回ずつくじ引きを繰り返したとしても当たりと外れが半々になることも，くじ袋A，Bから同数回当たりが出ることもまずないであろう。これはくじ引きの回数を千回にしようが万回にしようが同じことである。つまり，くじ袋A，Bの「当たりやすさは同じ」という判断は経験的に確認しようのない事柄なのである。さらに，この判断が可能になることを社会的経験によって説明できないこともいっそう明らかである。確率量化を含む簡単な確率論的考え方が教えられるのは（日本では）中学生になってからであるにもかかわらず，小学3，4年生頃に$1/2＝$

こと）の結果，操作的となる 解説11 。この協応は，やはりわれわれが記述してきたような増大する継起的確率という均衡化過程の結果である。クラスの包含についても同様に，B = A + A'かつA'＞0ならばA＜Bであることは同じタイプの均衡化によって獲得される。

それゆえ，均衡化という第4の要因は発達の根本的要因であり他の3要因の協応にも必要である，といって過言ではない。

☞ 解説11 は p.148

2/4という確率量化が可能になるからである。そもそも教師が1/2＝2/4という確率量化を教えようとしてもデモンストレーションによってそれを立証することができないので，1/2＝2/4を確率の定義として与える他はない。しかし，定義として教えられたがゆえに確率量化が可能になったのであれば，このくじ引き課題において「当たりやすさは同じ」という判断に論理的必然性の意識が伴うことはありえないであろう。

それではこのくじ引き課題における確率量化をいかに説明すればよいであろうか（わかりやすいように，ピアジェが粘土量の保存獲得について本文で与えている4段階，(b)(c)(d)の説明に照応させて説明する）。ここで登場するのが均衡化要因である。くじ引き課題において子どもが最初に注目するのは当たりの数である（くじ数が同数である限り，当たりの数が多いほど当たりやすいという判断は正しい）。くじ袋Bにおける当たりくじがくじ袋Aより多いことから，年少児は一般に「袋Bの方が当たりやすい」と判断する（段階 (a)）。今，当たりと外れとを同数ずつ含む袋の系列A，B，C，D，…（Cは当たりと外れをそれぞれ3個ずつ，Dはそれぞれ4個ずつ含む袋である）を考えると，袋の系列を上昇するほど当たりの数が増えるので，年少児はAと比較して「ますます当たりやすくなる」と判断することになる。しかし，一方ではくじ数が多くなればなるほど当たりを取りにくくなることも子どもは知っている（当たり数が同数である限り，くじの数が多いほど当たりにくいという判断は正しい）。そのため袋の系列を上昇するほど当たりの数が増えるにもかかわらず，それにもましてくじ数の多さがめだってくるので，いずれは袋Aと比較して「当たりにくくなる」と判断することになる（段階 (b)）。実際，くじ引き課題において「袋Aのほうが当たりやすい」と判断する子どもはそれを「袋Aのほうがくじの数が少ないから」という理由で正当化する。袋の系列を上昇するに従って，くじ数に基づく判断傾向は強まり，一般にくじ数の少ない「袋Aのほうが当たりやすい」と判断するようになる。

しかし，当たりに注目すれば，袋Aは当たりが少ないのであるから，袋の系列を逆に遡及するに従って，「袋Aのほうが当たりにくい」と判断する傾向が強まることになる。こうして袋の系列を上昇するにせよ，それを遡及するにせよ，系列のある時点で判断を変えることになり，2つの判断間での動揺が起こるようになる（段階 (c)）。同じ課題であるにもかかわらず，当たり数に注目すれば「袋Aのほうが当たりにくい」と判断され，くじ数に注目すれば「袋Aのほうが当たりやすい」と判断されることになる。

2つの判断が矛盾している以上，そして認知発達に自己調整的過程を認める以上，両判断の矛盾を解消し，認知システムを首尾一貫したものとして作り変えようというはたらきが生ずる。そのためには当たり数とくじ数に同時に注目することが必要になり，この点に注目すると，袋の系列が1つ上昇するにつれて当たりの数が1つ増えるだけではなく，くじ数の増加にのみ寄与する外れの数もまた1つ増えていることに気づく。つまり，当たり数の変化と外れ数の変化との同数性と連帯性に気づく。ここから，当たりの数の増加によって当たりやすくなった分に見合うだけ外れの数の増加によって外れやすくなったのであるから，当たりやすさはどちらの袋でも変わらないということに気づくようになるのはあと一歩である（段階 (d)）。こう考えて何か不都合なことが生じないだけではなく，こう考えることによってこれまで矛盾した判断間で動揺を繰り返してきた認知システムが初めて整合的で首尾一貫した判断を下せるようになる。1/2＝2/4という確率量化は認知システムが柔軟で安定したものとなるために要請される思考の形式なのである。またこの確率量化はいわば認知システムの論理的要請であるがゆえに，この認識に必然性の意識が伴うのである。こうして，1/2＝2/4という単純な場合における確率量化の認識の獲得が説明される。これが均衡化による説明であるというのは，何か生得的なものに訴えることも外部からの寄与を持ち出すこともなく，認知発達が自己調整的であるということだけを仮定して説明しているからである。

最後に，均衡化が「発達を説明する要因である」といっても古典的要因というときの要因とは意味が異なっており，均衡化は3つの古典的諸要因間の単なる関係を意味しているのだから古典的諸要因から独立した要因とはいえないのではないかという批判がありうるであろう。たしかに，成熟，物理的経験，社会的環境といった要因は古典的因果性の枠組みで捉えられた要因であるから，その枠組みからみれば，統計的因果性に属する均衡化要因は要因として入ってこないおそれがある。しかし，統計的因果性の枠組みからみれば，3つの古典的諸要因もまたその影響の仕方は複雑な確率論的システムであって，本来は統計的因果性によって捉えられるべき要因である。したがって，古典的諸要因をこの観点から要因とよぶのであれば，それと同じ意味で均衡化を要因とよんでよいのである（Piaget, 1960）。このような事情は，物理学におけるエントロピー増大の法則が何らかの物理的要因によって説明されるのではなく，純粋に確率論的過程によって説明されているにもかかわらず，物理法則とよばれていることと同じである。22節 解説11 (p.129) において，均衡化を第4の発達要因としながらもそれを発達の形式を規定する要因として他の要因から区別したのは，この意味においてである。

解説10 仮想仕事の原理

　つりあっている質点系において，そこにはたらいている外力が，その系の束縛条件を満たすような仮想変位によってなす仕事の総和がゼロになるという原理である。逆にいえば，仮想仕事の総和がゼロにならない場合は，その系はつりあいの状態にない。ピアジェは認知システムの均衡を，この物理学におけるつりあいの原理になぞらえて捉えている。ただし，本文にもあるように，認知システムにおいて「仮想仕事に相当するのは主体の活動」である。物理学における仮想仕事は物理系の中にはなく，それを観察する物理学者の頭の中で想定されるだけであるのに対し，「主体の活動」は主体の認知システムにおける心的活動としてリアリティーをもつと考えられる。たとえば，物質量の保存課題において，変形しても粘土の物質量は保存されると判断できるようになるのは，主体の変形活動に対してそれを仮想的にもとに戻す心的活動が存在し，変形活動によって引き起こされた認知的撹乱を仮想活動が補償し，変形前の物質量と変形後の物質量とが等価であると理解できるからである。しかも，この仮想的活動は認知システムにおける心的活動としてリアリティーをもつので，認知システムにおける均衡は物理系のような静止状態ではなく，心的活動の動的補償体系なのである。

解説11 系列化における操作

　系列化課題（19節 解説13 (p.111) を参照のこと）において系列化行為が操作的になるというのは，第IV段階（7歳以降）の行為，つまり系統的な系列化が可能になったときである。系統的な系列化ができるということは，系列の中の各要素は上位要素より短いと同時に下位要素より長いということを予期できることを示している。このとき棒の関係づけ行為は両方向に行なうことができ可逆的であるといえる（この場合は相補性に基づく可逆性である。15節 解説14 (p.87) を参照）ので，操作の定義（1節 解説1 (p.9) を参照）に従って，系列化行為は操作的となる。

VIII 構造の論理数学的側面

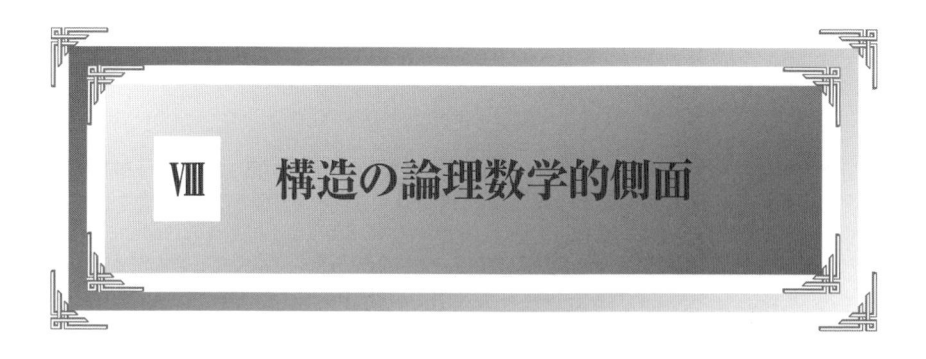

26節　前操作期の構造と質的関係づけ

　前節で触れた「具体的」操作の諸構造は，いずれも何らかの量の構築を前提としている。分類に対してはクラスの外延[●1]（これがクラスの包含を量化することの難しさを説明する），系列化に対しては差異の大きさ[●2]，保存課題に対しては保存量といったようにである。しかし，これらの量的構造が構築される以前にも，前操作的水準で部分的で質的な構造が見出される。そうした構造は可逆的操作の論理の，いわば前半部を構成しているので，不十分な構造とはいえそれだけでも十分興味深い。10節ですでに指摘したように，方向づけられた関数 解説1 （可逆性となるのに必要な，逆方向の行為を欠いた一方向性の関数）や質的同一性 解説2 がそれである。

〈方向づけられた関数〉

　関数といえば数学的意味での「写像」（mappings）を思い浮かべるが，この水準の関数は一方向的な写像である。というのも，すでにみてきたように，この前操作的関数は心理学的には目標志向的な行為のシェムに特有のつながりを表わしているからである。たとえば，1本の紐bがあって，その部分aと残りの部分a'とが直角をなしているとする。重りをa'に載せると紐は釘の上を滑ることができるが，aはバネによって引き留められるものとしよう。4-7歳の子どもはみな，紐を引っぱってa'を長くするとそれにつれてaは短くなることを理解する。しかし，彼らには全体bの長さの保存（b = a + a'）はまだ

> ●1　**クラスの外延**：分類における量的関係とは，たとえばクラスB = A + A'（AはBの下位クラス，A'はその補クラス）において，Bの外延（クラスBに含まれる要素の全体）はその下位クラスA，A'の外延より大きいという関係である。

> ●2　**差異の大きさ**：系列化における量的関係とは，たとえばA＞B＞Cという系列において，AとCとの差異はAとBとの差異より，あるいはBとCとの差異より大きいという関係である。

☞ 解説2 は p.153

Ⅷ 構造の論理数学的側面 ── 151

[解説 1] **方向づけられた関数**

　この関数実験で用いられる装置は図26-1のようなものである（実験装置の図はEEG23 p.62にある）。本文で説明されているように，前操作期の子どもでも，紐bが直角をなす2部分（aとa'）に折り曲げられているとき（紐はピンと張られていてどこにも弛みがない），紐全体の長さbは部分aと部分a'からできていること，a'を長くすればそれにつれてaは短くなること（あるいは，aを長くすればa'は短くなること）は理解している。しかし，a'を長くしたときのa'の増分を $\varDelta a'$，aの減分を $\varDelta a$ とすると，前操作期の子どもは $\varDelta a' = \varDelta a$ ではなく $\varDelta a' > \varDelta a$ と判断するので，紐全体の長さbは保存されず，紐は以前より長くなったと判断される。子どもが $\varDelta a' > \varDelta a$ と判断するのは，「a'の端を引っ張る」という行為は「部分a'を長くする」という目標を志向しているため，その行為が同時に「部分aを短くする」ことを知っていながら，前者のほうが心理的に優位であり，a'の増分 $\varDelta a'$ に見合っただけのaの減分 $\varDelta a$ を認めない。ピアジェがこの判断を可逆的でないといっているのは〔a'の増分 $\varDelta a' = $ aの減分 $\varDelta a$〕を認めないからであり，関数が方向づけられているといっているのは，「紐の端を引っ張る」という行為が単なる紐全体の移動としてではなく，部分a'を引き伸ばすという行為の目標志向性が優位であり，それに条件づけられてaとa'の関係が判断されるからである。

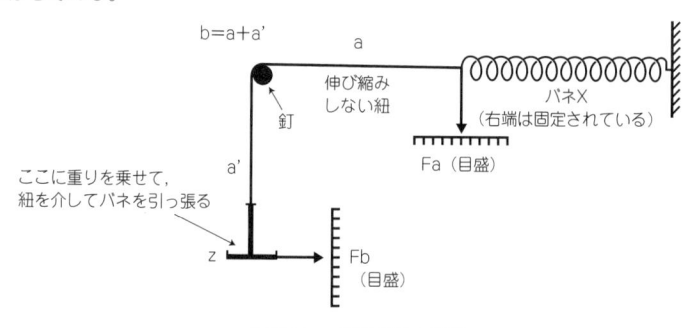

■図26-1　関数実験の装置

　もう少し一般的にいえば，方向づけられた関数というのは前操作期の行為シェムに内在する諸変数の依存関係を表現していて，きわめて一般的なものである。**10節**図10-1（p.61）長さの保存課題で言えば，棒B'の右端の，棒Aに対する突き出し $\varDelta_右$ が大きくなるにつれて左端の引っ込み $\varDelta_左$ が大きくなることがわかるものの，「右にずらした」という行為の方向性のために $\varDelta_右 > \varDelta_左$ と考え，B'＞Aと判断してしまうこと，**10節**図10-2（p.61）液量の保存課題でいえば，容器Bから幅が狭い容器B'に水を移し換えれば，B'の水位の高さが高くなることがわかる，つまり，液体の幅と高さの対応関係がわかるものの，幅に対する高さの心理的優位性のために，高さのみに基づいて液量をB'＞Bと判断してしまうことなどは，前操作期における方向づけられた関数の積極的な成果とその限界を示している。

　ところで，写像ははじめから2つの集合間の方向性をもった対応関係であり，逆写像が存在することは保証されないから，「方向づけられた関数」というのは誤解を招く表現である。ピアジェ自身がfonctions orientéesと書いているので本文のように訳したが，aとa'との関係は $a' = f(a) = b - a$（bは一定）というような通常の意味での関数として理解されているのではなく，aの増減に応じてa'は減増するという質的対応関係として理解されているので，むしろ質的関数としたほうが適切な表現になると思われる。

ない。彼らができることは量化された操作ではなく，単に質的なあるいは順序的な等式（より長い＝より遠い）である。

〈質的同一性〉

同様に質的な同一性についても，すべての（あるいは，ほとんどすべての）子どもは粘土玉をソーセージ型に変えると，たとえ粘土量の保存を認めなくても，その塊が先ほどと「同じ」粘土であることに同意する。このような質的同一性は早くから獲得され，2節で言及した物の永続性のシェムはその一例である。ブルーナーは最近の著作において，このような同一性を量的保存の起源であるとみなした。これはある意味において真実であるが，同一性と保存との間には本質的な差異が存在している（同一性は保存の必要条件ではあるが，十分条件ではない）。すなわち，質（その上に量的同一性が築かれる）は知覚的に確認されうるが，量はわれわれがみてきたように複雑で，長期にわたる構造の練成（elaboration）を必要としているからである 解説3 （23節-25節も参照のこと）。

実際，方向づけられた関数と質的同一性は前操作的かつ質的な半論理をなすにすぎない。それらは可逆的で量化可能な操作の論理を準備するものの，その獲得を説明するには十分ではない。

27節　具体的操作期の構造と量化

前操作的な関数や同一性の質的性格とは対照的に，具体的操作の量化は7-8歳頃に，特に数と計量（両者は部分的に相互同型だが，扱う内容は非常に異なる）にかかわる操作の構築によって示される。ラッセル★1とホワイトヘッド★2は，同値なクラス間の1対1対応だけで基数（cardinal numbers）●3の構築

> ★1　Bertrand Russell [1872-1970]：イギリスの論理学者・数学者であり，哲学者・教育者・平和運動家でもある。論理学者・数学者としてはホワイトヘッドとの共著『数学原理』（1911-1913）が，平和運動家としては世界に核兵器の廃絶を訴えた「ラッセル＝アインシュタイン宣言」（1955）が有名である。

Ⅷ 構造の論理数学的側面 — 153

解説2　質的同一性
　容器の水を別の容器に移し換えても水は先ほどと「同じ水である」こと，粘土玉の形を変形してもその粘土塊が先ほどと「同じ粘土である」ことを子どもが承認すれば，質的同一性があるとされる。前操作期の子どもでも，つまり，たとえ液量や粘土量の保存を認めない子どもでも，質的同一性は早くから承認される。

解説3　液量の保存課題における同一性と保存
　ブルーナーの最近の著作とはBruner et al. (1967)のことである。この著作で，ブルーナーらは液量の保存課題について次のことを確かめた。
①水を形の異なる容器へ移し換える時，移し換えた結果をスクリーンで隠して見せなければ，幼児でも保存判断する者が多いこと，したがって，適切な条件下では幼児でも保存認識をもっていること。しかしスクリーンを取り除くと，多くの幼児は水位の変化から保存判断を維持できず非保存判断に変える者が多いこと。
②上記スクリーン実験で，非保存判断する子どもでも，容器が細いことから水位が上昇することを予測できるので，（ピアジェの考えとは違って）非保存者でも幅と高さの補償関係は理解されていること。
③移し換えた水が増えたとか減ったとかいう非保存の子どもでも，水を元の容器に戻せば，移し換え前と同じだけの水になることを知っている者が多いので，（ピアジェの考えとは違って）可逆性によって保存の獲得は説明できないこと。
④水を別の容器に移し換えても，その水は移し換える前の水と「同じ水である」という同一性の認識は幼児にもあること。
　このような実験からブルーナーらは，液量の保存認識は一定の条件下ではすでにあるのだから，洗練したイメージ的表象（iconic representation）や言語表象によって水の同一性認識を一般化し，量的同一性も認めるようにしてやれば，保存認識が獲得されるとした。
　だが，ピアジェはブルーナーの実験解釈に次のように反論している（EEG24, pp.73-77）。
①非保存者のスクリーン実験における保存判断は，移し換えても「何もかも変化がない」とする疑似保存である。実際，スクリーン実験における保存判断者は水位も変化しないと予測し，水位の変化を見せられると非保存判断に意見を変えること。
②非保存者でもスクリーン実験で，容器が細くなると水位が上昇することを予測できる者がいることは，幅と高さの補償関係が理解されていることを示すものではなく，幅が狭くなると高さが増すという幅と高さの共変関係の理解であり，これは本文でいう方向づけられた関数であるから，前操作期の子どもでも理解可能なこと。
③水を元の容器に戻せば，移し換え前と同じ状態になることを知っているからといって，必ずしも思考の可逆性があるとは限らない。実際，元に戻せば移し換え前と同じ状態になることは経験的に確認可能であって，単に後戻りの可能性を帰納的に認めているにすぎず，思考の可逆性の存在を保証するものではないこと。
④ブルーナーのいう同一性は本文で言及されている質的同一性であって，液量の保存認識に必要な量的同一性ではないこと。
　以上は主に，ブルーナーの事実解釈に関する批判であるが，保存認識獲得の説明に関しては，ピアジェは次のように考えている（なお，この点については31節本文も参照のこと）。
①質は知覚的に確認しうるものであり，質的同一性は複合的質の中から変換を通じて変化する質と変化しない質を区別するだけで十分であること。
②それに対し，量は知覚を超えた知的構成体であり，量的同一性はもっと複雑な知的構築を必要とするので，ブルーナーのように量的同一性を質的同一性に還元することができ

が説明できると信じていた 解説4 が、実際はそうではない。なぜなら、同じ特性をもつ個々の対象間の質的対応とは違って、ラッセルとホワイトヘッドが使用した対応の操作は質を捨象することによって、暗黙のうちに単位を、つまりは数を導入しているので、彼らは循環論法に陥っているからである。実際は、有限集合において基数は順序数（ordinal numbers）●4から分離しえず、次の3条件に従っている。

〈数概念成立の3条件〉

①質の捨象：これによってすべての個物が同値となる。したがって1＝1＝1
②順序の介在：1→1→1……、これは対象を相互に区別するのに必要であって、さもなければ1＋1＝1となってしまうであろう。
③包含の関係：（1＋1）は（1）を、（1＋1＋1）は（1＋1）を含むなど。

このように、整数は順序（系列化）と包含（分類のような入れ子的集合：nested sets）の総合（synthesis）であり、質を捨象したためにそれは不可避的となる。それゆえ、整数は純粋に論理的な成分（系列化と分類）しか利用していないが、1＋1＝2などというように、反復（iterative）による量化が可能となるような新たな総合に従って再編成されている。

同様に、連続体（たとえば線や面）の計量も数の3条件に対応した、次の3条件に従っている。

〈計量概念成立の3条件〉

①全体の、部分への区画分割。分割部分の1つが単位として選ばれ、他の分割部分との合同（congruence）a＝a＝……によって同値とされる。
②しかし、単位として選ばれた分割部分を他の部分に重ね合わせるためには、

★2　Alfred Whitehead [1861-1947]：イギリスの数学者・哲学者で、教え子でもあるラッセルとともに『数学原理』（1911-1913）を著した。科学哲学者・宗教哲学者でもあり、その方面での主著として『過程と実在』（1929）がある。

●3　基数：ここでは記数法の基礎として用いられる1から9までの数のことではなく、集合の要素の個数（「いくつあるか」という問いに対する答え）のことである。

●4　順序数：集合の要素の順番を示す自然数（「何番目か」という問いに対する答え）のことである。

ないこと。
③ '液量' が構成されるためには，対象（この場合は液体）に対して行なわれる諸操作（変換行為）が協調しあって安定した操作的システムを構築する必要がある。液量の保存というのはそのような操作的システムにおける不変量に他ならないこと。
④安定した操作的システムを構築したとき，諸操作は（量的）可逆性，（量的）補償性，（量的）同一性という特性を獲得する。実際，液量の保存者は保存判断をこの3つの特性に訴えて正当化しようとすること（15節 解説15 (p.89) を参照）。
⑤質的同一性は変換行為の織りなす操作的システムに媒介されてはじめて量的同一性に統合されるのであって，ブルーナーのいう同一性の一般化はイメージや言語による表象の洗練の問題ではないこと。

解説4 数学の論理学への還元

　ホワイトヘッドとラッセルは『数学原理（*Principia Mathematica*）』（Whitehead & Russell, 1911-1913）において，純粋数学の諸観念を論理学的概念によって定義し，純粋数学の定理を論理学的原理から演繹することによって，数学を論理学に還元しようとした。たとえば，数3という観念は三角形の辺の集合，三脚の脚の集合，3人兄弟など互いに対応づけることのできる集合，の集合と定義された。しかし，集合間で互いに対応づけることができるためには，この対応は2つの顔の目と目，口と口といった質的対応ではなく，質を捨象した任意の対応でなければならない。しかし，集合の要素の質を捨象した1対1対応というのはまさに要素の数的単位化に他ならず，1対1対応操作そのものがすでに数的観念を含んでいる。それゆえ，ピアジェは数を論理に還元しようという，ラッセルとホワイトヘッドの試みは循環論法に陥っており，成功していないと本文で指摘しているのである。

一定の順序に従って単位を移動させることが必要である。a→a→a…など。

③最後に，加法的合成に従ってこの単位を入れ子関係に組み込むことが問題となる。すなわち，aは（a＋a）に，（a＋a）は（a＋a＋a）に組み込まれる。

したがって，計量を特徴づける入れ子式分割と単位の移動順序とのこのような総合は，数を特徴づける順序と包含の総合に同型である。このことが数を計量に適用することを可能にしているのである。

こうして，包摂関係と順序関係という初歩的な「群性体」の他には何も援用することなく，ただそれらを総合するだけで，主体は数的な量化や計量的な量化を獲得するということが理解できる。この量化はクラス化や系列化における初歩的な量化●5をその能力においてはるかに越えている。クラスの外延関係にしろ，「より大きい」や「より小さい」という差異に基づく系列化にしろ，その量化はいずれも全体に対する部分の大小関係でしかない。

> ●5　初歩的量化：本文にもあるように，全体に対する部分の大小関係（26節●1，●2（p.150）を参照のこと）のことで，ピアジェは内包的量化（intentional quantification）とよんでいる。それに対し，計数や計量による量化は外延的量化とよんでいる。ただし，日本語で内包量といえば，密度や速度など比率で表わされる量をさし，ピアジェの内包的量化と意味が違うので注意が必要である。

28節　形式的操作期の構造と命題操作

23節において言及された具体的操作の構造に引き続いて，11歳から15歳の間に新たに2つの構造が構築される。それは4元群（four-group）と組合せ法（☞combinatoire；組合せ法については10節●5（p.56）を参照のこと）であって，これによって含意（implications）（p→q），非両立（imcompatibilities）（p｜q），選言（disjunctions）（p∨q）などといった命題操作 解説5 を取り扱えるようになる。組合せ法というのは，たとえばa，b，cから2要素のクラス

解説5 **命題操作システム**

　命題操作というのは，命題の結合や変換にかかわる操作である。命題そのものが1つの操作なので，命題操作は「操作の操作」として2次的操作である。2つの原子命題をp，qとするとき，これから作られる命題は二項命題操作とよばれる。表28-1のように異なる真理値表をもつ命題操作は全部で16個あるので，ピアジェは16二項命題操作とよんでいる。また，16二項命題操作間の含意関係を構造的に表現すれば，図28-1のようになる。

■表28-1　16二項命題操作システム

	命題操作の名称	16二項命題操作	選言標準形
1	完全否定	(0)	(0)
2	連言	p q	p q
3	条件法の否定	¬(p→q)	p¬q
4	逆条件法の否定	¬(q→p)	¬p q
5	選言否定	¬p¬q	¬p¬q
6	p肯定	p〔q〕	pq∨p¬q
7	q肯定	q〔p〕	pq∨¬p q
8	双条件法	p≡q	pq∨¬p¬q
9	排他的選言	pWq	p¬q∨¬p q
10	q否定	¬q〔p〕	p¬q∨¬p¬q
11	p否定	¬p〔q〕	¬p q∨¬p¬q
12	選言	p∨q	pq∨p¬q∨¬p q
13	逆条件法	q→p	pq∨p¬q∨¬p¬q
14	条件法	p→q	pq∨¬p q∨¬p¬q
15	非両立	p|q	p¬q∨¬p q∨¬p¬q
16	完全肯定	p*q	pq∨p¬q∨¬p q∨¬p¬q

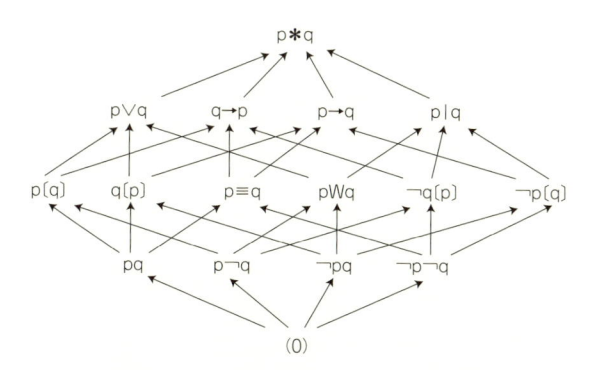

■図28-1　16二項命題操作システムの構造的表現

（注）矢印は命題操作間の含意関係を表わす。たとえば，(p W q)→(p∨q)はpWqからp∨qを演繹することができることを示す。

を作る場合，ａａ，ａｂ，ａｃ，ｂｂ，ｂｃ，ｃｃとなるように，可能なあらゆる分類を分類することにある（同様に，順列は可能な系列化の系列化である）。それゆえ，これはまったく新しい操作を構成しているわけではなく，他の操作に対する操作なのである。同様に，4元群INRC[*1]は否定N（inversions）と相反R（reciprocities）とを1つの全体に結合することから生ずる（このようにして，相反の否定として相関（correlative）C = NRが，3者の結合として同一性（identity）I = NCRが現われる）。

　しかし，すでに否定（逆）はA－A＝0という形でクラスの群性体に存在しており，相反は関係の群性体にA＝BならB＝Aという形で存在している。このようにINRC群もやはり先に築かれた操作の上に築かれる操作的構造なのである。組合せ法もINRC群も，ともに必要とするp→qといったような命題操作に関していえば，それは形式においては新しいが，その内容はクラス，関係，数などの間のつながりを扱っているので，命題操作もやはり操作に対する操作である。

　一般的に，発達の第3の時期（11－12歳に始まる形式的操作の時期C。10節を参照のこと）に固有の操作は，具体的操作（7－11歳の表象的知能第2下位時期）にその根をもつが，前者は後者の操作を豊かにしている。それはちょうど具体的操作が感覚運動的シェム（2歳までの時期A）を源泉としながらも，それを大幅に豊かにしているのと同様である。（すでに10節で強調した）段階の継起的特性は，構造の構築という観点に立てば，われわれが次節でより詳しく分析する1つのメカニズムを通して現われる。そのメカニズムは非常に重要であるため，単にそれを継起的過程とか漸進的均衡化過程などとよんですませてしまうわけにはいかない。革新（novelty）をもたらす構築がいかにして生み出されるかを理解することが必要であり，よく知られているように，これこそが数学的構造の発達が提起している主要な問題なのである。

☆1　INRC群は，他の代数的構造の操作（あるいは要素）に作用する1組の操作で，この操作は対合的（involutive）である。対合的操作というのは$N^2=I$のように，それ自身の逆と同じになるような操作である。対合的操作の一例はブール代数の双対法則（duality）（ド・モルガンの法則）である。すなわち，$\neg(p \vee q) = \neg p \wedge \neg q$ 。Nを否定とすると，$N(p \vee q) = \neg p \wedge \neg q$と書ける。相関Cを，結合子（connectives）に作用して∧を∨に，∨を∧に変える規則とし，相反Rを，変数記号に作用してpを$\neg p$に，$\neg p$をpに変える規則とする。すると（たとえば，$p \vee q$ に対して）CとRを順に作用させることによって，Nを作用させたのと同じ結果を得る。図4の「状態図式」（state diagram）は$p \vee q$に作用するN，R，Cの間の関係を示している。

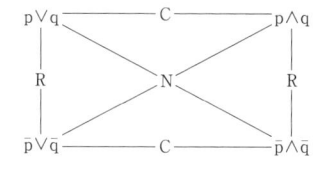

図4　p∨qに関する状態図式　　　図5　(R, R)に関する状態図式

　ここであらゆる論理式をそれ自体に変える規則を同一性Iとすると，「図表を追跡すること」によって，次の諸特性を容易に確かめることができる。
　1　RC=N，RN=C，CN=Rで，これらはすべて可換である。たとえばRC=CRなど。
　2　$C^2=N^2=R^2=I$で，変換はいずれも対合的，すなわち各要素はその逆と同じである。
　3　RNC=I
　このことから，I，N，R，Cおよびその合成操作（ある変換の結果に別の変換を作用させるという通常の意味における合成操作）が非循環的な4元群であることを示すことができる（クラインの4元群）。
　特有の構造をもった物理的システム上でINRC群を定義することもできる（特有の構造というのは，1つの対合的変換を別の2つの対合的変換に「分解する」ことができるような構造のことである）。二重参照系に関するピアジェの実験の1つは次のようなものである。小さな板の上をカタツムリが左から右にあるいは右から左に進む。その小さな板もそれ自身テーブルの上を左右に移動する。この場面では，カタツムリの運動を反転させる規則として相関Cを定義することができる。たとえばC (L, L) = (R, L)と書ける。ここで (R, L) というのはカタツムリ（最初の座標系）が右に，板が左に動くことを意味する。次に第2の座標系を反転する規則として相反Rを定義することができる（つまりこれは板の運動の反転を意味する）。たとえば，R (L, L) = (L, R)。こうすると「状態図式」は図4と同じ構造となり，否定N（Nは2つの運動をともに反転することである）はRとCの積となる（図4を参照のこと）。（英訳者の注）

29節　反省的抽象

　論理数学的操作が構成されて認知システムが演繹的となる 解説6 水準に到達する以前でも，論理数学的経験について語ることができることをみてきた（21節のC）。論理数学的経験は，対象（object）そのものから情報を引き出すことではなく，対象にはたらきかける行為の特性から情報を引き出すのであり，両者はけっして同じことではない。したがって，単純な抽象とは違って，**反省的抽象**（reflective abstraction）とよぶべき新しいタイプの抽象が存在する。これこそがわれわれの問題の解決の鍵となるものである。行為や操作からある特性を抽象するためには，無視すべき特性からそれを分離する（たとえば，保持されるべき「形式」と無視されるべき「内容」の分離）だけでは十分ではない。それに加えて，こうして保持された特性や形式を，どこか別のところへ，つまり行為や操作の異なる平面上へ移し換えねばならない。単純な抽象の場合には，主体によって同化される対象の特性を扱うので，こうした問題は生じない。しかし反省的抽象の場合には，主体は平面P1における行為や操作からある特性を引き出し，次にそれをより高次の平面P2へ移転しなければならない。反省的抽象におけるこの移転がほぼ物理学的意味（光線の反射の場合のような意味）における「反映」（reflection）である。しかし，新しい平面P2上でこの形式や特性を同化するためには，それをこの平面P2上で再構築して，知能や思考の新しい様式に従わせることが必要である。反省的抽象におけるこの再構築が，認知的意味における「反省」（reflection）である。このように，われわれは「反省的抽象」を，reflectionという言葉の二重の意味において理解せねばならない 解説7 。

　平面P1から抽象された特性や形式が同化されるために，平面P2において新しい作業が必要となるのは，平面P1上で機能していた操作や行為（求められている認識はこの操作や行為から抽象によって引き出される）に，新しい操作や行為が平面P2上で付け加えられることになるからである。それゆえ，反省

Ⅷ　構造の論理数学的側面 —— 161

解説6　認知システムが演繹的となる

　認知システムがそのシステムの内在的関係（論理）に基づいてある結論（判断）を導くことができるようになったとき，そのシステムは演繹的といわれる。たとえば，多数の赤いバラ（A）の中に2，3本の白いバラ（A'）が混じっている花束を見せて，「バラの花（B）と赤い花（A）ではどちらの方が多いですか？」と問われて，赤い花のクラスAは下位クラスとして全体クラスB（バラの花）に含まれていることから，包含の論理（B＝A+A'，故にB＞A）を使ってただちに「バラの花の方が赤い花より多い」と答えたとき，演繹的な問題解決である。しかし，バラの花と赤い花をそれぞれ別々に数えて各クラスの要素数を出し，その結果を比較して「バラの花の方が赤い花より多い」と答えたときは，数えるという経験的確かめに依存した帰納的な問題解決である。

解説7　反省的抽象における二重の意味のreflection

　ピアジェは抽象のメカニズムとして単純抽象と反省的抽象を区別している。前者は，対象そのものから情報を取り出す抽象であって物理的認識の源泉となっている。それに対し，後者は対象にはたらきかける諸行為の協応からの抽象であって，論理数学的認識の構築を可能にするものである。反省的抽象が'reflective'といわれるのは「反映」と「反省」という二重の意味においてであると本文で指摘されている。

　本節 解説6 における包含の論理の場合でいえば，次のようになるであろう。行為の水準P1では，バラの花束（B）を作るためには赤い花の花束（A）と白いバラ（A'）の花1束を一緒にすればよい。つまり，バラの花束（B）を作る行為は赤い花の花束（A）を作る行為と白いバラ（A'）の花束を作る行為との加法的協応である。包含の論理を抽象するためには，まずこの加法的協応に含まれる関係を表象の水準P2に移し換える必要がある。バラの花束を作る行為をB，赤い花の花束を作る行為をA，白いバラの花束を作る行為をA'と表象し，加法的協応を＋と書けば，この関係はA＋A'＝Bという表象となる。この過程が行為から表象への水準移行としての「反映」の意味である。

　しかしながら，行為の水準における関係を表象の水準に反映させるだけで包含の論理が成立するわけではない。つまり，クラスBとクラスAの大小を比較できるようになるわけではない。なぜなら，A＋A'＝Bという関係を行為の流れの中でみたとき，クラスBを作った瞬間クラスAは消失するからである。バラの花束（B）を作ったということは赤い花の花束（A）ではなくなったということであり，その逆も真である。行為の水準ではクラスBとクラスAとを同時に作ることは不可能なのである。実際，包含の量化課題（14節 解説10 (p.83)を参照）で，包含の論理を獲得する以前の子どもはクラスBとクラスAとの比較を求められてもクラスA'とクラスAを比較してしまい，B＜Aと判断する。

　クラスBとクラスAとが比較可能となるためには，クラスAとクラスA'を合成してクラスBを作ってもクラスAが（クラスA'も）解体されるわけではなく保存されること，クラスAの赤い花は同時にクラスBのバラの花でもあることを知る必要がある。そのためには，行為的には実現されているA＋A'＝Bという関係とB－A'＝Aという関係を，表象の水準P2において同時的関係として捉え直し，両者が可逆的な関係にあって，クラスAをA＝B－A'としていつでも取り戻せることに気づく必要がある。この過程が表象の水準P2における再体制化としての「反省」の意味である。

　本文において反省的抽象が必然的に構築的であるというのは，水準P2における再体制化によって，水準P1で実現されていた関係に新しい関係が必ず導入されるからである。包含の量化の場合でいえば，行為の水準P1で実現されているA＋A'＝Bという関係とB－A'＝Aという関係が表象の水準P2において非時間的で同時に成り立つ関係として捉え直され，

的抽象は必然的に**構築的**（constructive）であり，同時に，新しい要素を付け加えることによって，平面P1から引き出された構造を**豊かに**（enrich）する。このことは結局，反省的抽象が新しい構造を構築するということに等しい。反省的抽象をこのように捉えることによって，感覚運動的シェムから引き出されながら，具体的操作がなぜそれより豊かであるのか，同じく命題操作や形式的操作がそれ自体は具体的操作から引き出されながら，なぜそれより豊かであるのか，を理解することができる 解説8 。つまり操作に**対する**操作として，新しい合成様式がそれに付け加えられるのである（組合せ法など）。

しかし，反省的抽象は数学における構築の一般的手法である。たとえば，操作に対する操作として，代数学が算術から引き出されたのはこのような手法によってである。同じ方法でカントール★3は超限算術（transfinite arithmetic）●6を構築した。すなわち彼は数系列1，2，3，4……を数系列2，4，6，8，……と1対1に対応させたのである。この操作によって新しい数（$\aleph_0$）が生み出される。実際，この数は「可付番集合の濃度（数）」（power (number) of the denumerable）を表現し，どちらの数系列の要素でもないがゆえに新しい数なのである。同じ方法で現代の関数論は「射」（morphisms），「圏」（categories）●7

> ★3　G. Cantor [1845-1918]：ドイツのベルリン大学で，数学，哲学，物理学を学び，ハルレ大学で教授生活を送った数学者。実無限の立場から諸々の無限集合を量化し，古典集合論の創始者となった。

> ●6　**超限算術**：超限基数を含む算術。超限基数というのは無限集合の基数（もともと基数というのは有限集合の要素の個数を意味する概念であるが，この概念を無限集合にまで拡張したとき，一般に濃度といわれる）のことで，本文にある「新しい数」というのは自然数の濃度のことであり，$\aleph_0$（アレフ・ゼロ）とよばれる。また，$\aleph_0$は可付番集合（自然数と1対1対応がつけられる任意の無限集合）の濃度でもあるので可付番濃度ともいわれる。$\aleph_0$より大きい実数の濃度は$\aleph_1$（アレフ・ワン）とよばれ，連続体の濃度ともいわれる。連続体仮説（13節●3（p.76）参照）は「$\aleph_0$より大きく，$\aleph_1$より小さな濃度は存在しない」と言い換えることができる。

> ●7　**圏**：オブジェクトとよばれる数学的な対象の集合と，オブジェクトからオブジェクトへの射とよばれる要素をセットとする集まりがあって，射の合成に関して結合法則が成り立つこと，自分自身への射である恒等射が常に存在すること，異なるペアのオブジェクト間には同じ射は存在しないことという条件を満たすとき，そのセットは圏をなすという。

さらに両者に可逆的な関係が導入されることによって，加法的群性体とピアジェがよぶ論理数学的構造を構築することが可能になるのである。

解説8 水平的デカラージュと手続き的デカラージュ

本節で述べられている反省的抽象は発達段階の継起的特性を説明するメカニズムであり，したがって，垂直的デカラージュ（10節 解説4（p.55）参照）をもたらすメカニズムでもある。垂直的デカラージュは，たとえば感覚運動的知能の獲得過程が表象的知能のそれにおいて繰り返されるというような段階間現象であるのに対して，一定の発達段階内において形式的には同じ知的操作を必要とする課題であってもその操作が扱う概念内容の違いによって，操作的認識の獲得過程が繰り返されるという現象もある。この現象をピアジェは水平的デカラージュとよんでいる。たとえば，物質量，重さ，体積にかかわる3つの保存課題において，操作的保存に至るまでの認識獲得過程はいずれもほぼ同じであるが，保存認識に到達する時期は違っている。物質量の保存は7，8歳頃，重さの保存は9，10歳頃，体積の保存は11，12歳頃で，到達時期にはほぼ2年のずれがある（14節 解説7（p.79）参照）。

垂直的デカラージュは行為の水準が異なる課題間の時間的ずれであるから，獲得時期にずれが存在するとしても不思議ではない。それに対し，水平的デカラージュは行為の水準が同じで形式的には同じ知的操作を必要とする課題でありながら，扱う概念内容の違いによって生ずる時間的ずれであるから，水平的デカラージュの存在は，認知構造を形式的に記述しようとするピアジェの構造主義的立場を危うくするものとしてしばしば指摘される。しかし，具体的操作は具体物，あるいは，その概念化された物を操作対象とするからこそ"具体的"操作といわれるのである。知的操作は具体物においてはたらくのであるから，その作動が具体物の何を問題としているかに影響されることはごく自然であろう（たとえば，具体物から重さを抽象することは物質量を抽象することより困難であろう）。したがって，水平的デカラージュの存在はピアジェ理論をなんら危うくするものではなく，むしろ積極的に具体的操作が獲得されるまでの特徴として位置づけるべきであろう（水平的デカラージュは形式の内容依存性であるから，形式と内容とがいっそう未分化な前操作期にも感覚運動期にも見出されるので，具体的操作期の特徴というわけではない）。

しかし，同じ知的操作を必要とし，同じ概念内容を問う課題であっても，知的操作の作動はその概念内容を実現する具体物の種類，具体物の変換方法，課題提示の仕方などにも影響される。たとえば，重さの保存課題の場合でいえば，具体物として粘土玉を使うのか，砂のようなものを使うのか，粘土玉をソーセージ型に変形するのか，いくつもの小球に分割するのか，2つの粘土が同じ重さであることを最初に確認するのか，確認せずに1回だけ保存質問を行なうのか，といった諸要因にもパフォーマンスは影響される。認知構造は諸操作の均衡システムであって，概念内容以外の諸要因もこの均衡システムに対する撹乱要因を構成するからである（一般的にいって，大きな変化は大きな認知的撹乱を構成する）。そこで，概念内容以外の多種多様な要因によってパフォーマンスが影響を受けることを手続き的デカラージュとよんで，水平的デカラージュと区別することが必要である。水平的デカラージュは操作的構造化の難易が概念内容に依存しているために生じるものであるのに対し，手続き的デカラージュは知的操作が現実にはたらく際にその作動のしやすさがさまざまな要因に依存していることを示している。したがって，手続き的デカラージュは具体的操作期に固有のものではなく，発達のあらゆる水準において見出すことができる現象である。

ところで，具体的操作期における水平的デカラージュの存在がピアジェ理論を危うくするものではないにしても，形式的操作期の場合はどうであろうか。形式的操作はその名称からして内容非依存的なはずである。つまり，形式的観点から同じ構造をもつ課題であれば，同

などを構築しているし、ブルバキ★4の「母構造」(mother structures) ●8とそれから派生したものについてもまた同様である。

　われわれは子どもの発達の継起的諸段階において、また自己調整による均衡化のメカニズム（それは高次フィードバックによる自己調整である可逆的操作に至る）において、構造の構築過程を観察してきたが、この構築過程が数学の無限に稔り豊かな発展において用いられる不断の構築手続きと一致していることは特に注目に値することである。ここにこそ発達の問題に対する1つの解答がある。この解答は、「既成の」(ready-made) 外的実在を発見していくという経験論的過程にも、すべてがはじめから既成であることを信じることになる前成（preformation）や前決定（predetermination）（先験論）の過程にも、発達を還元することはない。真理は両極端の間にあると、すなわち、新しい構造が不断に練り上げられていく機構に到達しようとする構築説（constructivism）（☞構築については、2節 解説5 (p.9) を参照のこと）にあると思われる。

★4　ニコラ・ブルバキ（Nicolas Bourbaki）：1930年代から活躍したフランスの若手数学者集団につけられた、架空の数学者の名前。「ブルバキ」といえばその数学者集団をさす。ブルバキの執筆した『数学原論（Éléments de mathématique）』は、現代数学を集合論の上に公理論的に再構成しようとしたもので、数学界を超えて大きな影響を与えた。ピアジェもその影響を受けたひとりである。ピアジェの構造主義はブルバキから着想を得たものではないが、少なくともブルバキの数学構造論によって明確な形を与えられたといってよいであろう。

●8　母構造：ブルバキが集合論の上に現代数学を再構成しようとしたとき、その再構成の土台となった基本的な数学的構造のことである。具体的には代数的構造、順序的構造、位相的構造をさす。ピアジェはブルバキの見出した母構造が具体的操作期の子どもの認知構造に原初的な形で認められることを強調している。

じようなパフォーマンスを発揮することが期待される。ところが，論理的には同じ形式的操作課題であっても，その課題に盛り込まれる内容によって，そのパフォーマンスは大幅に変動することが知られている。そのような課題として最もよく知られている課題は4枚カード問題である（Wason, 1966）。4枚カード問題は条件命題に関する形式的操作課題であるが，課題内容，課題提示法等々によって大幅にパフォーマンスが変動し，ピアジェの形式的操作論，ひいてはピアジェ理論一般に対する信頼性を損なわせることに大いに寄与した課題である（たとえば，Wason, 1977）。ピアジェも形式的操作課題の内容依存性に直面して，人は誰でも形式的操作に達するが，それが発揮されるのはその人が専門とする，あるいは，興味を持続できる活動領域においてであって，それ以外の領域においては形式的操作の発揮は期待できないという考え方を提出している（Piaget, 1970b）。ピアジェ自身はこの考え方は形式的操作が内容から解放されていることと矛盾するものではないとしているものの，明らかに当初の形式的操作理論（Inhelder & Piaget, 1955）からは後退している。

　しかし，水平的デカラージュと区別された手続き的デカラージュは発達のあらゆる水準において見出すことができるので，形式的操作課題においても当然存在しうる。特に，手続き的デカラージュは知的操作の作動の仕方に影響するものであるから，認知的撹乱の与え方によっては均衡システムの小さな変容が表面的には大きなパフォーマンスの変動を生む可能性があることを示唆している。実際，その後の4枚カード問題の研究は内容効果とか文脈効果といわれているものも，よく検討してみれば，表面的なものであり何ら形式的操作そのものの内容依存性を示すものではないことが明らかになってきた（たとえば，中垣，1987）。したがって，形式的操作課題の内容依存性を，つまり課題内容・文脈によるパフォーマンスの大幅な変動を，ピアジェの形式的操作理論を何ら損なうことなく，説明できる可能性が切り開かれつつある（この点については，本書「認知発達の科学のために」2章3節を参照）。

IX 結論：心理学から発生的認識論へ

30節　認知発達の理論と生物学，社会学，言語学，論理学

　われわれが概観してきた理論は否応なしに学際的なものであって，心理学的次元に加えて，生物学的次元，社会学的次元，言語学的次元，論理学的次元，および認識論的次元を含んでいる。

〈生物学との関係〉 解説1

　認知発達は，胎生的初期段階から大人の状態に至るまでの後成的発生における特殊ケースであるから，生物学とのつながりは明らかである。われわれは，生物学から主として次の3つの教訓を取り入れている。

- A．組織化の内生的諸要因なしには，有機体やその行動の変容（transformation）はけっしてありえないこと。なぜなら，表現型は環境との相互作用において構築されるものの，それはあくまでも環境の「ストレス」に対するゲノムの「応答」（response），あるいは，母集団の全遺伝子プールの応答（個々のゲノムはその遺伝子プールの一断面となる）だからである。
- B．逆に，環境の影響との相互作用なしには，後成的な変化つまり表現型的な変容はけっしてありえないこと。
- C．これらの相互作用には断えざる均衡化や自己調整の過程が伴うこと。最初にあげるべきそのような過程は同化と調節の間の均衡であるが，こうした均衡化過程はまた，感覚運動的自己調整に現れ，その後表象的で前操作的な自己調整にも現れ，さらに，操作そのものにおいてさえ現れる。なぜなら操作というものは，犯してしまった誤りからのフィードバックにもはや頼るのではなく，誤りを予期し，事前に修正することによる自己調整だからである。

〈社会学との関係〉

　われわれの理論と社会学とのつながりも自明である。なぜなら，認知構造の起源が行為の一般的協応にあるにしても，その協応は個人内的であると同時に，

解説1 認知的メカニズムと生物学との関係

ピアジェは認知機能を生物学的観点から次のように捉えている（Piaget, 1967a）。

まず，生命体は自己保存を根本的特性とする固有の組織であると同時に，他方では，そのために外界との絶えざる物質的エネルギー的交換を必要とする開放的体制である。このように生命体はそもそもの存在様式からして自己保存を根本的特性としながらも開放系であるという矛盾した存在である。そのため，外界との相互作用において不均衡と均衡化を絶えず繰り返す自己調整過程が生命体の根源的現実となる。ここから，認知機能に関する2つの仮説が導かれる。

① 認知的メカニズムは生命体一般にみられる自己調整機能の帰結であり，生物学的自己調整を拡張したものであること。
② 認知的メカニズムは，外界との相互作用における調整を司るために分化し，そのために特化した器官であること。

上記の2点がピアジェ認知発達理論における主導的仮説であるが，前者の仮説から認知機能と生命体との共通性がみえてくる。すなわち，①認知機能と生命体のはたらきとの機能的対応（たとえば，ともに同化と調節とを根本的過程としていること，ともに固有の組織化法則に従うこと，さまざまな保存様式が存在することなど），②認知機能と生命体の組織との部分的な同型性（たとえば，認知機能における分類操作は生命体組織の階層的構造と部分的に同型であること，数学的群構造における自己同型性は，生物発生における調節卵のように，卵割後の分割球もそれぞれが正常な成体を作ることに見出されることなど）である。

しかしながら，認知機能と生命体との共通性は明らかであるにしても，認知機能が外界との交換における調整のために分化し，そのために特化した器官であるという，認知機能に関するもう1つの主導的仮説から，認知機能が生命体の組織にはみられない固有の機能をもっていることも導かれる。

生命体の調整に対する認知的メカニズムの本質的特徴としてピアジェは次のような3つの特徴を指摘している。

① 開放系の漸進的閉鎖：開放系であることを運命づけられた生命体は適応の可能性の増大という意味において環境の拡張を図るが，この傾向は認知的メカニズムにおいて飛躍的に加速され，最終的には開放系の漸進的閉鎖，つまり主体への宇宙全体の完全同化をめざすことになること（われわれは個人の一生の利害にまったくかかわりそうにない宇宙のビッグバンにもなぜ興味をもつのであろうか）。
② 形式と内容との分離可能性：外界との相互作用において，生命体の調整は物質的エネルギー的交換によって行なわれるが，認知的調整は外界との相互作用を機能的交換に置き換えることによって調整手段の形式と内容とを分離し，形式の形式としての高次の調整手段の構築を容易にしたこと，言い換えれば，精神の個体発生としての認知発達が可能となったこと（数学者は現実世界に住みながら，なぜ現実世界の何について語っているのかを知ることなしに数学をやることができるのであろうか）。
③ 個人間的調整（社会的交換）の成立：認知的調整における調整手段の形式と内容分離が飛躍的に促進されることによって，認知的調整における最も一般的な形式は同時に個人間的調整の形式ともなり，人間の認識の場合，個人間的調整は認知発達のための不可欠な条件となったこと，さらに，調整手段（認識）の蓄積およびその個人間的交換（社会的交換）も可能となり，本能のような遺伝的伝達とは違った教育的，社会的伝達によって，文化・文明を生み出すまでに至ったこと（なぜ人間だけが遺伝子的制約を乗り越えて，科学技術を含むミームを生み出すようになったのであろうか）。

個人間的つまり社会的であって，複数の個人間の行為の協応は個人内協応と同じ法則に従っている 解説2 からである。個人間の協応は，強制や権威を伴う社会的過程においては成立せず，その場合の関係は自己中心性（egocentrism）に類縁の社会中心性（sociocentrism）解説3 となる。しかし，協働（cooperation）の関係においては，個人間の行為の協応が成立する。協働とは，実は「共同─操作」（co-operations）に他ならない。認識の根本的な諸過程の1つは主観的な錯覚（illusion）に対する脱中心化の過程であり（8節を参照のこと），この過程は理性的な次元とともに，社会的な次元，つまり個人間的な側面をももっている。

〈言語学との関係〉

言語学が，今なおブルームフィールド★1のような素朴な反心理主義（antimentalism）を擁護するならば，われわれの理論と言語学とのつながりはほとんど意味をもたないであろう。しかし言語研究に，ミラー★2のいう「主観的行動主義」（subjective behaviorism）の立場を採用することもできるし，言語学固有の領域では，変形文法に関するチョムスキーおよびそのグループによる現在の諸研究は，われわれ自身の操作的見地および心理発生的構築説に非常に近い。とはいえ，生成文法理論を提唱するチョムスキーは，言語構造の遺伝的基盤の存在を信じている。しかしながら，この言語学的構造主義が依拠している，「モノイド」構造産出のための必要十分条件は感覚運動的シェムの発達によってもたらされる 解説4 ということをいずれ示すことができるであろう。これはサンクレールが研究しているテーマである。

★1　Leonard Bloomfield [1887-1949]：サピア（Sapia, E.）とともにアメリカ構造主義言語学を代表する言語学者。客観的で検証可能な発話資料の分析を特に重視する科学主義を標榜して，言語の意味や言語使用に伴う心理的側面を排斥したので，（本文にあるように）反心理主義といわれる。

★2　G. A. Miller [1920-]：ブルーナーと並んでアメリカ認知心理学の開拓者のひとり。*Psychological Review*（1956）に載った，人の情報処理容量に関する研究"The magical number seven, plus or minus two: Some limits on our capacity for processing information"は特に有名で，記憶，プラン，言語といったメンタルなものを研究対象とした。研究対象は伝統的な行動主義を逸脱しながらも方法論的には行動主義の伝統を受け継いでいることを示すため，自分たちの立場を subjective behaviorism とよんだ。

IX 結論：心理学から発生的認識論へ

解説2 個人間協応と個人内協応

　ピアジェは個人間の行為の協応と個人内協応との関係，つまり，協働（co-operation）と操作（operation）の関係について，次のように考えている。すなわち，他者と協働したり思想を交換したりするためには，他者の操作と協調させることが必要であり，そのためには個人内協応の産物である自己の操作体系を利用しなければならない。しかし他方では，他者と協働したり思想を交換したりすることを通してはじめて，個人内協応を整合的な操作体系へとまとめ上げることができるのであるから，操作体系は個人間協応の産物でもある。したがって，協働と操作とは，同一の現実を異なった2つの側面（他者との関係に定位するか，個人に定位するか）から見ているにすぎない。知的操作は個人内諸活動の協応の結果であると同時に，社会的協働の産物であって，両者の円環的関係こそが現実なのである。

解説3 社会中心性

　自己中心性は個人に定位した概念であるが，この自己中心性概念を社会にまで拡張したとき，社会中心性といわれる。個人において操作的思考に対して自己中心的態度，思考が対立しているように，社会においては科学に対して社会中心的集合表象，つまり，イデオロギー的態度，思考が対立している（Piaget, 1951）。なお，自己中心性に関しては8節 解説20（p.47）を参照のこと。

解説4 言語構造の感覚運動的起源説

　チョムスキーが生得的な言語構造の存在を信じたのに対し，ピアジェは言語獲得に必要な認知構造が感覚運動的起源をもち，感覚運動的知能の発達によって準備されることをここでは主張している。たしかに，ヒトという種には言語を獲得するための生得的な基盤が付与されていることは明らかであるが，それはあくまでも言語構造を作り出すはたらきが可能性として付与されているのであって，チョムスキーが考えるような生得的な言語構造の存在を想定する必要はないし，すべきでないというのがピアジェの考えである。

　その理由は第1に，本文にもあるように，言語に先立ち，自己調整に基づく感覚運動的知能の発達によって言語獲得が十分説明できるのであるから，何も生得的言語構造をもち出す必要がないという，オッカムの剃刀に基づく理由である。第2に，言語構造が突然変異という偶然によって獲得され，それが生得的となったのであれば，分節言語がもつ現実への詳細な適合性がうまく説明できるように思えないという理由である。

　言語構造の生得性は，きわめて貧しい環境に育っても，最低限の言語刺激さえあればヒトは誰でも自然言語を獲得することから着想されることである。しかしながら，ヒトは誰でも通常の環境で生育すれば自然数の認識を獲得するからといって，自然数の構造は生得的に付与されていると考える必要がない（チョムスキーは生得的数構造は主張していないようである）。それと同じように，言語獲得の普遍性は言語構造の生得性を意味しないのである。自然数の構造より言語構造の獲得のほうが普遍性が高いようにみえるのは，自然数の構造はより抽象度が高く表象的構造の洗練を必要とするのに対し，言語構造の獲得はピアジェのいうように感覚運動的知能の発達によって可能となると考えれば容易に説明がつく。また，チンパンジー（ボノボ）でもきわめて慎ましいにしろヒトの自然言語が理解できるということも，感覚運動的知能の発達に関してチンパンジーはヒトと共有するところが多いことからきわめて自然に理解される（それに対し，数構造の抽象性を考えれば，自然数の獲得がチンパンジーには不可能であることも自然に理解できる）。なお，言語構造の生得性をめぐって，ピアジェとチョムスキーの論争があり，それはPiattelli-Palmarini ed.（1980）にまとめられている。

〈論理学との関係〉

　われわれの理論と論理学とのつながりはもっと複雑である。心理学的には「論理なき主体」は存在しないのに，現代の記号論理学は「主体なき論理」である。主体の論理が貧弱であることは否定しえないし，特に群性体の構造は，論理学的にはほとんど興味のないものである。ただ，亜群（groupoïdes）のような基礎的構造はしばしば現在でも研究されており，まったく意義がない訳ではない。しかし，われわれが主体の論理を研究して，1949年にすでに命題変換の4元群であるINRCの法則を定式化できたことは注目に値する[1]。なぜなら1949年というのは，論理学者たちがその法則を調べ始める以前のことだからである。

　他方，ゲーデル（Gödel, K.）の定理 解説5 から始まる，形式化の限界に関する現代の研究は，ある程度否応なしに，論理学を一種の構築説へと方向づけている。したがって，この点を心理発生的な構築と比較してみることは興味深い。一般的に論理学は公理論的体系であるが，もしそうだとすれば，それが何の公理化であるのかをわれわれは問わねばならない。主体の意識的な思考過程は非整合的で不完全であるから，論理学が主体の意識的思考過程の公理化ではないことは確かである。しかし，意識的思考の背後には「自然な」操作的構造（natural operatory structures）解説6 が存在していて，そうした構造が「反省的抽象」を通して論理学的公理論の出発点を提供しているのは明らかである。たとえ論理学的公理論が自然な構造を無限に超えることができる（というのは，公理論（axiomatics）は限りなく豊かであるから）にしてもである。

○1　命題論理学における16二項命題操作システムが4つの命題変換（否定N，相反R，相関C，同一I）に関して群をなすことを明らかにしたのは，論理学者ではなく，論理学の認識論的次元に関心をもつピアジェ自身であったことをここでは強調している（INRC群に関しては，28節☆1（p.159）を参照のこと）。

IX　結論：心理学から発生的認識論へ —— 173

解説5　ゲーデルの定理
　1931年に発表されたクルト・ゲーデル（1906-1978）の不完全性定理のこと。定理は自然数論に依拠して証明されていて，厳密にそれを記載しても意味不明となるので，ゲーデルの不完全性定理そのものではなく，ここでは通俗的に理解された不完全性定理を紹介する。
・第1不完全性原理：「ある理論体系が無矛盾であれば，その理論体系の命題でありながら内部で証明することのできない命題が必ず存在する」
・第2不完全性原理：「ある理論体系が無矛盾であったとしても，その理論体系の無矛盾性をその理論体系の内部で証明することはできない」
　不完全性定理は論理学・数学において無矛盾で完全であることをそれ自身によって証明できるような公理系を作ることができず，無矛盾で完全な公理系を作ろうと思えばより強い公理系を必要とすることを示していることから，ゲーデルの不完全性定理は論理学・数学における構築説を裏づけるものとピアジェは解釈している。

解説6　「自然な」操作的構造
　ここで「自然な」操作的構造といっているのは，具体的には，具体的操作期ではクラスや関係の群性体とか自然数の算術操作システム，形式的操作期ではINRC4元群とか命題操作システムなどをさす。「自然な」というのは，「特別な教育的訓練を受けなくても」獲得されるという意味であって，獲得のために一般的な社会的文化的環境で育つことが必要なことは言うまでもない。たとえば，命題操作システム（28節 解説5（p.157）を参照）は大学で論理学の講義を受けたことがなくても獲得されるのである。
　それでは，直接観察できないような操作的構造を想定することにどれだけの意味があるのであろうか。本文にあるように，論理学の認識論的基礎づけには必要であろう。たとえば，命題操作システムが形式的論理学における命題論理学の出発点を提供しているのであれば，命題論理学は「自然な」命題操作システムの公理論的形式化であるということができるからである。しかし，それだけではなく，論理的推論を心理学的に説明するためにも「自然な」操作的構造の存在を想定することは不可欠である。たとえば，命題操作システムを想定することによって，大人でも多くの者が誤るような論理的推論課題に論理学の講義を受けたことがなくても正答する者がいるという事実，あるいは逆に，論理学の講義を受けてもその課題のパフォーマンスは受講前と比べて少しも向上しないことがあるという事実が理解できるようになる。

31節　認知機能の心理学と認識論

　最後に，認知機能の発達理論と認識論とのつながりという大問題が残されている。心理発生的観点ではなく静的な観点を採用し，たとえば大人の知能あるいは同一水準にあると想定される子どもの知能を研究するのであれば，心理学的問題（知能はいかに機能するか，そのパフォーマンスは如何ほどであるか，といった問題）を認識論的問題（主体と客体の間の関係は何か，そして主体の認識は十分に客体に達するのかどうか，といった問題）から区別することは容易である。

　しかし，心理発生的観点を採用するならば，認識の形成や発達が問題になるので，事態はまったく異なってくる。そこでは客体の役割や主体の活動の役割を考慮することが本質的となる。こうした問題は必然的にあらゆる認識論的問題を提起する。実際，認識の形成をもっぱら物理的経験という意味での経験に求めるのか，それとも，不可欠な組織化という意味での主体の活動を導入するのかに応じて，人は異なる認識論を志向していることになる。21節で行なったように2タイプの経験（対象からの抽象による物理的経験と，反省的抽象による論理数学的経験）を区別することは，心理学的分析を行なうことであるが，この分析の認識論的帰結は非常に明白である 解説7 。

　研究者の中には，発生的心理学（genetic psychology）解説8 と認識論との相互連関を認めることができない者もいる。しかし，このことは，ただ彼らが可能な諸認識論の中の1つの認識論を選択していて，自分の認識論を自明のものと信じていることを示すにすぎない。たとえば，ブルーナーが言語とイメージに基づく象徴化（symbolization）と質的同一性によって保存を説明しようとするとき，したがって，「操作」概念を導入することや認識論的立場に立つことを避けることができるとブルーナーが信じているとき，彼は実際には経験論的認識論の立場を取っているのである（☞ブルーナー批判については，27節 解説3 （p.153）も参照のこと）。というのは，彼はその認識論が自明であると信じ

解説7 論理数学的経験が含意する認識論的帰結

21節において，ピアジェは「集合の基数は数える順序とは無関係である」という論理数学的認識を発見した幼児の「経験」を引き合いに出しながら，通常「経験」とよばれているものには物理的経験と論理数学的経験という2タイプがあることを明らかにした。本文で，「この分析から導かれる認識論的帰結は非常に明白である」といっているのは，物理的経験と論理数学的経験を心理学的に区別するだけで，以下のような意味合いで，許容される認識論がきわめて限定されてくることを指摘しているものと思われる。

この分析からまずわかることは，この論理数学的認識はあらかじめ主体にあったものではなく，論理数学的経験を通して獲得されたものであるから，認識論における先験論が否認されるであろう。また同時に，論理数学的認識の源泉は物理的経験からの抽象には還元しえないので，認識論における経験論も否認されることになるであろう。ところで，この論理数学的認識は論理数学的経験を通して，言い換えれば，主体が対象にはたらきかける行為の諸特性からの抽象によって獲得されたことになる。このことは認識論的にいえば，認識の源泉を行為に求めることであり，経験論でも先験論でもない第3の認識論が示唆されることになろう。さらに，行為が主体と客体との相互作用を媒介するものであることから，この第3の認識論は認識を主体にも客体にも還元しない相互作用的認識論でなければならない。また同時に，論理数学的認識の漸進的獲得を認めるのであるから，この第3の認識論は発生的な認識論でなければならないであろう……（なお，ピアジェの認識論的立場は序章表0-1 (p.5) を参照のこと）。

解説8 発生的心理学

フランス語原典では psychologie génétique であり，日本語で発達心理学のことである。しかし，épistémologie génétique は一般に発生的認識論と訳されるので，ここでは psychologie génétique を発生的心理学と訳した。しかし，訳語の統一のためだけではなく，日本語で発達心理学といえば児童心理学とほとんど区別されないので，ピアジェの心理学を発生的心理学と訳すことは，彼の心理学がいわゆる児童心理学ではなく，精神の発生学としての心理学であることを強調する意味もある。

ているからである。それと同時に，彼は，同一性操作がそれ以外の操作を含んでいることに気づくことなく，同一性操作を援用している。もっと操作的な説明を保存に与えようとするとき 解説9 ，そして，量の概念は単なる知覚的読み取りではなく複雑な構築を必要とすると考えるとき，われわれは**事実上**（de facto）経験論から遠ざかり，もう1つの認識論である構築説へと向かっている。そして，われわれのこの立場は構築的自己調整の必要性を強調する現代生物学の諸傾向にきわめて近いものである。

さて，認識論のほうに話を移すと，静的な観点を採用するのか，それとも，その自然な内在的傾向に合致した歴史的発生的観点を採用するのかに応じて，認識論の諸傾向もまた顕著に異なってくることにわれわれは気づかされる。認識論が単に認識とは一般に何であるかを問うとき，その認識論は心理学に頼ることなく，認識の問題を考察できると信じていることになる。なぜなら，実際，認識が達せられると主体は表舞台から引きさがる 解説10 からである。

しかし，実は，これは大いなる幻想である。というのは，すべての認識論は，たとえそれが主体の活動を**最小限**（a minimum）に切りつめようとするときでさえ，心理学的な解釈を暗黙のうちに要請するからである。たとえば，論理経験主義は物理学的認識を知覚的確認に，論理数学的認識を単なる言語規則（言語規則として，統語論（syntax），意味論（semantics），実用論（pragmatics）に言及することはあっても，変換的行為に言及することはない）に還元しようと企てる。ところで，こうした還元は2つとも大いに疑わしい仮説である。というのは，第1に，物理的経験は知覚だけではなく行為にも依存しており，行為の一般的協応から引き出される論理数学的枠組み（framework）を常に必要としているからである（ブリッジマン★3の操作主義（operationalism）をピアジェの操作主義 解説11 によって補い，完全なものにしなければならない！）。第2に，論理数学的認識はトートロジーではなくて，構造を生み出す組織であ

★3　Percy Bridgman [1882-1961]：高圧物理学の研究でノーベル物理学賞を受賞したアメリカの物理学者。ブリッジマンの操作主義というのは，科学概念を，それを認識するときに必要な諸操作と同一視する科学観である。操作主義の考え方は心理学にも大きな影響を与えている。「知能とは知能テストによって測られた点数である」という操作的定義はここから来ている。

IX 結論：心理学から発生的認識論へ —— 177

解説9　保存にもっと操作的説明を与える
　ここで操作的説明といっているのは、（認識）対象にはたらきかける主体の諸行為の協応が織りなすシステムの構造的特性から認識獲得を説明しようとするピアジェの説明様式のことである。液量の保存認識でいえば、液体を加える、分割する、注ぎ換えるといった行為は対象を変換する行為（操作性の活動）であるが、初めは主体が行なう変換行為はそのつど新しい行為であって、諸々の変換行為の間にはまとまりがなく、変換行為のシステムは不安定で、その時々の中心化に合わせて量の判断（非保存判断）をしてしまう。しかし、均衡化のおかげで諸変換行為の協応が進むと、この変換システムは個々の中心化を補償しうるだけの十分な安定性と柔軟性を獲得するようになる。言い換えれば、この変換システムは変換相互の合成性、結合性、可逆性といった構造的特性を獲得する。ピアジェの操作的説明では、液量の保存認識というのは、こうして均衡状態に達した変換システムにおける構造的不変量に他ならない。
　それに対し、ブルーナーは知覚由来の質的同一性とそれを適切に表現する言語的、イメージ的表象によって保存を説明しようとしている（26節参照）ので、つまり、保存認識の源泉としては結局のところ知覚的読み取りに求めていることになるので、ピアジェは彼の立場を経験論的認識論と位置づけているのである。なお、原文では operational explanation となっているが、ここで操作的説明といっているのは operational というより、16節で区別した「対象にはたらきかける主体の行為」に基づく説明という意味なので、本来なら operative explanation とすべきところであろう。

解説10　主体は表舞台から引きさがる
　客観的認識がひとたび達せられると、その認識は対象の客観的特性をただ読み取っただけのように認識主体の意識には感じられるため、認識獲得に至るまでの主体の活動は意識に上らなくなること。たとえば、物の永続性認識は大人であれば（乳児以外の子どもでも）あれこれ考える必要もないくらい、言い換えれば、それがかつて解決すべき課題であったとは思いもしないほど自明なものとして意識されるが、乳児期には視界から消えたものを探し出すための試行錯誤、長期にわたる探索活動があり、その果てに物の永続性認識の獲得があったのである（物の永続性の発達については2節　解説8 (p.15) を参照）。

解説11　ピアジェの操作主義
　ブリッジマンと同じような操作主義をピアジェが唱えているのではなく、操作を対象にはたらきかける主体の活動と捉えれば、ピアジェの認識論も操作主義という表現があてはまるからこのような言い方をしたのである。「ブリッジマンの操作主義をピアジェの操作主義によって補う」というのは、概念をそれに対応する諸操作と同一視することは概念の操作的起源を明らかにしているものの、ブリッジマンの操作主義は具体的な計測行為という、非常に狭い意味でしか捉えられていないのに対し、ピアジェは概念の源泉を主体の行為の一般的協応にまで遡って明らかにしようとする、もっと根源的な「操作主義」である点を指摘している。

り，われわれの諸行為や諸操作の一般的協応から反省的抽象によって引き出されたものだからである。

しかし，最も重要なことは，認識論が静的な観点にとどまることは不可能だという点である。なぜなら，すべての科学的認識は，数学や論理学を含めて，絶えることなき進化の過程にあるからである。ゲーデルの定理以来，数学や論理学の構築的な様相が明らかとなった。というのは，その定理は，1つの理論が自己充足的である（完全である）ことは不可能であり，それゆえ，絶えず「より強い」理論を構築していく必要性を示したからである 解説12 。ナトルプ★4 が1910年に言ったように「……科学は絶えず進化する。その進展，その方法がすべてである……。1つの成果，科学の**事実**（fact）は**生成**（fieri）としてのみ理解されうる。生成のみが事実である。科学が固定しようとするあらゆる存在（あるいは対象）は，再び生成の流れの中に解体されねばならない。『それは**事実**（fact）である』と人が言う権利を有するのは，この生成の行き着く先，そこにおいてのみである。それゆえ，求めることができ，求められねばならないものは『この過程の法則』である」（Natorp, 1910, p.15）。

> ★4　Paul Natorp [1854-1924]：ドイツの新カント哲学者。コーエン（Cohen, H.），カッシーラー（Cassirer, E.）と並んでマールブルク学派を代表する人物のひとり。自然科学を重視したものの，科学的認識に生み出された対象は思惟作用によって構成されたものと捉え，カントの観念論をさらに徹底させた。

32節　発生的認識論の課題

このようなナトルプの宣言は異議を差し挟む余地がなく，われわれの「発生的認識論」の原理を述べることに等しい。つまり，「認識（あるいはその多様な諸形式）とは何であるか」という問題を解くためには，次のような言葉で問題を定式化しなければならない 解説13 。すなわち，認識はいかにして成長するのか，そして（当該の科学の観点からみて）後になって不十分と判断される認識からより良いと判断される認識へとどのような過程を通して移行するのか，

Ⅸ　結論：心理学から発生的認識論へ —— 179

解説12　絶えず「より強い」理論を構築していく必要性

　ゲーデルの第 2 不完全性定理「ある理論体系が無矛盾であったとしても，その理論体系の無矛盾性をその理論体系の内部で証明することはできない」のことを指摘している（**30 節**　解説5（p.173）を参照）。たとえば，ペアノ（Peano, G.）の初等算術の無矛盾完全性を証明するために，ゲンツェン（Gentzen, G.）は構造的により強い，カントール（Cantor, G.）の超限算術を援用せねばならなかったが，カントールの超限算術の無矛盾完全性を証明するためには，さらに強い「超限超限算術」を必要とするであろうという事態である。

解説13　発生的認識論の課題

　ピアジェ（Piaget, 1970c）は，発生的認識論の課題を「認識，特に科学的認識を，その歴史や社会発生に基づいて，そしてとりわけ認識の基盤になっている諸観念，諸操作の心理的起源に基づいて説明しようとするものである」といっている。

　これまでの認識論は認識というものを静止的に捉え，研究者は彼が考察する時点で一般に真と認められている認識について考察し，認識の本性を明らかにしようとしてきた。しかし，あらゆる分野において科学的認識は日夜進歩し続けており，論理学でさえ「アリストテレス以来，論理学は進歩も退歩もしなかった」というカントの言葉にもかかわらず，カント以降そして現代ではなおいっそう急速に進歩している。これが科学的認識の実相であるから，「認識とは何であるか」という問題を解くためには，認識の歴史的発展の一瞬を切り取ったものだけを取り出してそれを考察の対象とするのではなく，本文にあるように，「認識はいかにして成長するのか，そして不十分と判断される認識からよりよいと判断される認識へといかにして移行するのか」を問わなければならないのである。

　したがって，発生的認識論は従来の認識論（哲学的認識論）と問題関心そのものは多くを共有するものの，その方法論において決定的に異なっている。従来の認識論はもっぱら思弁的反省に依拠していたが，発生的認識論は事実の問題にかかわるときは常に事実かどうかを参照するのである。科学的認識の歴史を参照するときは歴史批判的方法であり，認識の社会発生を参照するときは認知考古学的方法であり，認識の個体発生を参照するときは心理発生的方法である。反省的方法だけに頼らず，必要なときはいつでも検証可能な方法に訴えるという意味において，発生的認識論は**科学としての認識論**といってよいであろう（しかし，科学的認識論とはよばないほうがよいであろう。なぜなら，日本で科学的認識論といえば，科学的認識を対象とする哲学的認識論のことを一般に意味するからである）。

をわれわれは問わねばならない。これこそ歴史批判的（historicocritical）方法の提唱者たちがよく理解していたことである（なかでも，コイレ★5とクーン★6の仕事を参照のこと）。彼らは，ある観念や構造の認識論的本性を理解するために，まず，それらがどのように形成されたかをみようとしたのである。

　静的な観点ではなく動的な観点をとるなら，認識論と認知機能の心理発生との間にある伝統的な壁を維持することは不可能となる。認識論を妥当な認識の構成に関する研究として定義するならば，認識論が認識の妥当性の問題を扱うこと 解説14 は当然であり，その問題は論理学および特定の諸科学が扱うべき問題である。しかし，認識論は事実の問題をも扱う。というのは，問題は形式的であるばかりでなく，同じ程度に現実にかかわっているからである。すなわち，科学は**現実に**（in reality）いかにして可能なのか。実際，すべての認識論はそのためにいろいろな心理学的諸前提に助けを求めざるをえなかった。そして，このことはプラトン★7（想起：reminiscence）やフッサール★8（直観：

> ★5　Alexandre Koyré [1892-1964]：ロシア生まれであるが，フランス，アメリカで活躍した哲学思想史家，科学思想史家。『ガリレオ研究』（1939）は特に有名で，16，17世紀の知的変革を科学革命と捉える見方を定着させた。
>
> ★6　Thomas Kuhn [1922-1996]：アメリカの科学史家。主著である『科学革命の構造』（1962）の中で，科学革命の内実はパラダイムの変換であることを強調した。これをきっかけに，「パラダイム」という概念は科学史の世界だけではなく，学問，思想，政治などの体制とその変革にまで拡大して用いられるほど有名になった。
>
> ★7　Plato [427-347BC]：古代ギリシャの哲学者で，ソクラテスの弟子。有限で一時的な物質的・感覚的な存在を超えて，永遠で非物質的な超越的絶対的真実在として「イデア」（idea）の存在を主張する観念実在論を唱えた。有限で一時的な存在たる人間がいかにしてイデア界の真実在を認識しうるのかという問題に答えるために，プラトンは「想起」という独特のメカニズムに訴えた。
>
> ★8　Edmund Husserl [1859-1938]：主にドイツ，オーストリアで活躍した哲学者で，現象学の創始者としてよく知られている。現象学的認識論を展開するにあたって，認識作用の構造を分析するため，直観，志向性，意味作用といった現象学特有の概念をもち出している。ピアジェはこの点を捉えて，反心理主義の立場をとる認識論であっても何らかの心理学的諸前提をもちださざるをえないことを本文で指摘しているのである。

解説14 認識論が認識の妥当性の問題を扱う

　発生的認識論も妥当性の問題を扱う。考察している対象が特定の科学が扱う認識であるなら，その認識の妥当性は当該の科学が扱うべきことである。しかし，それ以外にも妥当性の問題として形式化することが残されている。ピアジェ（Piaget, 1970c）は「発生的認識論は，可能なときはいつでも形式化を考慮する」といっている。形式化で特に問題となるのは，均衡状態における思考の構造を形式化することであり，場合によっては，思考の発達において1つの水準から別の水準への変換を形式化することである。前者については，具体的操作の思考構造の形式化として群性体（23節参照），形式的操作の思考構造の形式化として16二項命題操作（28節 解説5（p.157）を参照），後者については，具体的操作の思考構造から形式的操作の思考構造への移行過程を形式化しようとした試み（EEG16を参照）などが具体例としてあげられるであろう。

　したがって，発生的認識論は事実の問題を扱うときは歴史批判的方法，認知考古学的方法，心理発生的方法を用い，妥当性の問題を扱うときは形式的方法を用いるのである。

intuition，志向性：intention，意味作用：significationsなど）はもちろんのこと，論理実証主義（知覚と言語）についてもあてはまる。残された唯一の問題は，思弁的心理学で満足するのがよいのか，それとも，検証可能な心理学に訴えることがより有効であるのかを知ることなのである！

こういうわけで，われわれの研究のすべてが認識論的な結論に導かれる（もっとも，この点こそわれわれの当初からの研究目標であったのだが）ので，われわれは国際発生的認識論研究センター●1を創立し，そこで心理学者，論理学者，サイバネティクス研究者，認識論学者，言語学者，数学者，物理学者などが，当該の問題に応じて協同研究できるようにした。というのは，この研究センターは，はじめから，いくつかの認識論的諸問題を研究することが目標であったからである。センターの研究者はそのような諸問題の解決に必要な心理学的データを実験的に分析しようと努める一方で，論理学者などは同じ問題の他の諸側面について研究に従事した。

われわれは（グリーズ（Grize, J.-B.），パペール（Papert, S.），アポステル（Apostel, L.）らとともに），このようにして論理構造の相互関係をその心理的発生および形式的系譜（genealogy）という二重の方法によって研究し，2つの方法の間に，かなりの収斂を見出すことができた 解説15 。われわれは，偉大な論理学者クワイン★9が皮肉をこめて論理経験主義の「ドグマ」とよんだもの，すなわち，分析的なもの（the analytic）と総合的なもの（the synthetic）と

●1　国際発生的認識論研究センター：ピアジェがロックフェラー財団の研究助成金を得て1955年に発足させた研究所（ピアジェがセンター長）。哲学としての認識論ではなく，科学としての認識論を心理発生的方法，あるいは，歴史批判的方法を用いて研究するところで，その研究成果は主に『発生的認識論研究（Études d'épistémologie génétique）』として第37巻まで刊行されている（巻末の参考文献を参照のこと）。国際発生的認識論研究センターの活動の詳細については中垣（1984）を参照のこと。

★9　Willard Quine [1908-2000]：アメリカを代表する論理学者，数学者，哲学者で，長年ハーバード大学教授を務めた。分析的な命題と総合的な命題とを峻別する論理実証主義を批判したことでも有名。論理実証主義批判という点で，ピアジェと考えを共有するためか，クワインは国際発生的認識論研究センターの諮問委員に名前を連ねていた。

解説15 心理的発生および形式的系譜の収斂

ピアジェは具体的操作期の認知構造としてクラスと関係の諸群性体，形式的操作期の認知構造として4元群と組合せ法を含む束群構造を明らかにしたが，2つの認知構造間の関係を調べるためには2つの方法が可能である。

1つは現実の人間において，具体的操作期の認知構造から形式的操作期の認知構造へとどのように移行していくのかを調べる方法で，これが心理発生的方法である。もう1つは具体的操作期の認知構造に含まれる論理的関係と，形式的操作期の認知構造に含まれる論理的関係を形式的に分析して，2つの認知構造間の論理的つながりを明らかにする方法で，これが形式的系譜による方法である。心理的発生および形式的系譜の収斂というのは，心理発生的方法で明らかにされた認知構造の構築過程が形式的系譜による方法によって明らかにされた構造的連関の諸可能性の1つをよく反映したものであったという意味である。この点について詳しいことはEEG15（1963）を参照のこと。

の間の絶対的な区別という問題を検討した 解説16 。その問題に取り組んだ研究者すべてが**事実に基づく**（factual）データに依拠することを確認した後，われわれはそれを実験的検証にかけ，相互に還元不可能と誤って思われていた分析的なものと総合的なものとの間には，多数の中間形態が存在することを確認した。

　われわれはまた，数，空間，時間，速度，関数，同一性などの観念の発達の問題を研究し，これらすべての問題に対して，新しい心理発生的データを収集した。そのデータから取り出された認識論的結論は，経験論からも先験論からもはるかに隔たっており，徹底的な構築説を示唆するものであった。経験論に関しては，経験を適切に読み取るための諸条件を特に分析し，その結果はある数理哲学者をして「経験の経験的研究は経験論を拒否する！」と言わしめたのである。われわれはすでに，学習の役割に関するわれわれの研究のいくつかをみてきた（14節を参照のこと）。

　要約すると，認知機能の発達の心理学的理論は，内生的要因と環境との相互作用という生物学的観念と，主体と客体との不可欠な相互作用という認識論的観念との間に，緊密できわめて本質的な結びつきを確立しているようにわれわれには思われる。心理発生的研究が課しているところの，構造と発生という2つの観念の総合は，その正当性を自己調整と組織化という生物学的観念に見出し，その到達点を認識論的構築説に見出す。認識論的構築説は現代のすべての科学的生産活動の動向に調和しており，特に，論理数学的構築と物理的経験との一致に関して調和しているように思われる 解説17 。

IX　結論：心理学から発生的認識論へ── 185

解説16　分析的なものと総合的なもの

「分析的なもの」というのは「丸は四角でない」という命題のように、経験的に調べなくても（アプリオリに）丸や四角の概念から真と認められる命題であり、「総合的なもの」というのは「木は燃える」という命題のように、経験的に（アポステオリに）真偽が判定される命題である。カント（Kant, I.）は純粋理性批判において「アプリオリな総合的命題は存在するか」という問題を提起し、ユークリッド幾何学やニュートン物理学などを例にあげて、この問題に対して肯定的に答えた。

しかし、ユークリッド幾何学は非ユークリッド幾何学の出現によって、ある公理系から導かれるアプリオリな分析的命題であることが明らかになった。また、ニュートン物理学も相対性理論の出現によって、一定の経験内で成り立つ総合的命題であることが判明した。そのため、論理実証主義者たちはカントの「アプリオリな総合的命題」の存在を否定し、すべての命題を「分析的命題」か「総合的命題」かに峻別できるとした。

本文では、このテーゼを心理学的な実験的検証にかけ、2種類の命題タイプである分析的命題と総合的命題との間には多数の中間形態が存在し、両者を峻別することは困難であることを明らかにした（なお、この点に関する実験的検証はEEG4（1957）を参照のこと）。ピアジェはカントのいうアプリオリな総合的命題、あるいは、論理実証主義者のいうアプリオリな分析的命題でさえ、経験に先立って存在するのではなく、経験とともにしだいに構築されていくと考えている。ただし、ここでいう経験とは論理数学的経験であって、日常的な意味での経験、つまり、ピアジェのいう物理的経験ではない。

解説17　論理数学的構築と物理的経験との一致

複雑きわまりない物理現象を含めて、あらゆる物理的現実を数学化したり、論理化したりすることが可能であるようにみえる。論理学・数学が主体の論理数学的操作に基づくとすれば、その主体の知的操作によって物理的世界がなぜこれほどまでにうまく説明できるのであろうかという問題が「論理数学的構築と物理的経験との一致」の問題である。ディラック（Dirac, M.）のデルタ関数のように量子力学の展開の必要性から生まれた数学（これは後にシュワルツ（Schwartz, L.）によって超関数として厳密に数学化された）であれば、それに必要な知的操作は量子力学的世界の物理的経験から抽象されたということも可能であるかもしれない。しかし、アインシュタイン（Einstein, A.）が一般相対性理論を定式化するためリーマン幾何学を使ったとき、時空の物理的構造が見出される以前に、リーマン幾何学によってその数学的構造が予期されていたことになる。したがって、論理数学的操作が物理的経験から抽象されたものであるとはきわめて考えにくい。

この点について、ピアジェは論理数学的構造が主体の活動の一般的協応から生じ、さらに諸活動の一般的協応は有機体の生物物理的協応にまで遡ることができると考えれば、論理数学的操作と物質的世界の構造との驚くべき一致も論理数学的操作の源泉であるところの生物体の生物物理的協応が生物体自身から生じたものであり、生物体自身は物質系の一部をなしているのであるから、両者の一致は原則的には理解できるとしている。

原論文・訳注・解説における参考文献

(原論文にある参考文献には○印をつけ,それ以外の参考文献には●印をつけた)

○Apostel, L. B. (1957). *EEG2: Logique et équilibre*. Paris: Presses Universitaires de France.

●Baillargeon, R. (1986). Representing the existence and the location of hidden objects: Object permanence in 6-and 8-month-old infants. *Cognition*, **23**, 21-41.

●Baillargeon, R. (1987). Object permanence in 3.5- and 4.5-month-old infants. *Developmental Psychology*, **23**, 655-664.

○Berlyne, D., & Piaget, J. (1960). *EEG12: Théorie du comportement et opérations*. Paris: Presses Universitaires de France.

●Bringuier J.-C. (1977). *Conversations libres avec Jean Piaget*. Paris: R. Laffont.（大浜幾久子（訳）　1985　ピアジェ晩年に語る　東京：国土社）

○Bruner, J. S. (1960). *The process of education*. Cambridge, Mass.: Harvard University Press.（鈴木祥蔵・佐藤三郎（訳）　1963　教育の過程　東京：岩波書店）

●Bruner, J. S., Olver, R. R., & Greenfield, P. M. (1967). *Studies in Cognitive Growth*. New York: John Wiley & Sons.（岡本夏木・他（訳）　1968, 1969　認識能力の成長：認識研究センターの協同研究　上・下　東京：明治図書）

●Bryant, P. E., & Trabasso, T. (1971). Transitive inference and memory in young children. *Nature*, **232**, 456-458.

○Chomsky, N. (1957). *Syntactic structures*. The Hague: Mouton.（勇　康雄（訳）　1963　文法の構造　東京：研究社）

○Chomsky, N. (1959). Review of B. F. Skinner. *Verbal Behavior in Language*, **35**(1), 26-58.

○Furth, H. G. (1966). *Thinking without Language: Psychological Implications of Deafness*. New York: Free Press.（染山教潤・氏家洋子（訳）　1982　言語なき思考　東京：誠信書房）

●Garcia, J., & Koelling, R. (1966). Relation of cue to consequence in avoidance learning. *Psychonomic Science*, **5**, 123-124.

○Greco, P., & Piaget, J. (1959). *EEG7: Apprentissage et connaissance*. Paris: Presses Universitaires de France.

●Gruber, H. E. (1974/1981). *Darwin on Man: A Psychological Study of Scientific Creativity, 1st ed, 2nd ed.* Chicago: University of Chicago Press.（江上生子・月沢美代子・山内隆明（訳）　1977　ダーウィンの人間論：その思想の発展とヒトの位置　東京：講談社）

●Gruber, H. E., Girgus, J. S., & Banuazizi, A. (1971). The development of object permanence in the cat. *Developmental Psychology*, **4**, 9-15.

●Gruber, H. E., & Vonèche, J. J. (Eds.). (1977). *The Essential Piaget*. New York: Basic Books.

○Inhelder, B., Bovet, M., & Sinclair, H. (1967). Developpement et Apprentissage. *Revue suisse de psychologie*, **26**, 1-23.

●Inhelder, B., Bovet, M., & Sinclair, H. (1974). *Apprentissage et structures de la connaissance.* Paris: Presses Universitaires de France. (Inhelder, B. (English Translation). (1974). *Learning and the Development of Cognition.* Cambridge, Mass.: Harvard University Press.)

○Inhelder, B., & Piaget, J. (1955). *De la logique de l'enfant à la logique de l'adolescence.* Paris: Presses Universitaires de France.

●Inhelder, B., & Piaget, J. (1959). *La genèse des structures logiques élémentaires: classifications et sériations.* Neuchâtel: Delachaux et Niestlé.

●Köhler, W. (1917). *Intelligenzprüfungen an Menschenaffen.* Berlin: Springer.（宮　孝一（訳）1962　類人猿の知恵試験　東京：岩波書店）

○Kohnstamm, G. A. (1956). La méthode génétique en psychologie. *Psychologie française*, **10**, 1-108.

○Laurendeau, M., & Pinard, A. (1966). Réflexions sur l'apprentissage des structures logiques. In F. Bresson & M. de Montmollin (Ed.), *Psychologie et épistémologie génétique.* Paris: Dunod.

●McGonigle, B. O., & Chalmers, M. (1977). Are monkeys logical? *Nature*, **267**, 694-696.

○Mosheni, N. (1966). *La comparaison des reactions aux épreuves d'intelligence en Iran et en Europe, thèse d'université.* Paris: PUF.

●中垣　啓（1982）．発達と学習　大浜幾久子（編）　ピアジェの発生的心理学　東京：国土社

●中垣　啓（1984）．発生的認識論と今日のジュネーブ学派　中垣　啓（編）　ピアジェの発生的認識論　東京：国土社

●中垣　啓（1986）．子どもは如何に割合の大小を判断しているか？―その発達的研究―国立教育研究所研究集録第13号, 35-55．東京：国立教育研究所

●中垣　啓（1987）．論理的推論における"みかけの主題化効果"について　教育心理学研究, **35**(4), 290-299.

●中垣　啓（1997）．割合比較課題にみる認知システムのダイナミズム　国立教育研究所研究集録第34号, 31-51．東京：国立教育研究所

○Natorp, P. (1910). *Die logischen Grundlagen der exacten Wissenschaften.* Leipzig: B. G. Teubner.

●Piaget, J. (1923). *Le langage et la pensée chez l'enfant.* Paris: Delachaux et Niestlé. (Gabain, M. R. (English Translation). (1971). *The Language and Thought of the Child.* London: Routledge & Kegan Paul.)（大伴　茂（訳）　1954　ピアジェ臨床児童心理学1　児童の自己中心性　東京：同文書院）

●Piaget, J. (1924). *Le jugement et raisonnement chez l'enfant.* Paris: Delachaux et Niestlé. (Warden, M. (English Translation). (1969). *Judgment and reasoning in the child.* Totowa NJ: Littlefield Adams.)（滝沢武久・岸田　秀（訳）　1969　判断と推理の発達心理学　東

京:国土社)
- Piaget, J. (1926). *La représentation du monde chez l'enfant*. Paris: F. Alcan. (Tomlinson, J. A. (English Translation). (1972). *The child's conception of the world*. Totowa NJ: Littlefield Adams.)(大伴 茂(訳) 1955 ピアジェ臨床児童心理学2 児童の世界観 東京:同文書院)
- Piaget, J. (1927). *La causalité physique chez l'enfant*. Paris: F. Alcan. (Gabain, M. (English Translation). (1972). *The child's conception of physical causality*. Totowa NJ: Littlefield Adams.)(岸田 秀(訳) 1971 子どもの因果関係の認識 東京:明治図書)
- Piaget, J. (1929). L'adaptation de la Limnaea stagnalis aux milieux lacustres de la Suisse romande: étude biométrique et génétique. *Revue Suisse de Zoologie*, **36**, 263-531.
- Piaget, J. (1932). *Le jugement morale chez l'enfant*. Paris: F.Alcan. (Gabain, M. (English Translation). (1968). *The moral judgment of the child*. London: Routledge & Kegan Paul.) (大伴 茂(訳) 1957 ピアジェ臨床児童心理学3 児童の道徳判断の発達 東京:同文書院)
- Piaget, J. (1936). *La naissance de l'intelligence chez l'enfant*. Paris: Delachaux et Niestlé. (谷村覚・浜田寿美男(訳) 1978 知能の誕生 京都:ミネルヴァ書房)
- Piaget, J. (1937). *La construction du reél chez l'enfant*. Paris: Delachaux et Niestlé.
- Piaget, J. (1945). *La formation du symbole chez l'enfant: imitation, jeu, et reve, image et représentation*. Paris: Delachaux et Niestlé. (大伴 茂(訳) 1967 遊びの心理学, 1968 模倣の心理学, 1969 表象の心理学 名古屋:黎明書房)
- Piaget, J. (1947). *La psychologie de l'intelligence*. Paris: A. Colin. (波多野完治・滝沢武久(訳) 1989 知能の心理学 東京:みすず書房)
- Piaget, J. (1951). Pensee égocentrique et pensée sociocentrique. *Cahiers internationaux de sociologie*, **10**, 34-49.
- Piaget, J. (1953). *Logic and Psychology*. Manchester: Manchester University Press. (芳賀 純(訳) 1966 論理学と心理学 東京:評論社)
- Piaget, J. (1956). Les stades du developpement intellectuel de l'enfant et de l'adolecent. In Osterrieth, P., Piaget, J. et al. (Eds.), *Le problème des stades en psychologie de l'enfant* (pp.33-42). Paris: Presses Universitaires de France.
○ Piaget, J. (1959). *Traité de logique*. Paris: A. Colin.
- Piaget, J. (1960). The general problems of the psychobiological development of the child. In J. M. Tanner & B. Inhelder (Ed.), *Discussions on child development vol. 4: the proceedings of the fourth meeting of the world health organization study group on the psychobiological development of the child, Geneva 1956*. London: Tavistock publications.
○ Piaget, J. (1961). *Les mécanismes perceptifs*. Paris: Presses Universitaires de France. (G.N.Seagrim (English Translation). (1969). *The Mechanisms of Perception*. London: Routledge & Kegan Paul.)

- Piaget, J. (1964). *Six études de psychologie*. Genève: Denoël Gonthier.（滝沢武久（訳）　1968　思考の心理学：発達心理学の6研究　東京：みすず書房）
- Piaget, J. (1967a). *Biologie et connaissance*. Paris: Gallimard.
- Piaget, J. (Ed.) (1967b). *Logique et connaissance scientifique*. Paris: Gallimard.
- Piaget, J. (1968a). Le point de vue de Piaget. *International Journal of Psychology*, 3, 281-299.
- Piaget, J. (1968b). *Le structuralisme*. Paris: Presses Universitaires de France.（滝沢武久・佐々木明（訳）　1970　構造主義　東京：白水社）
- Piaget, J. (1968c). La naissance de l'intelligence: l'Express va plus loin avec Jean Piaget. *L'Express*. No.911.
- Piaget, J. (1970a). *L'épistémologie génétique*. Paris: Presses Universitaires de France.（滝沢武久（訳）　1972　発生的認識論　東京：白水社）
- Piaget, J. (1970b). L'évolution intellectuelle entre l'adolescence et l'âge adulte. In *3rd International Convention and Awarding of FONEME prizes*. Milano: FONEME.
- Piaget, J. (1970c). *Genetic epistemology*. transl. by Eleanor Duckworth. New York:Norton Library.（芳賀　純（訳）　1972　発生的認識論　東京：評論社）
- Piage, J. (1971). The theory of stages in cognitive development. transl. by Sylvia Opper. In Green, D. R. et al. (Ed.), *Measurement and Piaget:proceedings of the CTB/McGraw-Hill conference on ordinal scales of cognitive development*. New York: McGraw-Hill. pp.1-11.
- Piaget, J. (1976). *Le comportement, moteur de l'évolution*. Paris: Gallimard.（芳賀　純（訳）　1987　行動と進化　東京：紀伊國屋書店）
- Piaget, J. (1980). *Recherches sur les correspondences*. Paris: Presses Universitaires de France.
- Piaget, J. (1982). Reflection on Baldwin. In Broughton, J., & Freeman-Moir, D. (Eds.), *The Cognitive-Developmental Psychology of James Mark Baldwin: Current Theory and Research in Genetic Epistemology*. Norwood NJ: Ablex Publication.
- Piaget, J., & Inhelder, B. (1941a). *Le développement des quantités chez l'enfant: conservation et atomisme*. Paris: Delachaux et Niestlé.（滝沢武久・銀林　浩（訳）　1965　量の発達心理学　東京：国土社）
- Piaget, J., & Inhelder, B. (1941b). *La genèse du nombre chez l'enfant*. Paris: Delachaux et Niestlé.（遠山　啓・銀林　浩・滝沢武久（訳）　1962　数の発達心理学　東京：国土社）
- Piaget, J., & Inhelder, B. (1948). *La représentation de l'espace chez l'enfant*. Paris: Presses Universitaires de France.
- Piaget, J., & Inhelder, B. (1966a). *L'image mental chez l'enfant*. Paris: Presses Universitaires de France.（久米　博・岸田　秀（訳）　1975　心像の発達心理学　東京：国土社）
- Piaget, J., & Inhelder, B. (1966b). *La psychologie de l'enfant*. Paris: Presses Universitaires de France.（波多野完治・須賀哲夫・周郷　博（訳）　1969　新しい児童心理学　東京：白水社）

- Piaget, J., & Inhelder, B. (1968). *Mémoire et Intellegence*. Paris: Presses Universitaires de France. (岸田　秀・久米　博 (訳)　1972　記憶と知能　東京：国土社)
- Piaget, J., Inhelder, B., & Szeminska, A. (1948). *La géométrie spontanée de l'enfant*. Paris: Presses Universitaires de France.
- Piattelli-Palmarini, M. (Ed.). (1980). *Language and Learning: The Debate between Jean Piaget and Noam Chomsky*. Cambridge, Mass.: Harvard University Press. (藤野邦夫 (訳)　1986　ことばの理論：学習の理論　上・下　東京：思索社)
○ Pitts, W., & McCulloch, W. S. (1947). How we know universals; the perception of auditory and visual forms. *Bulletin of Mathematical Biophysics*, **9**, 127-147.
○ Sinclair-de Zwart, H. (1967). *Acquisition du langage et développement de la pensée*. Paris: Dunod. (山内光哉 (訳)　1978　ことばの獲得と思考の発達　東京：誠信書房)
- Waddington, C. H. (1961). *The Nature of Life*. London: George Allen & Unwin. (白上謙一・碓井益雄 (訳)　1964　生命の本質　東京：岩波書店)
○ Waddington, C. H. (1967). *The Strategy of the Genes*. Paris: Dunod.
- Waddington, C. H. (1975). *The Evolution of an Evolutionist*. Edinburgh: Edinburgh University Press.
- Wason, P. C. (1966). Reasoning. In B. M. Foss (Ed.), *New horizons in psychology*, 1. Penguin.
- Wason, P. C. (1977). Self-contradiction. In P. N. Johnson-Laird, & P. C. Wason (Eds.), *Thinking: Readings in cognitive science*. Cambridge: Cambridge University Press.
- Wimmer, H., & Perner, J. (1983). Beliefs about beliefs: Representation and constraining function of wrong beliefs in young children's understanding of deception. *Cognition*, **13**, 103-128.
- Whitehead, A. N., & Russell, B. (1911, 1912, and 1913). *Principia Mathematica*, 3 vols. Cambridge: Cambridge University Press.
- Zaitchik, D. (1990). When representations conflict with reality: The preschooler's problem with false beliefs and "false photographs". *Cognition*, **35**, 41-68.

国際発生的認識論研究センターより刊行された発生的認識論研究紀要

EEG 1 ： Epistémologie génétique et recherche psychologique / W. E. Beth, W. May, J. Piaget. -1957.
EEG 2 ： Logique et équilibre / L. Apostel, B. Mandelbrot, J. Piaget. -1957.
EEG 3 ： Logique, langage et théorie de l'information / L. Apostel, B. Mandelbrot, A. Morf. -1957.
EEG 4 ： Les liaisons analytiques et synthétiques dans les comportements du sujet / L. Apostel, W. Mays, A. Morf, J. Piaget, collab. : B. Matalon. -1957.
EEG 5 ： La lecture de l'expérience / A. Jonckheere, B. Mandelbrot, J. Piaget. -1985.
EEG 6 ： Logique et perception / J. S. Bruner, F. Bresson, A. Morf, J. Piaget. -1958.
EEG 7 ： Apprentissage et connaissance / P. Gréco, J. Piaget. -1959.
EEG 8 ： Logique, apprentissage et probabilité / L. Apostel, A. R. Jonckheere, B. Matalon. -1959.
EEG 9 ： L'apprentissage des structures logiques / A. Morf, J. Smedslund, Vinh-Bang, J. F. Wohlwill. -1959.
EEG 10 ： La logique des apprentissages / M. Goustard, P. Gréco, B. Matalon, J. Piaget. -1959.
EEG 11 ： Problèmes de la construction du nombre / P. Gréco, J. -B. Grize, S. Papert, J. Piaget. -1960.
EEG 12 ： Théorie du comportement et opérations / D. E. Berlyne, J. Piaget. -1960.
EEG 13 ： Structures numériques élémentaires / P. Gréco, A. Morf. -1962.
EEG 14 ： Epistémologie mathématique et psychologie: essai sur les relations entre la logique formelle et la pensée réelle / W. E. Beth, J. Piaget. -1961.
EEG 15 ： La filiation des structures / L. Apostel, J. -B. Grize, S. Papert, J. Piaget. -1963.
EEG 16 ： Implication, formalisation et logique naturelle / E. W. Beth, J. -B. Grize, R. Martin, B. Matalon, A. Naess, J. Piaget. -1962.
EEG 17 ： La formation des raisonnements récurrentiels / P. Gréco, B. Inhelder, B. Matalon, J. Piaget. -1963.
EEG 18 ： L'épistémologie de l'espace / Vinh-Bang, P. Gréco, J. -B. Grize, Y. Hatwell, J. Piaget, G. N. Seagrim, E. Vurpillot. -1964.
EEG 19 ： Conservations spatiales / Vinh-Bang, E. Lunzer. -1965.
EEG 20 ： L'épistémologie du temps / J. -B. Grize, K. Henry, M. Meylan-Backs, F. Orsini, J. Piaget, N. van den Bogaert-Rombouts. -1966.
EEG 21 ： Perception et notion du temps / M. Bovet, P. Gréco, S. Papert, G. Voyat. -1967.

EEG 22 ：Cybernétique et épistémologie / G. Cellérier, S. Papert, G. Voyat. -1968.
EEG 23 ：Epistémologie et psychologie de la fonction / J. Piaget, J. -B. Grize, A. Szeminska, Vinh-Bang; collab. 1968.
EEG 24 ：Epistémologie et psychologie de l'identité / J. Piaget, H. Sinclair, Vinh-Bang; collab. 1968.
EEG 25 ：Les théories de la causalité / M. Bunge, F. Halbwachs, T. S. Kuhn, J. Piaget, L. Rosenfeld. -1971.
EEG 26 ：Les explications causales / J. Piaget; collab.: R. Garcia. -1971.
EEG 27 ：La transmission des mouvements / J. Piaget; collab. -1972.
EEG 28 ：La direction des mobiles lors de chocs et de poussées / J. Piaget; collab. -1972.
EEG 29 ：La formation de la notion de force / J. Piaget; collab. -1973.
EEG 30 ：La composition des forces et le problème des vecteurs / J. Piaget; collab. -1973.
EEG 31 ：Recherches sur la contradiction, 1re partie: les différentes formes de la contradiction / J. Piaget; collab. -1974. (芳賀　純・他(訳)　1986　矛盾の研究　兵庫：三和書房)
EEG 32 ：Recherches sur la contradiction, 2e partie: les relations entre affirmations et négations / J. Piaget; collab. -1974. (芳賀　純・他(訳)　1986　矛盾の研究　兵庫：三和書房)
EEG 33 ：L'équlibration des structures cognitives: problème central du développement / J. Piaget. -1975. (Arnold Rosin. (English Translation). (1977). *The development of thought : equilibration of cognitive structures*. Oxford: B. Blackwell.)
EEG 34 ：Recherches sur l'abstraction réfléchissante, 1 partie: l'abstraction des relations logico-arithmétiques / J. Piaget; collab. -1977. (Campbell, R. L. (English Translation). (2001). *Studies in Reflecting Abstraction*. Hove: Psychology Press.)
EEG 35 ：Recherches sur l'abstraction réfléchissante, 2 partie: l'abstraction de l'ordre et des relations spatiales / J. Piaget; collab. -1977. (Campbell, R. L. (English Translation). (2001). *Studies in Reflecting Abstraction*. Hove: Psychology Press.)
EEG 36 ：Recherches sur la généralisation / J. Piaget, G. Henriques; collab. -1978.
EEG 37 ：Recherches sur les correspondances / J. Piaget; collab. -1980.

事項索引

●あ
INRC群　62, 89, 158, 159
亜群　172
アニミズム　123
アレフ・ゼロ　162

●い
一次的錯視　98
1次的操作　62
遺伝子型　52
遺伝的同化　28
移動群　16, 133
意味作用　29, 95
イメージ的表象　97

●え
液量の保存　61, 153
演繹的　161
延滞模倣　40, 96

●お
応答　168
オッペルの錯視　132
オペラント学習　88
重さの同値性　83
重さの保存　78, 81

●か
解釈　44
概念的表象　97
可逆性　86
学習　72, 77, 79
学習理論　76
確率量化　145
確率論的モデル　100
数　152
数の保存　65
仮説演繹的思考　135
仮説演繹的推論　B2
仮想仕事　144, 148

加付番集合の濃度　162
環　134
感覚運動的時期　56
感覚運動的知能　A2
関係論的発達理論　48

●き
記憶観　109
記憶の改善　110
記号　96
記号論的機能　56, 96, 99
疑似保存　106
基数　152
機能的栄養物　30
機能的同化　118
機能的不変項　43
機能的模写　8
客体　8
客観性　12
教育的干渉　64
協働　48, 129, 170, 171
均衡化　51, 114, 126, 129, 140, 141, 145

●く
くじ引き課題　145
具体的操作　56, 135, 150
具体的操作期（具体的操作段階）　57, 152, B1
組合せ法　56, 156
クラス　136
クレオド　52
クレオドの法則　62
群　132
群性体　54, 136, 139

●け
経験　118
経験的真理　135, B2
形式化の限界　172
形式的系譜　182
形式的真理　135, B2

索　引 —— 195

形式的操作　56, 63
形式的操作期　57, 156, B2
形象性　16, 92, 93
形象的活動　96
計量　154
系列化　111, 148
ゲーデルの定理　173
ゲシュタルト　20, 25
ゲシュタルト理論　132
圏　162
言語　56, 96
言語学　170
言語獲得　58, 96, 171
言語的表象　97
言語と思考　124, 125, 127
原子論　20, 21

●こ
行為　10, 93
行為の構造　55
行為の論理　78
後成的発生　4
後成的発生型　52
構造　18, 132, 138
構造化　42
構造的可変項　43
構築　12, 116
構築遊び　38
構築説　63, 164, 172, 184
構築的　162
行動　93
国際発生的認識論研究センター　76, 182
個人間協応　129, 170, 171
個人内協応　129, 170, 171
ごっこ遊び　38
古典的条件づけ　72
コペルニクス的革命　16, 19, A1
コンピテンス　67

●さ
再構築　B1
「再生的」心像　104
最適速度　68

●し
シェマ　16, 108
シェム　16, 108
刺激飢餓　30
刺激－反応般化　74
「刺激－反応」理論　30
思考　93
自己中心性　46, 47
自己調整　114, 138, 141
事実　178
質的同一性　60, 152, 153
社会化　46
社会学　168
社会中心性　170, 171
社会的学習説　121
社会的環境　122
16二項命題操作　157
主観的行動主義　170
主体　8
循環反応　A2
順序数　154
情意の機能　93
象徴　94, 96
象徴遊び　38, 39, 96
象徴的機能　96
乗法的マトリックス　134
所記　94
信号　56, 96
信号論的機能　96
心像　104

●す
推移律　55, 80
垂直的デカラージュ　55, B1
水平性の評価　102, 103
水平的デカラージュ　135, 163
数学　162

●せ
成熟　114
生成文法理論　170
生得的観念　114
生物学　168
前操作期（前操作的段階）　150, B1

全体構造　9, 136
全体論的　132

●そ
想起　180
遭遇　100
総合的なもの　182
相互作用　10, 74
操作　18, 107
操作主義　176, 177
操作性　16, 92
操作的　92
操作的シェム　B2
操作的柔軟性　86
操作的説明　177
操作的全体構造　132
操作的保存　83
創造　69, 74
束　137
束群二重全体構造　B2
組織化　43, 141, 168, 174
組織化要因　126

●た
対応づけ　65, 162
体積の保存　79, 81
脱馴化　15
脱中心化　46, 47, 170, B1
単純な抽象　160

●ち
知覚　98
知覚活動　98
知覚と行為　99
知的行為　41
知的操作　8, 9
知能　37
中心化　46, 47, 84
超限算術　162
調整　140
調節　34
調節態　34

●て
適応　34, 43
手続き的デカラージュ　163

●と
同一性　152
同化　28, 31
道具的条件づけ　72
洞察　A2

●な
内化　93
内的強化　74
長さの保存　61

●に
2次的操作　63
ニューロンの論理　116
認識　178
認識論　174
認知的機能　93, 95, 97
認知的メカニズム　169

●の
能記　56, 94

●は
発生的心理学　174, 175
発生的認識論　178, 179
発達　72
発達段階　50, 57, 59, 67
発達の連続説　59
発明　75
場の効果　98
パフォーマンス　67
反省的抽象　160, 161
反応規格　34
反応能　30
半論理　152

●ひ
非加法的　20, 132
非二元論的　10
描画　96

表現型　　28, 168
標識　　56, 94, 96
表象的機能　　97
表象的知能　　56, B1
表象的適応　　39

●ふ
ブール的構造　　117
不完全性定理　　173, 179
2つの可逆性　　87
物質量の保存　　79, 81
物理的経験　　120
部分的同型性　　25
不連続説　　59
分析的なもの　　182
分類　　31, 136

●へ
変換　　10
変換反応　　74
弁証法的構築説　　5, 13, 77
弁証法的発達観　　59

●ほ
包含の量化　　80, 83, 161
方向づけられた関数　　60, 150
母構造　　164
保存　　61, 174
ホメオレシス　　52

●み
ミュラー＝リエルの錯視　　100

●め
命題操作　　62, 156, 157

●も
目的性　　43
目的と手段の協応　　37, A2

モノイド　　58, 170
物の永続性　　14, 66
模倣　　96, 104

●ゆ
ユークリッド幾何学　　42

●よ
「予期的」心像　　106
欲求　　31
4枚カード問題　　162

●り
リーマン幾何学　　42, 185
量　　150
領域固有性　　53
量化　　152-156
量的比例　　62

●る
ルール遊び　　38

●れ
歴史批判的　　180
連結　　100
連合　　28, 36
練習　　118
練習遊び　　38
連続体　　154
連続体仮説　　76, 162

●ろ
論理学　　172
論理経験主義の「ドグマ」　　182
論理経験論者　　44
論理構造の学習　　78
論理実証主義　　43
論理数学的経験　　120, 121
論理的必然性　　142, 144

人名索引

●あ
アインシュタイン（Einstein, A.）　42

●い
イネルデ（Inhelder, B.）　82, 104

●か
カントール（Cantor, G.）　162

●く
クーン（Kuhn, T.）　180
グルーバー（Gruber, E.）　66
クワイン（Quine, W.）　182

●け
ゲーデル（Gödel, K.）　172
ケーラー（Köhler, W.）　22
ゲゼル（Gesell, A.）　50

●こ
コイレ（Koyré, A.）　180

●さ
サンクレール（Sinclair, H.）　58, 126

●す
スメズランド（Smedslund, J.）　78

●そ
ソシュール（Saussure, F.）　94

●た
ダーウィン（Darwin, C.）　68
ダランベール（d'Alembert, J. R.）　144

●ち
チョムスキー（Chomsky, N.）　24, 58, 170

●な
ナトルプ（Natorp, P.）　178

●は
パース（Pierce, C.）　94
バーライン（Berlyne, D.）　74
ハーロウ（Harlow, H.）　30
パブロフ（Pavlov, I.）　34
ハル（Hull, C.）　8

●ひ
ヒューム（Hume, D.）　34

●ふ
フッサール（Husserl, E.）　180
プラトン（Plato）　180
ブリッジマン（Bridgman, P.）　176
ブルーナー（Bruner, J.）　66, 67, 140, 152, 153, 174
ブルームフィールド（Bloomfield, L.）　170
ブルバキ（Bourbaki, N.）　164
フロイト（Freud, S.）　50

●ほ
ポアンカレ（Poincaré, H.）　42
ボールドウィン（Baldwin, J.）　10
ホワイトヘッド（Whitehead, A.）　152

●み
ミラー（Miller, G.）　170

●ら
ラッセル（Russell, B.）　152

●ろ
ローランド（Laurendeau, M.）　88
ローレンツ（Lorenz, K.）　114

●わ
ワディントン（Waddington, C.）　28, 52

【訳者紹介】
中垣　啓（なかがき・あきら）
1946年　島根県に生まれる
1976年　東京大学大学院教育学研究科博士課程単位取得満了
現　在　早稲田大学名誉教授

ピアジェに学ぶ認知発達の科学

2007年 3 月20日　初版第 1 刷発行
2025年 4 月20日　初版第 6 刷発行

定価はカバーに表示
してあります。

著　者　　J．ピアジェ
訳　者　　中　垣　　啓
発行所　　㈱北大路書房
〒 603-8303　京都市北区紫野十二坊町12-8
電　話　（075）４３１-０３６１㈹
Ｆ Ａ Ｘ　（075）４３１-９３９３
振　替　０１０５０-４-２０８３

Ⓒ2007　　制作／桃夭舎　印刷・製本／創栄図書印刷㈱
検印省略　　検印省略　落丁・乱丁本はお取り替えいたします。
ISBN978-4-7628-2546-0　　　Printed in Japan

・　JCOPY　〈㈳出版者著作権管理機構 委託出版物〉
本書の無断複写は著作権法上での例外を除き禁じられています。
複写される場合は，そのつど事前に，㈳出版者著作権管理機構
（電話 03-5244-5088, FAX 03-5244-5089, e-mail: info@jcopy.or.jp）
の許諾を得てください。

B1 解説　時期B：具体的操作の準備と組織化の時期

　この時期は本文10節で表象的知能とよばれている時期Bに相当し，具体的操作が準備される第1下位時期と，具体的操作が組織化される第2下位時期に分けられる。ピアジェの発達段階説として普及している4段階区分（表10-1（p.59）参照）でいえば，第1下位時期が前操作的段階（段階Ⅱ），第2下位時期が具体的操作段階（段階Ⅲ）にあたる。
　表象的知能は感覚運動的知能を基礎にして築かれるものの，その発達には次のような困難が伴う。
　①再構築：表象的知能は感覚運動期の達成物（自分の継起的諸行為の協応の全体）を，両者の移行期に獲得される記号やイメージを用いて，再記述，再描写すればよいといった単純な問題ではなく，表象の水準で概念的構造として再構築しなければならないこと。
　②脱中心化：感覚運動的知能の達成物を表象の水準において再構築するためには，自分の諸行為全体から脱中心化して，表象的空間・時間（過去・未来）や他者の表象にも自分を置かなければならないこと。
　このような再構築と脱中心化の困難のゆえに，感覚運動的水準における発達過程が表象的水準で再び繰り返されるように見える。これがいわゆる垂直的デカラージュで，表象的知能（時期B）の発達は感覚運動的知能（時期A）とパラレルな発達を示す。表象的知能期の第1下位時期が「前操作的」段階と名づけられたのは，感覚運動期の第1下位時期がいわゆる感覚運動的知能が成立する前の段階（前知能的段階）であるように，この第1下位時期が具体的操作の成立する前の段階にあたるからであって，前操作的段階を否定的に捉えたからではない。この前操作的段階における幼児の発達全体が，新たに獲得した表象的世界への適応のために費やされる。
　それに対して，具体的操作が獲得される時期Bの第2下位時期（具体的操作段階）はほぼ児童期にあたり，幼児期における前操作的段階に対して次のような進歩を示している。
　①論理的推論の成立：クラス化や関係づけの諸操作が操作的全体構造を形成することによって，包含の量化のようなクラスの論理，推移律のような関係の論理といった演繹的・論理的推論が可能となる。
　②保存認識の獲得：具体的「操作」という名称が示すように，思考（概念的シェム）が可逆性を獲得することによって，事象の変換前後で可変なものと不変なものとを区別できるようになり，数や空間的物理的量に関してさまざまな保存認識が可能となる。
　③数量的思考の成立：計数操作と計量操作を獲得することによって，現実的世界を数量化（物を数えたり，時間や空間を測定したり，物理量を計量すること）する数量的思考が可能となる。
　表象の獲得が乳児期とそれ以降の時期とを分かつ分水嶺となっているように，具体的操作の獲得は幼児と児童を分かつ分水嶺である（具体的操作の限界については23節　解説3（p.135）を参照）。

■表B1　時期B：具体的操作の発達

	発達段階	時期	同化シェムの発達	事例
前操作的段階	Ⅰ　シェムの内化と記号論的機能の出現	1.5-2歳から	表象的調整の始まり：行為シェムが内化して表象的シェム（前概念，前関係）となる	表象に基づく問題解決，象徴遊び，言語の適応の始まり
前操作的段階	Ⅱ　表象的調整による具体的操作の準備	4歳頃から	表象的調整：状態は変換とはかかわりなく，静態的布置に従って判断され，変換は自分自身の活動へ同化される（その後直観的調整まで進む）	質的同一性，方向づけられた関数
具体的操作段階	Ⅲ　論理的・下位論理的具体的操作の組織化	7-8歳頃から	具体的操作の成立：クラスと関係にかかわる操作的全体構造（8つの群性体）と整数の全体構造（群）	クラス化と包含の量化，系列化と推移律，数量の保存観念，整数の加減乗除
具体的操作段階	Ⅳ　空間的・時間的領域における全体構造化	9-10歳頃から11-12歳頃まで	空間的・時間的諸操作：射影的空間，あるいは，ユークリッド的空間の構造化と測定行為	三山課題，水平性・鉛直性，座標系